498

Mario Campi

Young Italian Architects
Giovani architetti italiani

With an essay by
Con un saggio di
Pippo Ciorra

Birkhäuser Publishers
Basel · Boston · Berlin

This publication was kindly supported by/
La presente pubblicazione è stata realizzata con il gentile contributo di:
Centro di Studi Italiani, Zurigo, Dr. Francesco Acanfora
ETHZ, Zurich, Prof. Mario Campi, Chair for Design and Urban Design.

Graphic design by/Progetto grafico di *Fausto Bergamaschi & Riccardo Bianchi*

Translation from Italian: David Kerr, Isola del Piano, Italy

A CIP catalogue record for this book is available from the Library of Congress, Washington D.C., USA

Deutsche Bibliothek Cataloging-in-Publication Data

Young Italian architects = Giovani architetti italiani / Mario Campi. With an essay by Pippo Ciorra.
[Transl. from Italian: David Kerr]. – Basel ; Boston ; Berlin : Birkhäuser, 1998
    ISBN 3-7643-5783-5 (Basel...)
    ISBN 0-8176-5783-5 (Boston)

© 1998 Birkhäuser – Verlag für Architektur, P.O.Box 133, CH-4010 Basel, Switzerland
Printed on acid-free paper produced from chlorine-free pulp. TCF ∞
Printed in Germany
ISBN 3-7643-5783-5
ISBN 0-8176-5783-5
9 8 7 6 5 4 3 2 1

Contents / Sommario

Young Italian Architects

In 1971 Aldo Rossi was invited to teach in Zurich. He came and shared with us his great experience, based on theoretical knowledge at that time almost totally new for German-speaking culture. A key link was thus forged with the world of Italian architecture. I was later able to draw on his lessons, both in conceptual aspects and in my work, which is indebted to the great Milanese architect.

At a distance of almost thirty years from the advent onto the international scene of Italian architects of the stature of Aldo Rossi, Giorgio Grassi, Vittorio Gregotti, and, more recently Renzo Piano, the question arises as to what remains of the relationship with the cultural world of Italian architecture, always such a vital point of reference for us. Moreover, we may wish to reconsider the significance of the lessons derived from its message, such as the indispensable step from theory to built architecture. And what is arguably more important for this book is just how far the current generation of Italian architects, documented here, draws on the example of the previous generation. It must be said, however, that despite their importance, no definitive answers to such questions are given in this book.

The university department's constant interest in Italian culture has in the past led to intense relations with Italy and the Italian institutions in Switzerland. One initiative held in the last academic year took the form of a series of lectures given at the Zurich Polytechnic by Aldo Aymonino, Stefano Boeri, Pippo Ciorra, Antonio Citterio, Nicola Di Battista and Cino Zucchi. The title for this series was "Young Italian Architecture". That initiative has now led to this book. The 'cultural geography' of the book is partly due to Pippo Ciorra, who maps it out in a critical essay. In presenting the new generation of young Italian architects, this book wishes to give them a voice, without, however, claiming to be comprehensive.

The aim of the series of critical lectures was to raise issues and reformulate a number of ideas about the city. In the meantime a number of these concepts appeared to be taken for granted in some rather more superficial interpretations. But the initiative was also an attempt to explore differences in outlook between this new generation and their masters by presenting some of the young architects' works and theoretical writings. Lastly, the book wishes to draw attention to the latent conflict between the young architects' way of seeing and interpreting signs and meanings in the contemporary city compared to their masters' very different approach to buildings in terms of understanding the qualities of recent urban developments.

In practice, we can safely claim that the contemporary city as, understood by Zardini, Boeri or Aymonino, is not the same city as that focused on in the research of Rossi or Grassi. The commitment of Aldo Rossi, Giorgio Grassi and Vittorio Gregotti is partly to be found in their writings in the form of essays and books. Their written works were key contributions in understanding the problems of the city, right from their appearance in the early 1970s. On the other hand, beyond the theory, the Milanese masters' research interests are just as meaningfully and clearly documented in their built architecture.

The cultural climate has, of course, changed. On one hand, we have witnessed the waning of ideologies whose meaningfulness has given way to ephemeral virtual concerns and a continuous re-elaboration of the contemporary. On the other hand, however, the ongoing research interests of the protagonists have changed. The focus in research is no longer what Aldo Rossi once, rather emphatically, described as "the creation of an environment more congenial to life and to esthetic intentions" or when he established what in his opinion were the "stable features of architecture". It now lies in seeking to comprehend the "self- generating" processes, if I may be allowed this expression, of the now historical peripheries of the contemporary city. Current research interests are dedicated to understanding the instability of processes, latent features, and formal hybrids. In short, attempts are being made to define those permanent uncertainties, and therefore the characteristic features of the contemporary city. The aim is to understand the formative processes in order to guide their future development by reformulating the relationship between architecture and urbanism.

The methods of the recent past and the rules established by the previous generation for the analysis of urban features appear little suited to the current research objectives of their successors. This is because they only seem partly applicable to the research field being intensely explored today. There has thus understandably been a certain critical distancing from Rossi's comparative method.

Although in Rossi's writings Florence is "a concrete city, but the memory of Florence and its image acquire potent values and represent other experiences", the same does not appear to apply to the contemporary city, i.e., the city at the center of our young architects' preoccupations. In their case, we are no longer dealing with "the fixed stage for human affairs" as Aldo Rossi saw it, but the staging of multiple intentions, waves of virtual phenomena and a discourse with aspects seemingly more concerned with the political, social and economic systems generating the urban, rather than its actual spatial structure. At the same time, this generation of architects seems fully aware of the need to tackle the inherent practical side of problems, based on the now universal presence of the contemporary city.

In their built works presented here the distinctive features of a way of conceiving the city in counter-tendency – though never as a classic antithesis – seem less marked than their writings would suggest. On one hand, there is an evident international aspect to the architectural research of this generation. In short, overall there are many clear points of contact and dialogue with what may be called the "architectural mainstream" in all its current variety. On the other hand, however, the architecture of these young architects generally seems to reflect more closely their personal temperament and individual character, and less any practical reference to a theoretical approach that they may have elaborated on how to shape the city.

This gap between theoretical-urban intention and architectural expression is no new phenomenon. It has always been a feature of the discipline. Similarly, to take the example of another discipline, there is always a wide gap between social theory and society. Indeed, cases of actual coincidence or conceptual coherence between the two are very rare. A certain distance – inevitable differences between Logos and Praxis – is the permanent condition of architecture, and this also came through in the work of the previous generation.

The generational differences are less noticeable in built architecture, and overall they are far from self-evident or easily defined. So what are the specific features in the works of the young Italian architects in relation, for example, to architecture of the same generation in other European countries? This question arose very early in our survey and finding an answer is not only difficult but also perhaps premature. The concepts underlying the built works presented here are often difficult to perceive.

We might begin an analysis of the concepts by repeating that there is a striking gap between urban theory and architectural work. Over and above certain understandable formal concerns, the projects in this book often appear as repercussions of the current difficulties encountered by the profession. It is precisely at times of great cultural uncertainty – such as the confusion beleaguering the profession today – that independent approaches and previously unperceived spaces may be found. The works of Renzo Piano illustrate this idea: his "transfigurative" creative procedure, often derived from the interpretation of imposed limits, generates a remarkable new aesthetic approach. There are a number of obvious contrasts in the ongoing urban and architectural discourse in Italy. Thus, for example, when Boeri complains about "marginality and lack of social utility of Italian planning and architecture", he is in some ways contradicted by the intense pragmatism of Zardini, who identifies today's professional tools in "the remains, fragments, and ruins of the production of modern architecture", "to come to grips" with the new reality. Nicola Di Battista, on the other hand, recognizes the importance of the "time for ideas" in which we live and work, as he seeks to redefine the role of the architect in civil society.

In conclusion, on observing these writings and works closely, we note that one telling feature of the new Italian architecture of which these architects are a truly representative sample: contemporary Italian architecture has entered a phase which involves clarifying its own history. In this endeavor we find evident signs of the ability to identify new issues, and also the capacity to propose new possible meanings and ways of working for architecture. The problematic and much more difficult task is how to express them in new forms.

In Italy, too, the issue of the contemporary has yet to be settled.

Mario Campi
March 1998

Giovani architetti italiani

Quando nel 1971 Aldo Rossi fu invitato a Zurigo per portarvi il suo insegnamento fatto di fondamenti teorici allora per lo più ignoti al mondo di cultura tedesca, venne a formarsi un legame fondamentale con il mondo dell'architettura italiana. A questo ebbi più tardi l'opportunità di attingere sia nell'apporto concettuale sia nel mio operare, che al maestro milanese rimane comunque debitore.

A distanza di ormai quasi trent'anni dall'avvento sulla scena mondiale di architetti italiani della statura di Aldo Rossi, Giorgio Grassi, Vittorio Gregotti, e più recentemente di Renzo Piano, ci si può porre la domanda di che cosa rimanga del rapporto con l'interlocutore privilegiato che é stato da sempre, l'ambito culturale ed il mondo dell'architettura italiano. E ancora ci si può chiedere quale sia l'importanza dell'insegnamento derivato dal suo messaggio, ad esempio nel passaggio obbligato dalla teoria al costruito. E ciò che è forse più importante per questa pubblicazione, in che misura la generazione attuale degli architetti italiani, quelli che andiamo a presentare in queste pagine, si rifà o meno al contenuto di quell'insegnamento. Va detto subito che questo libro non ha l'ambizione di dare risposte definitive a queste questioni, che tuttavia mi sembrano di qualche rilevanza.

L'interesse costante della mia cattedra verso la cultura italiana ha dato luogo nel passato, a relazioni intense con l'Italia e con le istituzioni italiane presenti in Svizzera. Una di queste iniziative si è recentemente tenuta nello scorso anno accademico, attraverso una serie di lezioni tenute al Politecnico di Zurigo da Aldo Aymonino, Stefano Boeri, Pippo Ciorra, Antonio Citterio, Nicola Di Battista e Cino Zucchi, interventi che si sono svolti sotto la dicitura: "La giovane architettura italiana". Questa iniziativa confluisce ora nel libro che presentiamo, pubblicazione la cui geografia culturale è dovuta in parte anche a Ciorra, che la ripercorre in un saggio critico. Il libro vuole dare voce ed intende presentare questa generazione di giovani architetti italiani, senza la pretesa di voler essere esaustivo.

Se da un lato con questo ciclo di contributi critici si è inteso rimettere in discussione e riformulare alcune idee in rapporto alla città, concezioni che nel frattempo apparivano ai meno attenti diventate certezze canoniche, dall'altro, si voleva verificare attraverso la presentazione di alcune delle loro opere e di alcuni loro scritti teorici, quale fosse oggi il diverso rapporto prospettico esistente fra la generazione degli architetti qui presentati e quella dei loro maestri. Il libro vuole infine proporre all'attenzione del lettore anche quella conflittualità latente, fra il modo di osservare ed interpretare i segni ed i significati della città contemporanea di questi autori, per metterla a confronto con quello, direi molto diverso, messo in opera dai loro maestri quando cercarono di capire le qualità della città nel passato recente.

Intanto, per fare chiarezza si può dire senza tema di smentita, che la città contemporanea, quella cioè a cui si rivolge l'interesse di Mirko Zardini, di Boeri e di Aymonino, non è più quella stessa città, alla quale hanno riferito il loro interesse di ricercatori Aldo Rossi o Giorgio Grassi. I risultati dell'impegno di Rossi, di Grassi insieme con quelli di Vittorio Gregotti, si ritrovano da una parte nei loro contributi scritti apparsi sotto forma di saggi e di libri, affermatisi come fondamentali per la comprensione dei problemi della città, già al loro primo apparire all'inizio degli anni sessanta. Dall'altra parte, oltre la teoria, ma con altrettanta significanza e chiarezza di intenti, essi si trovano nei loro contributi costruiti, nelle architetture dei maestri milanesi.

Va forse anche ricordato che, se da un lato sono tramontate alcune ideologie la cui pregnanza ha finito per lasciare posto alla virtualità effimera ed in continuo rivolgimento della contemporaneità, sono simultaneamente cambiati però anche gli interessi dei protagonisti delle ricerche attualmente in corso.
L'interesse del ricercatore di oggi non consiste più tanto, in ciò che Rossi definiva, non senza enfasi, come "...la creazione di un ambiente di uomo propizio alla vita e all'intenzionalità estetica...", o quando determinava quali fossero a suo parere i "...caratteri stabili dell'architettura...", bensì mi sembra consistere nel cercare di capire i processi di autogenesi, se mi è permessa l'espressione, delle periferie ormai già storiche della città contemporanea. Gli interessi dell'indagine attuale, sono rivolti alla comprensione delle instabilità dei processi, delle latenze di carattere, degli ibridismi formali, in altre parole, essi sono alla ricerca di una definizione di quelle incertezze permanenti, e perciò stesso, dei caratteri peculiari della città contemporanea. Lo scopo evidente,è quello di cercare di capirne i processi formativi per potere indirizzare, riformulando il rapporto fra architettura ed urbanistica, il suo sviluppo futuro.

Risulta chiaro che i metodi del passato recente, le regole stabilite dai maestri per l'analisi dei caratteri urbani, siano allora poco adatte alle finalità delle ricerche in atto da parte dei loro successori, proprio perché esse appaiono ormai solo in piccola parte adattabili al campo di ricerca di cui ci si occupa con intensità oggi. Diventa nello stesso tempo comprensibile anche un certo distacco critico dal metodo comparativo rossiano.

Se Firenze, negli scritti di Rossi "...è una città concreta , ma la memoria di Firenze e la sua immagine acquistano valori che valgono e rappresentano altre esperienze...", lo stesso non sembra valere in alcun modo per la città contemporanea, quella di cui si occupano i nostri. Riferendoci ad essa, noi non veniamo più confrontati con "...la scena fissa delle vicende dell'uomo..." dell' intenzione rossiana, bensì con l'inscenamento delle molteplici intenzioni, delle virtualità epidemiche e, se vogliamo, del confronto con aspetti che sembrano avere a che fare più con i sistemi politici, sociali ed economici generatori della sua urbanità, piuttosto che con la sua struttura spaziale. Nel contempo questa generazione di architetti appare ben cosciente del confronto obbligato con la immanente concretezza dei problemi, fondata sull'ormai universale presenza della città contemporanea.

Nelle loro opere costruite che qui si presentano, i tratti distintivi di un modo di pensare la città in opposizione, se non in antitesi al modo classico, appaiono meno di quanto i loro testi potrebbero lasciar presumere. Se da un lato è piuttosto evidente il carattere internazionale della ricerca architettonica che questa generazione affronta o, in altre parole, se appare chiaro quale sia il carattere del contatto e del confronto con quello che si può chiamare architectural main stream in tutte le sue molteplici espressioni odierne, dall'altro le architetture di questi giovani architetti italiani si presentano generalmente come piu aderenti al temperamento ed alle individualità personali dei progettisti, che non come riferimento concreto a quell'impianto teorico da essi formulato in relazione alla costruzione della città, di cui abbiamo accennato.

Questo divario fra intenzione teorico-urbanistica ed espressione architettonica non é fenomeno nuovo, presente come è da sempre nella disciplina dell'architettura; così come, per riferirmi ad un'altra disciplina, rimane in genere ampio il divario fra teoria sociale e società. Sono infatti assai rari i casi di coincidenza fattuale, o di coerenza concettuale fra le due discipline. Anzi, una certa distanza, determinate differenze fra logos e praxis, sono condizione inevitabile dell'architettura, e questo appare per essere evidente anche nell'opera dei maestri.

Se le differenze generazionali sembrano meno percepibili a livello dell'oggetto costruito, il paragone fra le generazioni non è tuttavia né evidente né facile da definire. Ci si può certamente porre la domanda, di quale sia la specificità che appare nei lavori di questa generazione di architetti italiani per rapporto ad esempio, a quella di altri paesi europei. Ed è questa una delle domande formulata all'inizio, a cui rispondere risulta non solo difficile ma forse prematuro.
Non è infatti sempre facile risalire ai concetti espressivi che stanno alla base dei lavori che mostriamo.

Si potrebbe cominciare il loro esame, ripetendo che appare evidente la scarsa coincidenza fra teoria urbana e intervento architettonico. Che i progetti presentati nel libro, al di là di certe loro comprensibili ansie formali, appaiono spesso anche come la ripercussione delle difficoltà che si incontrano dentro la condizione attuale del mestiere. Si potrebbe forse continuare dicendo, che è proprio nei momenti di grande incertezza culturale come quella che certamente oggi angustia il mestiere, che si possono palesare autonomie e spazi fino a quel punto insospettati. Le opere di Renzo Piano, dove il procedimento trasfigurativo spesso derivato dall' interpretazione dei limiti imposti, ingenera una straordinaria disposizione estetica, dimostrano ampiamente questo assunto. Dentro il dibattito urbanistico ed architettonico in atto oggi in Italia, si notano contrapposizioni evidenti. Così ad esempio, le lamentate "…marginalità dell'urbanistica e la scarsa utilità sociale dell'architettura…" di Boeri, sembrano in qualche modo scontrarsi con il pragmatismo intenso di Zardini che identifica gli strumenti dell'operare odierno nei "…resti, nei frammenti, nelle rovine della produzione dell'architettura moderna…" per ritrovare "…attrito…" con la nuova realtà, e riconoscere il "…momento delle idee…" in cui si vive e si opera, diventa il fondamento del discorso di Nicola Di Battista, che cerca di ridefinire il ruolo del mestiere dentro la società civile.

Infine, mi ha interessato nel guardare da vicino questi scritti e queste opere, affermare che l'architettura italiana moderna, di cui questi architetti rappresentano un campione effettivo, ci stia infine dando un messaggio conclusivo. Il segnale percepito, è quello che la giovane architettura italiana sia entrata in una nuova fase di chiarimento della sua storia. Una vicenda in cui per ora si manifestano nitidamente, la capacità di individuare le nuove questioni ma anche la facoltà di proporre possibili nuovi contenuti e modi dell'operare architettonico. Mentre rimane spinoso il problema, di per sé assai meno agevole, di esprimerli in nuove forme.

La questione della contemporaneità resta tuttora aperta, anche in Italia.

Mario Campi
marzo 1998

Shared loneliness

– The Chimera of the "profession"

> *The projects are radical precisely because they do not play*
> *in the sanctuaries of drawing, or theory, or sculpture.*
> *They inhabit the realm of building.*
> *Some have been built, some will be built, and others will*
> *never be built – but each is buildable;*
> *each aims at building.*
> Mark Wigley, 1988

The exhibition curated by Marino Folin for the Venice Architecture Biennale in September 1996[1] marked the end of the first public phase of the professional and cultural life of a "new" generation of Italian architects. This phase had lasted around ten years because the ages and graduation dates of these architects meant they had only reached fully-fledged independent activity in the mid 1980s. The first clearly recognizable signs of their presence may in fact be seen in a well-defined series of exhibitions, workshops, and publications of that period. In spring 1989 the first Tagliacozzo "award-meeting" was held.[2] Here a group of architects from the generation following that of Franco Purini and Francesco Venezia exchanged and discussed ideas and designs previously almost ignored by the major Italian reviews. The young architects included Aldo Aymonino, ABDR, Cino Zucchi, and almost all the others in this book. At around the same time the first issues of the review *D'Architettura*, founded by the editor Pino Scaglione, were being published. For a few years and at least the next fifteen issues[3], this review became the mouthpiece for the claims of a "generational identity". Central to the declarations of intent and the editorial comments were the themes of the "young generation" and of "architecture as a profession". Although these ambiguous, vague definitions would be unacceptable for their tautological excesses in any other geographical context, at that time they did have a number of contingent justifications and some positive repercussions on the Italian scene. Indeed, they became catch phrases that resisted until the Italian section of the 1996 Venice Biennale and Ado Franchini's *New Italian Architecture*,[4] a fairly successful exhibition shown in some major German cities. Among the most immediate reasons why the tag stuck was the urgent need to stand out from and break with the ailing and isolated Italian "architectural movement", culturally recalcitrant to any exchange with the outside world and professionally sidelined. At a deeper level this revealed the inevitable break with "masters", the implicit affinities between the work of younger architects and a crucial turning point in the development of the history of Italian architecture in the second half of the twentieth century. Among the positive consequences was the chance to lay the basis for a dialogue with some of the "in-between generation". Sheltering behind an intimist or craft approach and an apparent impatience with theory, they seemed to pursue as yet unexhausted research veins within the framework of the derelict national architecture. In addition to Purini and Venezia, Alessandro Anselmi, Francesco Cellini, and Massimo Carmassi were the most popular members of the elder generation with the young reviews, while the frequent references to Gardella, Valle, Ridolfi and Moretti may be attributed to a similar cultural strategy. They, too, were rather superficially considered more interested in building than in theory. Another positive effect of the hymns to craft published by *D'Architettura* and other reviews was that of triggering off a short-circuit of information and curiosity. Along with other phenomena, this helped overcome the cultural isolation of the young architects. A number of European scenarios became the favorite focuses of interest, thus re-kindling the dying embers of discourse, whose last questionable "moments of glory" were at the time of Paolo Portoghesi's *Via Novissima*.[5] The new situation of Italian architecture was seen by some as being mirrored in the minimalist and "Mediterranean" Portugal of Siza,[6] the Neo-Rationalist Ticino and the intimist Modernism whose roots were in the Graz school. All of a sudden there was a emphasis on small, detached finely-honed buildings, on

---

[1] For the section entitled *Partecipazioni italiane,* Marino Folin, dean of the Venice University Institute of Architecture, organized an exhibit in the Italian Pavillion, centered on scale reproduction in real materials of fragments of building constructed by each of the chosen 26 "young" architects. The designs were published in the general Biennale catalogue: *Sensori del futuro: l'architetto come sismografo,* Electa 1996.

[2] The first Tagliacozzo "Award-Meeting" was held in the Abruzzo town of the same name from 5 to 7 May 1989. Fifty "young architects" were invited to exhibit and discuss their work. A jury consisting of Francesco Dal Co, Pasquale Culotta, Franco Purini, Francesco Moschini, Antonio Terranova, and others gave the award to Aldo Aymonino. The designs are published in the catalogue *Architettura italiana della giovane generazione,* edited by Pino Scaglione, L'Aquila 1989.

[3] The first issue of d'A- d'Architettura, was published in 1990 and throughout its life a great deal of coverage was given to the new generation of Italian architects. The last interesting issue, apart from a later appendix to Folin's Biennale exhibit, was no.14, which closed with the survey of the end of millennium Italian architecture focused on the work of forty-year-olds, with a few significant exceptions age-wise: Carmassi, Culotta, and a few others.

[4] Curated by Ado Franchini, *New Italian Architecture* consists of thirty panels showing the work of thirty young architects. The exhibit opened in Berlin in September 1996 before travelling on to Gelsenkirchen, Stuttgard, Aachen and other German cities. At the time of writing (November '97), the exhibition is on in Braun schweig and is due to move to Weimar and Dessau. Edited by Ado Franchini, the catalogue is published by Ala, Milan 1996.

[5] On the 1980 Architecture Biennale see also, P. Ciorra, "La scrittura operativa", in *Intersezioni* no.3, Journal of the Design Department of the Venice University Institute of Architecture, monographic issue, edited by Francesco Garofalo.

[6] The initial design experience of this generation was influenced by Gregotti's Casabella, which, along with a very few other foreign works, published and praised the works of Alvaro Siza and the Porto school in general.

the refined modernism of the single-family house and private clients willing to commission quality architecture. Of course, with the hindsight of a few years it is easy to say that's not how it was – that the Italian building industry continued to be backward and firmly opposed all experimentation, and that the enlightened private clientele was in reality only a few isolated cases. The only other possibile description is that the architectural renewal simply consisted of a massive return to the use of brick as a finishing material (from initially good news, this soon turned into a nightmare[7]) and the series of "glamour" works that Antonio Citterio and a few other architects managed to build around Milan. Thus the limits and problems began to show through in the illusion of the profession. Especially evident was the risk of accepting a kind of ghetto of smaller scale themes with the consequent self-exclusion from all the major issues concerning the city, the discipline and relations with society and institutions.

Estrangement and isolation

The search for a new, more or less, generational "identity" was no easy task for the young Italian architects. Attracted by the practical world of building, they found themselves excluded from the market through no fault of their own. Critical of their masters, however, they were not, willing to take on board the Neo-internationalist "new orthodoxy"[8] wholesale, or translate it into Italian terms. Building and renewal were the right premises, but they did not identify a clearly defined uniform group with a manifesto of ideas and values round which to build a major architectural current. Consequently, the Italian critics – not known for their liveliness – avoided speaking out and were only willing to indicate good individual projects. They were slow or hostile to the idea of acknowledging the features of a new, fairly major phenomenon in Italian architecture. It is no accident that even the most recent and well-documented histories of architecture have still been unable to find the right perspective for the historical-critical sequence of works by these architects with their predecessors. In most cases they have preferred to turn a blind eye, or to relegate some of them to being isolated cases, leaving it to posterity to pass the difficult judgment on the present.[9] This all naturally brings us back to the relation with the masters, the university schools and the previous generations in general as a subject perhaps requiring further explanation.

At the end of the 1970s a relatively long and paradoxical period for Italian architects drew to a close. Although at the center of international discussion and research, at home they had witnessed the gradual decline of their role and credibility in society. The popularity of Italian architects – the *Italophilie* described in a splendid essay by Jean Louis Cohen[10] – was heir to the eccentric legacy of Rogers, fueled by the urban studies of Muratori, Quaroni and Samonà, the theories of Tafuri, and consecrated by the theoretical and design visions of Rossi, Grassi, Gregotti, and the Neorationalist exhibition at the 1973 Milan Triennial. In the following years, however, the vertiginous untidy growth of Italian cities and the simultaneous "social" failure of a number of acknowledged masterpieces[11] revealed the intrinsic weaknesses in Italian architectural culture. After the postwar involvement in the themes of town planning, politics and the design of the city, Italian architects experienced their most painful defeats on this very ground. In the meantime they had neglected the patrimony of a "diffuse" building and artistic culture that included a number of excellent examples from the 1930s to the 1950s. The whole scaffolding noisily collapsed in the fine but tormented *Via Novissima* by Portoghesi at the 1980 Venice Biennial, where the sophisticated Italian-style critique of the Modern boiled down to a feeble apology for a revival and a rambunctious festa for the re-found "presence of history". Meanwhile, round the world the more enlightened architects continued to apply and elaborate in an original way the work of Terragni, Ponti and Vaccaro, and injected new original life – as happened at the IUAS, New York, in Spain or in the Zurich ETH – into the research of Rossi, Grassi, and Scolari. Along with the hostility to the radical new direction taken by international architecture, these phenomena – with very few exceptions – induced the Italian masters to increasingly shut themselves up in the towers of academia. For some, the faculties were transformed from research institutions into austere craft "workshops"[12], whose only function was to transmit artistic "styles" and pursue urban research projects. For others, they were simply repositories of an otherwise incomprehensible cultural power.

Hence the impossible "relation with the masters" and the basically salutary bewilderment of the new generations forced to look to fragile, extemporary guiding lights, such as the profession, and an awkward, difficult dialogue with the generation immediately preceding them, which in the meantime had acquired solid positions of academic power.[13]

A place in society

Having taken on board the theoretical conviction that the aspiration to build was a value and objective for the new architecture, the emerging architects mainly focused on another two "founding" topical issues: competition-tenders, and thus the relation with the institutional clients, and the new city. The first issue deeply affects the theme of the social role and credibility of the architect. It was at the top of the agenda at endless conferences, debates and for two years the subject of an entire section of *Domus*.[14] Initially discussed in tones and themes more appropriate to an epistemological discussion on theories and conceptual conditions of the project, with the passing issues, the articles in *Questioni and Materiali* were transformed into a "critique of the present", rightly focused on the practical design conditions and life of the architect. The young architects must be credited with having understood there was no sense in insisting with the "culture of the project", if no attempt was made to change the mechanisms governing the relations between the cultural-professional world and the institutions in a

[7] Among the ready references of the "return to craft" designers were two books edited for Laterconsult by Aconcella, *L'Architettura del Mattone*, 1989, and *Il significato dei luoghi*, 1993.

[8] The reference is to issue no 3 of *Intersezioni*, edited by Francesco Garofalo, op. cit.

[9] See, for example, the most recent and most complete history of Italian architecture edited by Francesco Dal Co for Electa. Glancing through the many essays in the book only in the writing on Southern Italy by Claudia Conforti is there some reference to architects (in this case Sicilians) in the generation considered here.

[10] J.L. Cohen, "La coupure entre architectes at intellectuels, ou les enseignements de l'italophilie", in *In Extenso* no.1, *Recherches a l'Ecole d'architecture Paris-Villermin*, Paris 1984, and J.L. Cohen, "Ceci n'est pas une histoire", in *Casabella* no. 619-620, January-February 1995.

[11] In his *Storia dell'architettura italiana* (Einaudi 1986) Tafuri points out how some of the major projects in Italian architecture of the 1960s and '70s aroused most social conflict and public oppositions to "designer architecture": Gallaratese by Rossi and Aymonino, the Matteotti Village in Terni, the Zen housing by Gregotti, Nicolin and Purini, and Fiorentino's Corviale.

[12] An exhibition at the 1995 Milan Triennial reveals a dangerous similarity between the style of design elaborated in architectural composition doctorate seminars with that of the most authoritative tutors.

[13] In October 1995 *Casabella* published a particularly interesting and enlightening article by Massimo Scolari explaining the relations between the subsequent various generations of architects in Italy.

[14] Edited by Nicola Di Battista, this section of Domus appeared throughout 1995-96.

country, where the "demand for architecture" had dropped off considerably. In this sense the main task of some design teams in those years was to struggle for better laws and a radical reform of the competition-tender system.[15] The declared aim was naturally to facilitate the younger generations' access to the market, but also to create the conditions for a deep and radical renewal of the whole world of ideas and research in Italian architecture. The precarious rules and habitual systems beloved of the national patrons is clearly reflected in the poor quality and lack of originality in built works – the legacy of opaque procedures, disappointing responses from those given academic power, and cultural and informational apathy. There is still no new law for competitions in Italy, despite the efforts of the professional categories and cultural forces. The new climate, however, is beginning to yield the first significant small results: the suburban piazza by Aldo Aymonino, the housing on the Giudecca by Cino Zucchi, the piazza in Rome by Carmen Andriani, and some of the projects by Renato Rizzi included in this book are examples of transparent private and public commissions, obtained through high standard national and international competitions, and now almost all under construction.

– The theme of the city

> *If I had been born on the island of Lesbos, my work*
> *would probably have taken a completely different*
> *direction, but I was born in a number of cinemas reading*
> *comics between one film and another.*
> Steve Katz, 1983

The young Italian architects are now out of the impasse and of their unwitting *ennui*. Or rather, they have begun to emerge and raise their gaze from the drawing board to observe the material and non-material phenomena occurring in the outside world in the meantime. In the concrete material world of the Italian cities and landscape, sudden radical transformations have affected the whole universe to which architectural, planning and urban knowledge must be applied; while in the intangible world of ideas and non-architectural artistic languages, traces and representations of these transformations have been present for some time. These transformations have been the protagonists in cinema, literature, visual and artistic communication, and studies and essays by sociologists, philosophers and anthropologists.
Encouraged by some bold theoretical gambles by Bernardo Secchi and his youngest followers,[16] and some colorful initiatives, such as the thought-provoking highway conference organized in February 1995 by the Vicenza group ABACO,[17] the younger architects have begun to "narrate" the contemporary Italian city, observing it with the same high seriousness and depth as Rossi, Aymonino and Gregotti analyzed the historic city. But to move from this to original work you need more than discontent and a new group's legitimate desire to make its presence felt. The necessary premise is a sharp shift in perspective and the awareness of belonging to a very different culture and age from that when their masters elaborated their theories and built their (rare) examples. Cinema, music and a freer, less idealistic approach to literature and the arts have been a great help in this sense and have enabled the generation which grew up between Karl Popper and Steven Spielberg to begin building a system of "contemporary" references. A Pop sensibility capable of looking in the same way at Mona Lisa and Campbell's soup tins led to the experimental canceling out of the more obsolete value scales, the hierarchical systems of center-periphery, ancient-modern, and city-country. This post-utopian, post-historicist – in short, postmodern – awareness led to an understanding of the new possible relations between form and content, interior and exterior, and public and private spaces in the city. A new technological and media awareness highlighted how the concepts of collective space, meeting places, and relational spaces were not always a physical place and had very little to do with what these terms stood for when used by our masters. In light sense Andriani, Aymonino and company were able to observe that alongside the consolidated Italian city, structured round historic centers with all the morphological-typology belts and quarters, a new and much more extended metropolitan fabric has developed in recent years. Instead of being based on the walls and urban axes, this fabric is built up from the layout of infrastructures and the map of a series of new reference points, highway junctions, shopping centers, and metropolitan railways. The resultant "city-effect" is completely new and eludes the tools of traditional urban science. This undermines the very idea that the formal study and planning of the city can even be remotely likened to the kind of scientific procedure foreseen in Italy by the typological-morphological theoreticians. Like the Coliseum described by Rossi in the *Architettura della città*, the new "containers" of contemporary public space hardly ever have a permanent identity linked to the functions they accommodate. Rather, they define hybrid spaces changing in time and subject to continuous additions and transformations. Naturally the difference with the Coliseum is that the new buildings are crude landmarks rather than monuments. They teach us nothing from the architectural point of view. They fail to elaborate the vocabulary and grammar of composition or construction. They do testify, however, to how the largest and perhaps most important part of the recent transformation in the city has taken place despite architects and especially despite the plans and programs of urbanists. Credit must be given to some of the younger observers for having perceived all of this with a fresh and more perceptive eye. They were willing to learn, but still also able to rely on solid architectural knowledge when coolly and seriously assessing the problems and results of these transformations, without overheated psychological "transfers" or unjustified *coups de foudre*. And, moreover, they realized that at the end of this process they belonged to a different and more complex urban culture from that which had produced the "sacred texts" of the 1960s and '70s. It was a culture requiring the injection of new ideas and new life from outside. Lastly, they understood how all of this doesn't cancel out the specific Italian features, such as the fabric of historic centers, building density, and the inclination to urban life, but only makes them more complex, superimposing a second level of urbanism, perhaps rougher and more schematic than the first (perhaps over-Weberian) level in the relations between the universe of production and distribution of wealth. A little less demiurgical and much less ideological, architects must be willing to

---

[15] Cf., for example, Francia 2013 - Italia 10. Non si uccide anche così l'architettura?, IFA-Joshua Libri, Genoa 1996, containing the preliminary conference proceedings on the theme of architectural competitions-tenders held in Genoa, November 1996.

[16] Among those worth mentioning, and not only because they are written by architects also included in this book, are S. Boeri, A. Lanzani, and E. Marini, *Il territorio che cambia. Ambienti, paesaggi e immagini della regione milanese*, Abitare Segesta, Milan 1993, and M. Ricci, *Figure della trasformazione*, Ed'A, Pescara 1996.

[17] The talks given at the "Highway-Multiplicity" conference organized by ABACO in February 1996 are published in *Paesaggi ibridi*, edited by Mirko Zardini, Skira, Venice 1996.

observe and act in the space between these two layers, at the points of possible rupture in the areas abandoned by both the old and the new city. They must invent the quality of space and life that can no longer be directly imported from the forms of the historic city. To do so, there is a need for new tools and languages and thus to work at the level of the figures and techniques of building. This group of architects, and others with them, certainly had the courage to begin "working through their mourning" for the lost "principle of authority" of the historic city and the merit of having begun to tackle the themes that this loss induced in architectural research. At the level of form and figurative research, a great deal has been done. The projects published here illustrate some of the more than interesting results at a time when fresh more or less occult life has even begun to circulate in the Italian universities. At the same time the struggle to introduce technological innovations and a new repertory of materials still runs into solid dogged resistance. Both because it cuts into real life interests, such as those of the contractors, and also because of the tendency to conservation and immobility that we ourselves have so long encouraged and cultivated in the taste of our clients and fellow citizens in general.

The architects
Naturally the selection of architects in this book is not some kind of frivolous "top ten", or rather "top twelve", nor does it have any of the total strait-laced coherence marking out a uniform group or "trend". A selection simply claiming to cream off the "bestsellers" on the young Italian architecture scene should have a more eclectic and objective character, based on the number of buildings constructed and/or credited by the reviews. Or as often happens, it should allocate quotas to be fairly doled out between *regionalists* and *vernacularists, neohistoricists* (there are still some) and *late-rationalists*, and so on. In short, the selection should be based precisely on those depressing concepts of pluralism and eclecticism which for fifteen years have de-estheticized and stripped Italian architecture of any identity.[18] These kinds of approach would have been against the grain of history and the spirit of this book. In fact the selection grew out of a lecture series on young Italian architects invited by Mario Campi to the ETH in Zurich to illustrate the results and reasons for their work. It started from the conviction that in the field of architecture and the city there is a series of original, interesting and obviously interrelated research interests in Italy, which began from a similar and compatible vision of the city, landscape, and architecture. At the same time, the great variety, as well as the awareness of still being in an initial phase, make any suggestion that this is an organic coherent group still appear premature. There is certainly an ongoing dialogue fueled by several cultural initiatives, but what is still lacking – and it is a serious shortcoming – is any form of a recognizable common platform. Whether a review, committee,[19] series of cultural initiatives or any other form of "common home", this generation still has nothing akin to the role played by the APAO (*Associazione Per l'Architettura Organica*) of Zevi and many others, the INU (*Istituto Nazionale di Urbanistica*) of Quaroni, Piccinato and De Carlo, of Samonà's Venice University Institute, and *Casabella* of Rossi, Tentori and Polesello. Anyone wishing to document the specific themes of Italian architecture in the 1970s and 1980s, neatly summed up by Francesco Garofalo as "realism, residence, urbanism"[20] would naturally consult the heroic years of *Controspazio*. Anyone interested in research into the new tendency to abstraction, the new "belts" of the diffuse city or discontinuity, will of course find information in various books, publications and conference proceedings. But they will not find a conceptual forum or an icon round which to gather the ideas and forces. But in fact such ideas and forces turn out to be very much alive and rooted in the history and geography of the Italian architectural scene and, moreover, they reveal reciprocal linkages and "liaisons" which are anything but "dangerous". This book would have been inconceivable without the observations on the landscape and the new urban reality elaborated and translated into designs by Stefano Boeri and Mirko Zardini. The leitmotif in their research also emerges in the abstract sensibility and capacity to reinvent the concept of context found in Cino Zucchi, the mature modernism of Antonio Citterio, and the conceptual rigor in the designs by Rizzi and Di Battista. By assuming a new point of view on urban space, Roman-trained architects – Andriani, Aymonino, ABDR, Ricci & Spaini – although inevitably attracted by the power of drawing and the figure, took a new direction from the over-pictorial tradition of the Roman school. While an interest in "complexity" is typical of the Sicilians in the Itaca group and fits in well with their oblique Mediterranean nature and the new relation being forged between building and city by today's urban landscape. Because of their age and training, the Florentine practice of ARCHEA seems the least mainstream of all, but their projects – and I'm thinking especially of the Curno discotheque – are a valid and interesting illustration of two crucial issues: the greater emphasis on communication over structure now found in design and the importance of the new "entertainment" typologies in the metropolitan continuum.
The interest in these themes and issues previously outside the field of architecture is one of the common features in the work of our young Italian architects. But there are others: a new relation with urban "continuity" as well as with typological subjects and new materials; the radical break with all historicist and regressive trends; the abandoning of the utopian "ideal" city and the myth of foundation in favor of more pragmatic techniques concentrated on a true "modification", on substituting by parts and demolition. Moreover, at long last there is now also innovative and open-ended research going on into the language of architecture. This international development looks back to the more radical and rather neglected lessons of the Italian and international Modern tradition and points to the future by grafting them onto the conceptual and spatial revolution imposed by our age. The virtual interlocutors of the group of architects dedicated to exploring a new architectural identity and a cross-border linguistic renewal would include Moretti and Le Corbusier, Ridolfi and Eisenman, and Italian architecture from the 1950s and Rem Koolhaas.
This book is still partly a miscellany, intended to be useful in providing information about and documenting the work and personality of some talented young architects. But it is also a text containing many pieces of a complicated but far from meaningless jigsaw. It bears witness to a conceptual and artistic wealth that can provide new material even for the international scene, where the most radical leading players have already become feted superstars and the more conceptual languages are fossilized in the high-speed manufacture of designer labels.

Pippo Ciorra
February 1998

[18] See the blithe pigeon-holing of young Italian architects into "categories" in *d'A* no. 14 (*rational-lyrical, neoexpressionists, soft-tech*, etc.), or the usual indiscriminate grouping only on a "built" basis recently published by *Abitare* (November 1997).

[19] We already mentioned the problems of *d'A*. Also worth mentioning is Multiplicity, a Milanese association founded by some of the architects in this book with others. Although they seemed to make a promising and prolific debut, their activities after the above-mentioned conference and other (too) Milanese events seem to have ground to a halt or gone into hibernation.

[20] F. Garofalo, "Things Change", in *Tre architetture alla Biennale di Venezia*, Libria, Melfi 1997.

Shared loneliness

– La chimera del "mestiere"

> *The projects are radical precisely because they do not play*
> *in the sanctuaries of drawing, or theory, or sculpture.*
> *They inhabit the realm of building.*
> *Some have been built, some will be built, and others will*
> *never be built – but each is buildable;*
> *each aims at building.*
> Mark Wigley, 1988

Con la mostra curata da Marino Folin per la Biennale di Venezia[1] nel settembre del 1996 si chiude la prima fase *pubblica* della vita professionale e culturale di una generazione "nuova" di architetti italiani. Una fase durata più o meno dieci anni, sia perché le date anagrafiche e poi di laurea di quegli architetti fanno sì che possano arrivare all'attività matura e indipendente intorno alla metà degli anni ottanta, sia perché non è affatto difficile riconoscerne i primi segnali in una precisa serie di mostre, laboratori e iniziative editoriali tenutesi in quel periodo. Nella primavera del 1989 si tiene il primo "meeting-premio" di Tagliacozzo[2], dove un gruppo di architetti della generazione successiva a quella di Purini e Venezia si incontra per scambiarsi e discutere idee e progetti che finora hanno avuto poco accesso alle grandi riviste nazionali. Tra loro Aldo Aymonino, ABDR, Cino Zucchi e quasi tutti i progettisti che oggi ritroviamo in questa raccolta. Nello stesso periodo escono i primi numeri della rivista "D'Architettura", fondata e diretta da Pino Scaglione, che per qualche anno e per almeno quindici numeri[3], si fa apertamente strumento e vessillo della rivendicazione di una "identità generazionale" e che mette al centro delle proprie dichiarazioni d'intenti e della selezione editoriale i temi della "giovane generazione" e dell'"architettura come mestiere". Definizioni ambigue e inafferrabili, inaccettabili per abuso di tautologia in qualsiasi altro contesto geografico, che avevano però in quel momento alcune motivazioni contingenti e qualche indubbia conseguenza positiva nel panorama italiano. Tanto da trasformarsi in un *best seller* orecchiabile e capace di resistere, come si diceva all'inizio, fino alla Sezione Italiana dell'ultima edizione della Biennale d'Architettura di Venezia, o alla mostra di Ado Franchini sulla "Nuova architettura italiana"[4] che per quasi due anni ha girato con discreto successo per le maggiori città tedesche. Tra le motivazioni le più immediate vanno cercate nell'urgenza di differenziarsi e rompere con un "movimento architettonico" nazionale ormai stanco e isolato, culturalmente restio a ogni scambio con l'esterno e professionalmente emarginato. Più nel profondo si manifestava in questo modo l'inevitabile discontinuità con i maestri, la prossimità implicita tra il lavoro degli architetti più giovani e uno snodo cruciale nello sviluppo della storia dell'architettura italiana del secondo novecento. Tra le conseguenze positive, simmetricamente, c'era certamente la possibilità di stabilire le premesse per un dialogo con alcuni architetti della "generazione di mezzo", che sotto la copertura di un atteggiamento intimista o artigiano e di un apparente insofferenza alla teoria, sembravano seguire dei filoni di ricerca non del tutto esauriti nel quadro della derelitta architettura nazionale. Anselmi, Cellini, Carmassi, Venezia sono infatti gli "anziani" più entusiasticamente pubblicati dalle riviste dei giovani, mentre alla stessa strategia culturale va ascritto il frequente riferimento a Gardella, Valle, Ridolfi, Moretti, anche loro considerati, non senza superficialità, più interessati alla costruzione edilizia che non a quella teorica. Un altro effetto positivo delle elegie artigiane sostenute da "D'Architettura" e da altre riviste è stato certamente quello di scatenare un cortocircuito di informazione e curiosità che, insieme ad altri fenomeni, ha contribuito a rompere l'isolamento culturale. Soprattutto alcuni scenari europei sono diventati interlocutori privilegiati e disponibili, alimentando un canale di discussione ormai un po' asfittico e che aveva avuto gli ultimi discutibili "momenti di gloria" al tempo della Via Novissima di Paolo Portoghesi[5]. Il Portogallo minimalista e "mediterraneo" di Siza[6], il Ticino neorazionalista e il modernismo intimista cresciuto intorno alla scuola di Graz

---

[1] Per le "Partecipazioni italiane" alla VI mostra internazionale di architettura della Biennale di Venezia Marino Folin ha organizzato una mostra incentrata sulla ricostruzione in scala e materiali reali, all'interno del Padiglione Italia, di un frammento di un edificio costruito per ognuno dei 26 "giovani" architetti invitati. I progetti sono pubblicati sul catalogo generale dell'esposizione: *Sensori del futuro: l'architetto come sismografo*, Electa 1996.

[2] Il primo "Meeting premio" di Tagliacozzo si è svolto nella località abruzzese dal 5 al 7 maggio 1989. 50 architetti erano i "giovani architetti" invitati a discutere il proprio lavoro. Una giuria, composta da Francesco Dal Co, Pasquale Culotta, Franco Purini, Francesco Moschini, Antonino Terranova e altri assegnò un premio ad Aldo Aymonino. I progetti sono raccolti nel catalogo *Architettura italiana della giovane generazione*, curato da Pino Scaglione, L'Aquila 1989.

[3] Il primo numero di "d'A - d'Architettura" esce nel 1990 e per tutta la sua vita editoriale dà spazio e attenzione alla nuova generazione degli architetti italiani. L'ultimo numero sensato, a parte una successiva appendice alla Biennale di Folin, è il numero 14, che si chiude ancora con una rassegna di "Architettura italiana per fine millennio" incentrata sul lavoro dei quarantenni, con poche e significative eccezioni anagrafiche: Carmassi, Culotta e pochi altri.

[4] Curata da Ado Franchini, la mostra "Nuova architettura italiana" espone in altrettanti pannelli i lavori di trenta giovani architetti. L'esordio della mostra è avvenuto a Berlino, nel settembre del 1996. In seguito è stata esposta a Gelsenchirken, a Stoccarda, ad Aachen e in altre città tedesche. Al momento in cui scrivo (novembre '97) la mostra è aperta a Braunschweig e andrà in seguito a Weimar e Dessau. Il catalogo è a cura di Ado Franchini ed è pubblicato da Ala, Milano 1996.

[5] A proposito della mostra di architettura della Biennale del 1980 si veda anche P. Ciorra, *La scrittura operativa*, in "Intersezioni" n. 3.

[6] Non poca influenza, sulle prime esperienze progettuali di questa generazione, ha avuto la "Casabella" di Gregotti, che ha fortemente diffuso e sostenuto, insieme a pochi altri esempi stranieri, i lavori di Alvaro Siza e della scuola di Oporto in genere.

sono così apparsi ad alcuni come esempi in cui fosse facile rispecchiare la nuova situazione dell'architettura italiana, improvvisamente dedita al "piccolo, isolato e ben fatto", al raffinato modernismo delle ville unifamiliari, a una committenza privata pronta a commissionare edifici di pregio e qualità architettonica. Naturalmente, a distanza di qualche anno, si può ben dire che non era così, che l'industria edilizia nazionale rimane per lo più arretrata e fermamente ostile a ogni sperimentazione, e che la committenza privata "illuminata" è fatta di casi isolati e sporadicissimi. A meno che tutto il rinnovamento non dovesse coincidere con il ritorno in massa all'uso del laterizio come materiale di finitura, che da buona notizia si è presto trasformato in un incubo[7], e con una serie di case *glamour* che Antonio Citterio e qualche altro altro architetto milanese sono riusciti a realizzare intorno a Milano. Dell'illusione del mestiere si sono allora cominciati a vedere bene anche i limiti e i problemi, tra i quali è soprattutto evidente il rischio di accettare una specie di "ghetto" dei temi di piccola scala, con la conseguente autoesclusione da tutte le discussioni più importanti, sulla città, sulla disciplina, sui rapporti con la società e con le istituzioni.

- Estraneità e isolamento
La ricerca di una nuova "identità", più o meno generazionale, non è stato un compito facile per i giovani architetti italiani. Attratti dal mondo della costruzione e della concretezza si sono trovati comunque esclusi dal mercato per colpe non loro. Critici nei confronti dei propri maestri, si sono però trovati impreparati e restii ad accogliere *tout court* il "la nuova ortodossia"[8] neointernazionalista o a tradurla in termini nazionali. Costruzione e rinnovamento rappresentano infatti premesse giuste e necessarie, ma non identificano ancora un gruppo omogeneo, non disegnano ancora un manifesto di idee e valori attorno al quale costruire un movimento architettonico rilevante. Di conseguenza anche l'attenzione della critica, che peraltro in Italia non è vivacissima, è quindi rimasta molto vaga, pronta a registrare i buoni progetti dei singoli, ma neghittosa e ostile all'idea di riconoscere i caratteri di una fenomeno nuovo e di una certa portata nell'architettura nazionale. Non è un caso che anche le storie dell'architettura più recenti e più documentate, non potendo ancora trovare la giusta prospettiva con cui mettere in sequenza storico-critica le opere di questi architetti con quelle dei loro giovani o meno giovani predecessori, nella maggior parte dei casi preferiscono sorvolare o relegarli a qualche caso isolato, lasciando ai posteri l'ardua sentenza sul presente[9]. Tutto ciò riporta naturalmente a un tema cui abbiamo già accennato, e cioè a quello del rapporto con i maestri, con le istituzioni universitarie e con le generazioni precedenti in generale, per il quale bisogna forse spendere qualche parola in più.
Alla fine degli anni settanta si conclude per gli architetti italiani una stagione strana e lunghissima, nella quale avevano sempre costituito il centro della discussione e della ricerca internazionale, ma avevano progressivamente visto scadere il proprio ruolo e la propria credibilità nella società. L'*italophilie* di cui parla Jean Louis Cohen[10] in un bellissimo saggio di quegli anni, nasceva dall'eredità eccentrica di Rogers, si nutriva degli studi urbani di Muratori, Quaroni e Samonà, e delle teorie di Tafuri, si compiva limpidamente nelle "visioni" teoriche e progettuali di Rossi, Grassi, Gregotti e nella mostra "neorazionalista" alla Triennale del 1973. Negli anni successivi però la crescita vertiginosa e disordinatissima delle città italiane e il contemporaneo fallimento "sociale" di alcuni capolavori riconosciuti[11] mette in luce alcune intrinseche debolezze della cultura architettonica nazionale. Impegnati, dal dopoguerra in poi, soprattutto sui temi dell'urbanistica, della politica e del disegno della città, gli architetti italiani subiscono infatti le sconfitte più dolorose proprio su questo campo, avendo nel frattempo trascurato un patrimonio di cultura edilizia ed espressiva "diffusa" che dagli anni trenta agli anni cinquanta offerto ottimi esempi. Il tutto implode rumorosamente nella bella e dolorosa "Via Novissima" di Portoghesi alla Biennale del 1980, dove la sofisticata critica al italiana al moderno si riduce a una pallida apologia del revival e a una fragorosa festa per la ritrovata "presenza della storia", mentre in giro per i mondo gli architetti più attenti continuavano ad applicarsi e a elaborare con originalità sul lavoro di Terragni, Ponti, Vaccaro, e davano linfa nuova e originale, come avveniva a New York all'IUAS, in Spagna, o nella stessa ETH, alle ricerche di Rossi, Grassi, Scolari. Questi fenomeni, insieme all'ostilità verso la svolta radicale che caratterizza l'architettura internazionale, con pochissime eccezioni inducono i "maestri" italiani a chiudersi sempre più nelle istituzioni accademiche . Da luoghi di ricerca, le facoltà si trasformano per alcuni in severe "botteghe" artigianali[12], riservate alla trasmissione di "stili" espressivi e ricerche urbane. Mentre per altri rappresentano semplicemente la camera di conservazione di un potere culturale altrimenti incomprensibile. Nasce così l'impossibile "rapporto con i maestri" e lo spaesamento, in fondo salutare, delle giovani generazioni, costrette a rivolgersi a stelle polari fragili ed estemporanee, come quella del mestiere, e a un dialogo scomodo e difficile con la generazione immediatamente precedente, che nel frattempo aveva già conquistato delle solide posizioni di potere accademico[13].

– Un posto in società
Acquisita la convinzione teorica di considerare l'aspirazione alla costruzione come un valore e un fine per la nuova architettura, l'attenzione degli architetti emergenti si è rivolta soprattutto ad altre due questioni attuali e "fondative": quella dei concorsi e quindi del rapporto con la committenza istituzionale da un lato e quello della nuova città dall'altro. Il primo, che investe in fondo il tema del ruolo sociale e della credibilità dell'architetto, è stato protagonista di infiniti convegni, dibattiti e, per un paio di anni, di una intera sezione della rivista "Domus"[14]. Partite

[7] Tra i vademecum del "ritorno al mestiere" spiccano senza dubbio due libri curati per la Laterconsult da Acocella, *L'architettura del mattone*, del 1989, e *Il significato dei luoghi* del 1993.

[8] Il riferimento è al numero 3 di "Intersezioni", rivista del Dipartimento di Progettazione architettonica della facoltà di architettura di Venezia, curato da Francesco Garofalo e sopra già citato.

[9] Valga ad esempio la recentissima e molto completa Storia dell'architettura italiana curata da Francesco Dal Co per l'Electa. Scorrendo i moltissimi saggi, solo in quello di Claudia Conforti, dedicato all'Italia del Sud, si trova qualche riferimento ad architetti (nel suo caso siciliani) della generazione che qui prendiamo in esame.

[10] J.L. Cohen, *La coupure entre architectes et intellectuels, ou les einsegnements de l'italophilie*, in "In Extenso" no. 1, "Recherches à l'Ecole d'architecture Paris-Villermin", Parigi 1984, e ancora J. L. Cohen, *Ceci n'est pas une histoire*, in "Casabella", n. 619-620, gennaio-febbraio 1995.

[11] Nella *Storia dell'architettura italiana* sopra citata Tafuri evidenzia come alcuni dei progetti più importanti dell'architettura italiana degli anni '60 e '70 fossero anche quelli in cui più si concentrava la conflittualità sociale e l'ostilità dei cittadini verso l'edilizia "firmata": il Gallaratese di Rossi e Aymonino, il Villaggio Matteotti di Terni, lo Zen di Gregotti, Nicolin e Purini, il Corviale di Fiorentino.

[12] Una mostra tenutasi alla Triennale di Milano nel 1995 evidenziava una pericolosa assonanza tra lo "stile" dei progetti elaborati all'interno dei seminari di dottorato in Composizione architettonica e quello dei tutors più autorevoli.

[13] Nell'ottobre 1995 "Casabella" pubblica un articolo di Massimo Scolari particolarmente utile e illuminante a comprendere i rapporti tra le successive generazioni di architetti in Italia.

[14] La sezione, curata da Nicola Di Battista viene pubblicata su "Domus" per tutto il '95 e il '96.

all'inizio con toni e temi più propri a una discussione epistemologica sulle teorie e sulle condizioni concettuali del progetto, col passare di numeri e degli interventi le pagine di *Questioni e Materiali* si sono trasformate in una "critica del presente", giustamente orientata verso le condizioni concrete della progettazione e della vita dell'architetto. E' merito infatti degli architetti più giovani l'aver compreso che non ha alcun senso insistere sulla "cultura del progetto" se non si tenta di incidere sui meccanismi che regolano i rapporti tra il mondo professional-culturale e le istituzioni in un paese in cui il "bisogno di architettura" è ormai sceso molto in basso. In questo senso l'impegno principale del lavoro di alcune *equipes* in questi anni è stato quindi quello di lottare per migliorare le leggi e per una riforma radicale del sistema dei concorsi[15]. Lo scopo dichiarato è naturalmente quello di facilitare l'accesso al mercato alle generazioni più giovani, ma anche di creare le condizioni per un rinnovamento più profondo e radicale di tutto il panorama delle idee e delle ricerche dell'architettura italiana. Non c'è infatti dubbio che la cattiva salute delle regole e delle consuetudini care ai committenti nazionali si rifletta chiaramente nella scarsa qualità e nella mancanza di originalità delle opere realizzate, figlie di procedure poco trasparenti, di potere accademico malriposto, di accidia culturale e informativa. La nuova legge sui concorsi ancora non c'è in Italia, nonostante gli sforzi degli ordini professionali, delle forze della cultura e dello stesso ministero dei beni culturali, ma già qualche piccolo risultato dovuto al nuovo clima si comincia a vedere. La piazza suburbana realizzata da Aldo Aymonino, il quartiere alla Giudecca di Cino Zucchi, la piazza romana di Carmen Andriani, alcuni progetti di Renato Rizzi rappresentano in questo stesso libro esempi di incarichi pubblici e privati limpidi, ottenuti tramite concorsi nazionali e internazionali di buon livello, ormai arrivati o quasi alla fase della realizzazione.

– Il tema della città

> *Se io fossi nato nell'isola di Lesbo probabilmente il mio*
> *lavoro avrebbe preso una direzione completamente diver*
> *sa, ma io sono nato in una serie di cinematografi,*
> *leggendo fumetti tra una proiezione e un'altra.*
> Steve Katz, 1983

Da questa impasse e dalla loro involontaria *ennui* i giovani architetti italiani sono usciti, o meglio hanno incominciato ad uscire, alzando lo sguardo dal loro tavolo e cominciando ad osservare i fenomeni materiali e immateriali che stanno nel frattempo avvenendo nel mondo esterno. Nel mondo concreto e materiale delle città e del paesaggio italiano, dove le trasformazioni sono state repentine e radicali e hanno investito l'intero universo cui devono rivolgersi i saperi architettonici, urbanistici, urbani. E nel mondo impalpabile delle idee e dei linguaggi espressivi non architettonici nei quali le tracce e le rappresentazioni di queste trasformazioni sono presenti ormai da tempo. E da tempo costituiscono la scena e l'attore principale di vicende cinematografiche e letterarie, della comunicazione artistica e visiva, degli studi e delle descrizioni di sociologi, filosofi, antropologi. Aiutati da qualche coraggioso azzardo teorico di Bernardo Secchi e dei suoi più giovani allievi[16], e da qualche iniziativa corsara, come il geniale viaggio-convegno in autostrada organizzato nel febbraio del '95 dai giovani vicentini di Abaco[17], i giovani architetti hanno incominciato a "raccontare" la città contemporanea italiana, osservandola finalmente con la stessa serietà e profondità con cui Rossi, Aymonino e Gregotti si disponevano ad analizzare la città storica. Per passare da questo a una elaborazione originale naturalmente non basta lo scontento e la voglia legittima di far sentire la presenza di un gruppo nuovo. La premessa necessaria è un cambio di prospettiva netto e la coscienza di appartenere a una cultura e un tempo molto diverso da quello in cui i "maestri" avevano potuto elaborare le loro teorie ed erigere i loro (scarsi) esempi. Il cinema, la musica, un accesso più libero e meno idealistico alla letteratura e alle arti hanno in questo senso dato un grande aiuto e hanno permesso a generazione cresciuta tra Karl Popper e Steven Spielberg di cominciare a costruirsi un sistema di riferimenti "contemporaneo". Una sensibilità pop e quindi capace di guardare con lo stesso occhio alla Gioconda e alle lattine di Campbell ha allora permesso di annullare sperimentalmente le scale dei valori più obsolete, i sistemi gerarchici centro-periferia, antico-moderno, città-campagna. Una coscienza postutopistica, poststoricista, in una parola postmoderna, ha permesso di comprendere i nuovi rapporti possibili tra forma e contenuto, tra interno ed esterno, tra spazio pubblico e spazio privato nella città. Una nuova consapevolezza tecnologica e dei media ha reso evidente come i concetti di spazio collettivo, di luogo d'incontro, di spazio di relazione non sempre corrispondono ad un luogo fisico e comunque hanno ben poco a che fare con ciò che con questi termini usavano indicare i nostri maestri. In questa luce, Andriani, Aymonino e compagni hanno potuto osservare come accanto alla città consolidata italiana, strutturata intorno ai centri storici, con tutte le sue fasce tipo-morfologiche e con tutti i suoi quartieri, sia cresciuto in questi ultimi anni un tessuto metropolitano nuovo e infinitamente più esteso. Un tessuto che invece che sulle mura e sugli assi urbani si fonda sui tracciati delle infrastrutture e sulla mappa di una serie di riferimenti nuovi, svincoli dell'autostrada, centri commerciali, ferrovie metropolitane, e che crea un "effetto città" del tutto nuovo e inafferrabile agli strumenti della scienza urbana tradizionale. E che anzi mette in crisi l'idea stessa che lo studio e la progettazione formale della città siano assimilabili, pur alla lontana, a un procedimento di carattere scientifico, così come lo avevano prefigurato in Italia i teorici della tipo-morfologia. Come il Colosseo raccontatao da Rossi nell'*Architettura della città*, i nuovi "contenitori" dello spazio pubblico contemporaneo non hanno quasi mai una identità permanente, legata alla funzioni che ospitano, ma definiscono spazi ibridi, mutanti nel tempo, soggetti a integrazioni e trasformazioni incessanti. Naturalmente la differenza con il Colosseo è che questi edifici sono *landmarks* grossolani piuttosto che monumenti; non ci insegnano nulla dal punto di vista dell'architettura, non declinano lessici e grammatiche della composizione né della costruzione. Essi testimoniano anzi come la parte più grande, e forse più importante, della recente trasformazione del nostro territorio, sia avvenuta malgrado gli architetti e soprattutto malgrado i piani e i programmi degli urbanisti. Il merito di alcuni degli osservatori più giovani è quello di aver osservato tutto questo con uno sguardo nuovo e più attento, disponibile ad apprendere, ma naturalmente ancora capace di appellarsi a una solida cultura architettonica al momento di giudicare con freddezza e serietà i problemi e i risultati di queste trasformazioni, senza transfert eccitati e ingiustificati *coups de foudre*. E di aver compreso che alla fine di questo processo ci sarebbe stata per loro la coscienza di appartenere a una cultura urbana diversa e più complessa di quella che ha prodotto i nostri testi sacri anni '60 e '70, bisognosa di nuove idee e di

[15] cfr. ad esempio *Francia 2013 - Italia 10. Non si uccide anche così l'architettura?*, IFA - Joshua Libri, Genova 1996, con gli atti preliminari di un convegno sul tema dei concorsi di architettura tenuto a Genova nel novembre 1996.§
[16] Vanno certamente ricordati, e non solo perché scritti da architetti presenti in questa pubblicazione, S. Boeri, A. Lanzani, E. Marini, *Il territorio che cambia. Ambienti, paesaggi e immagini della regione milanese*, Abitare Segesta, Milano 1993, e M. Ricci, *Figure della trasformazione*, Ed'A, Pescara 1996.
[17] Gli interventi pronunciati nel convegno-viaggio "Highway-Multiplicity" organizzato dall'associazione vicentina Abaco nel febbraio 1996 sono pubblicati su *Paesaggi ibridi*, a cura di Mirko Zardini, Skirà, Venezia 1996.

nuova linfa dall'esterno. E infine di essere stati capaci di comprendere che tutto questo non cancella affatto le specificità italiane, come il tessuto dei centri storici, la densità, l'attitudine alla vita urbana, ma le rende solo più complesse, sovrappone loro un secondo urbanesimo forse più ruvido e schematico del primo, fin troppo weberiano nei rapporti con l'universo della produzione e della distribuzione dei beni. Un po' meno demiurghi, molto meno ideologi, gli architetti devono disporsi a osservare e intervenire nello spazio "tra" questi due strati, nei punti di possibile frattura, nei territori abbandonati sia dalla vecchia che dalla nuova città, inventarsi una qualità dello spazio e della vita che non può più essere importata direttamente dalle forma della città storica. Per fare questo, naturalmente, c'è bisogno di nuovi strumenti e nuovi linguaggi e quindi di operare anche sul piano dell'espressione e delle tecniche della costruzione. Questo gruppo di architetti, e altri con loro, ha certamente il coraggio di aver cominciato a "elaborare il lutto" per il perduto "principio di autorità" della città storica, e il pregio di aver cominciato ad affrontare i temi che proprio questa perdita induce nella ricerca architettonica. Sul piano della forma e della ricerca espressiva molto è stato fatto: i progetti che pubblichiamo testimoniano alcuni risultati più che interessanti, e perfino nelle facoltà italiane, più o meno clandestina, comincia a soffiare un po' di aria nuova. Allo stesso tempo la battaglia per una innovazione tecnologica e per un nuovo repertorio di materiali si scontra con resistenze solide e ostinate. Sia perché incide su interessi vivi e concreti, come quelli delle imprese di costruzione ; sia perché si misura con la tendenza alla conservazione e all'immobilità che abbiamo noi stessi stimolato e coltivato per tanto tempo nel gusto dei nostri committenti e dei cittadini in genere.

– Gli architetti
Naturalmente la selezione degli architetti presentati in questo libro non può avere né la leggerezza frivola di una *top ten* (o meglio *top twelve*), né la pesante coerenza che contraddistingue un gruppo omogeneo e di "tendenza". Una selezione che pretenda semplicemente di scremare i *best sellers* nello scenario della giovane architettura italiana dovrebe avere un carattere molto più eclettico e oggettivo, fondato sulla quantità di edifici realizzati e/o accreditati dalle riviste. Oppure, come si fa tante volte, dovrebbe assegnare delle "quote" e distribuire equamente le attenzioni tra *regionalisti* e *vernacolari, neostoricisti* (ce ne sono ancora) e *tardorazionalisti*, e via di seguito. In una parola dovrebbe fondarsi proprio su quei deprimenti concetti di pluralismo e di eclettismo che per quindici anni hanno anestetizzato e privato di ogni identità l'architettura nazionale[18]. Tutto ciò sarebbe in contrasto con la storia e con lo spirito di questa pubblicazione. Che nasce (e si espande) da una *lecture series* di "giovani" architetti italiani chiamati da Mario Campi all'ETH di Zurigo a illustrare prodotti e ragioni del proprio lavoro, a partire dalla convinzione che esitono in Italia, nel campo dell'architettura e della città, una serie di ricerche originali, interessanti e tra loro evidentemente collegate. E che partono da punti di vista simili e compatibili sulla città, sul paesaggio, sull'espressione architettonica. Allo stesso tempo proprio la varietà di queste ricerche insieme alla coscienza di essere ancora in una fase di apertura dello sguardo rendono debole e prematura l'ipotesi di considerare questo come un gruppo organico e coerente. C'è certamente un dialogo aperto, rinsaldato da numerose iniziative culturali, ma ciò che ancora manca (ed è grave) è la possibilità di individuare un elemento preciso di incontro e riconoscimento. Sia essa una rivista, o un comitato[19], o una serie di iniziative culturali o qualsiasi altra "casa comune", manca ancora per questa generazione qualcosa che svolga il ruolo che fu dell'APAO di Zevi e molti altri, dell'INU di Quaroni, Piccinato e De Carlo, dello IUAV di Samonà, della "Casabella" di Rossi, Tentori, Polesello. A chi oggi volesse documentarsi sui temi specifici dell'architettura italiana degli anni settanta e ottanta, ben sintetizzati da Francesco Garofalo in "realismo, residenza, urbano"[20], verrebbe naturale scorrere le eroiche annate di "Controspazio". Chi è invece interessato alle ricerche sulla nuova tendenza all'astrazione, sulle nuove "corone" della città diffusa, sulla discontinuità, può naturalmente trovare molte informazioni sparse in libri, pubblicazioni e atti di convegni, ma non trova una sede o un luogo "concettuale", un totem attorno a cui raccogliere le idee e le forze. Idee e forze che però si dimostrano ben vive e radicate nella storia e nella geografia del panorama architettonico nazionale e che soprattutto rivelano intrecci e legami reciproci tuttaltro che *dangereux*. Non sarebbe infatti stato possibile immaginare questo libro se non ci fossero state le osservazioni sul paesaggio e sulle nuove realtà urbane elaborate e tradotte in progetto da Stefano Boeri e Mirko Zardini. Il filo rosso che parte dalle loro ricerche ben si ritrova nella sensibilità astratta e capace di reinventare il concetto di contesto di Cino Zucchi, nella modernità matura di Antonio Citterio, o nel rigore concettuale dei progetti di Rizzi e Di Battista. Per gli architetti di formazione romana, Andriani, Aymonino, ABDR, Ricci e Spaini, l'assunzione di un nuovo punto di vista sullo spazio urbano fa sì che l'immancabile attrazione per la forza del disegno e della figura assumano un senso e un orientamento nuovo rispetto alla tradizione fin troppo *picta* della scuola romana. Mentre l'interesse verso la "complessità" che caratterizza i siciliani del gruppo Itaca può così combinarsi bene con la loro obliqua mediterraneità e con il nuovo rapporto che il paesaggio urbano instaura oggi tra edificio e cittàà. Per età e per formazione i fiorentini di Archea appaiono come i più eccentrici rispetto alla *mainstream* del gruppo, ma i loro progetti, e parlo soprattutto della discoteca di Curno, costituiscono invece un esempio valido e interessante su due argomenti cruciali: il valore di "comunicazione" più che di struttura che si trova ad assumere oggi il progetto e l'importanza delle nuove tipologie "d'intrattenimento" nel nuovo continuum metropolitano. Proprio l'interesse per questi temi e problemi finora estranei all'architettura è infatti uno dei caratteri comuni al lavoro dei giovani architetti italiani. Insieme al nuovo rapporto con la "continuità" urbana e con soggetti tipologici e materiali nuovi; alla chiusura netta con tutte le tendenze storiciste e regressive; all'abbandono dell'utopia della città "ideale" e del mito di fondazione in favore di tecniche più pragmatiche, interessate a una vera "modificazione", alla sostituzione per punti, alla demolizione.
In parte questa pubblicazione conserva ancora i caratteri di una miscellanea, utile a informare e a documentare circa l'opera e la personalità di alcuni talenti. Ma è anche un testo dove si può cominciare a intuire che si tratta dei molti pezzi di un puzzle complicato ma non privo di senso. E la testimonianza di una ricchezza espressiva e concettuale che può fornire materiale nuovo anche alla scena internazionale, dove le avanguardie più radicali si sono già trasformate in coccolate superstars, e i vocabolari più concettuali congelati in *griffes* ad alto ritmo di produzione.

Pippo Ciorra
febbraio '98

[18] Si vedano in proposito le "categorie" in cui i giovani architetti sono allegramente "suddivisi" nel numero 14 di "d'A" (razional-poetici, neo-espressionisti, soft-tech eccetera), o le solite ammucchiate sempre su base "costruita", come quella apparsa in un numero recente di "Abitare" (novembre 1997).

[19] Dei problemi di "d'A" abbiamo già detto. Per il resto vale la pena di citare *Multiplicity*, associazione milanese fondata da alcuni degli architetti che compaiono in questo libro e da altri, che sembrava costituire un punto di partenza interessante e proficuo. Purtroppo le sue attività, dopo il convegno citato più sopra e altri eventi (troppo) milanesi, sembrano cessate o in letargo.

[20] F. Garofalo, *Things Change*, in *Tre architetture alla biennale di Venezia*, Libria, Melfi 1997.

Young Italian Architects

Giovani architetti italiani

ABDR

Five contrasts

1. Places and transformations

For fifteen years, our group has been working as a team seeking to combine both professional activities and research. The tough conditions of the profession in Italy today mean this simple choice is an economic and cultural challenge.

The designs illustrated here reflect these difficulties. Some are already being built, others are not, despite the fact they were definitely meant to be built. In these projects, the prevalent aspect is that of transformation in various themes: a park with a theater near an ancient center and the redevelopment of a disused industrial area in a high-density zone in the historic periphery of Rome; a small housing project in steep ground in Tuscany; and a shopping center at the edge of a highway junction in the Marches.

2. Tradition and innovation

In an historic interview, Pierre Boulez once remarked that 'there is a being faithful to oneself which is indispensable', but without rigidly sticking to preconceptions, if progress is to be made. What has been done before must not be forgotten, otherwise there is a danger of being incoherent and superficial.

A typical feature of our work is the blend of tradition and innovation. This involves continual moving between innovative and orthodox building types, a certain freedom in the use of material for highly controlled plans, and compositional abstractions capable of changing and distorting architecture conceived in very practical terms.

We believe that this continual hybridization is not a limit but an extraordinary resource in designing.

3. Construction and image

In our more recent designs, there has been a renewed focus on the problem of the construction in an attempt to achieve greater accuracy in the technical form.

The construction and the technical form. Today they constitute an indispensable research field for the architect. There are no shortcuts. The field must be explored in depth. At other times, however, the problem of the image has dominated, when the construction is seen as an architectural figure.

We don't neglect this aspect of our work. On the contrary, we believe the polarity between construction and image forces us continually to plunge into fertile new research.

Cinque opposizioni

1. Luoghi, trasformazioni

Il nostro gruppo, da quindici anni, pratica un lavoro di équipe, cercando di tenere unite l'attività professionale e quella di ricerca. Le proibitive condizioni del mestiere, oggi, in Italia, trasformano questa semplice scelta in una scommessa economica e culturale.

I progetti che qui si mostrano sono un riflesso di queste difficoltà; alcuni sono in cantiere, altri no, nonostante la loro naturale vocazione alla costruzione. Sono progetti in cui la facies della trasformazione prevale sugli altri aspetti:

un parco con un allestimento teatrale posti a ridosso del centro antico e la riconversione di un'area industriale dismessa in una zona ad alta concentrazione urbana nella periferia storica di Roma; un piccolo insediamento residenziale in un terreno fortemente scosceso in Toscana; un centro commerciale a margine di uno svincolo autostradale nelle Marche.

2. Tradizione, innovazione

Pierre Boulez afferma in una storica intervista che 'c'è una fedeltà a se stessi che è indispensabile', ma che non bisogna irrigidirsi in fedeltà preconcette, se si vuole progredire; è utile non dimenticare quello che si è fatto, altrimenti si rischia l'incoerenza e la superficialità.

Un leit-motiv del nostro lavoro, da tempo, è quello di essere continuamente sospeso tra tradizione e innovazione. In esso è esperita una continua alternanza tra soluzioni innovative e ortodossia tipologica, una certa libertà nell'uso dei materiali è praticata su impostazioni planimetriche più che controllate, astrazioni compositive modificano e distorcono architetture concepite con concreto pragmatismo.

Crediamo che questa ibridazione continua non sia un limite, ma una straordinaria risorsa nella progettazione.

3. Costruzione, immagine

Nelle occasioni di progetto più recenti, una rinnovata attenzione si è concentrata sul problema della costruzione, sul tentativo di raggiungere una sempre maggiore precisione della forma tecnica.

La costruzione, la forma tecnica: oggi questo è un campo di ricerca ineludibile per l'architetto, e va percorso interamente, senza scorciatoie. In altri momenti è stato preponderante il problema dell'immagine, della costruzione della figura architettonica.

Noi non disconosciamo questo aspetto del nostro lavoro, anzi pensiamo che questa polarità tra costruzione e immagine obblighi a continui sbilanciamenti fecondi nella propria ricerca.

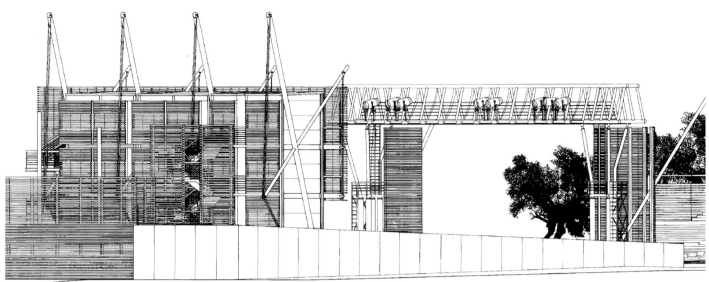

2

Ex-Vigna Volpi-
Guerrieri area.
*Area ex vigna Volpi-
Guerrieri.*
1. Site plan with exist-
ing and planned
trees.
*Planimetria generale
con le alberature esi-
stenti e di progetto.*
2. Longitudinal profile
of theatre.
*Profilo longitudinale
del teatro.*
3. Proscenium: eleva-
tion and section of
truss.
*Boccascena: prospet-
to e sezione della
trave reticolare.*

4. Restraints and complexity

Our designs elaborate the many constraints imposed by reality, regulations, feasibility, procedures and environmental conditions in the belief that the project must be able to transform such problems into opportunities for constructing figures. Paradoxically, without external constraints there would be no formal product. The complexity of a design is thus never due to any *a priori* satisfaction, but is the solution of many conflicting problems, as reality impinges on the figurative solution. The variety of restraints and great complexity are thus an irreducible condition of the contemporary project.

5. Watercolors and autocad

In our work, representation has always played a prominent role: colorimetry, contamination with pictorial techniques and the watercolor. The architectural image culminates in an artistic representation through a process of mutual interchangeability.
Recent developments in information technology and computer image-processing have deeply transformed this long-standing practice.
Traditional design scales have been replaced by a vertiginous process pushing the sketch or initial idea into the scale-less precisionism of autocad. The forced contiguity of architectural sketch, automatic design and rendering is the new frontier of design. On one hand the harsh process of electronic selection is forced on the color sketch made in a Daler notebook and, on the other, the computer is employed for "unnatural" purposes, when obliged through under-use to turn out old-style "wire" plans and elevations.

4. Vincoli, complessità

I nostri progetti coltivano le tante condizioni di vincolo imposte dalla realtà, dalle normative, dalla costruibilità, dalle procedure, dalle condizioni ambientali, nella convinzione che il progetto deve essere in grado di trasformare i problemi in opportunità figurative. Paradossalmente potremmo affermare che senza vincoli esterni non esisterebbe prodotto formale. La complessità del progetto, perciò, non è mai un compiacimento aprioristico, ma la soluzione ai tanti conflittuali problemi che la realtà consegna alla soluzione figurativa. Pluralità di condizioni e forte complessità come irriducibile condizione del progetto contemporaneo.

5. Acquerello, autocad

Nel nostro lavoro ha sempre avuto una grande importanza l'aspetto della rappresentazione: la colorimetria, la contaminazione con le tecniche pittoriche, l'acquerello. L'immagine architettonica precipita in rappresentazione artistica, la scambiabilità è reciproca.
Recentemente, l'irruzione delle tecnologie informatiche, i processi di elaborazione elettronica dell'immagine hanno modificato profondamente questa prassi consolidata.
Alla tradizionale scalarità della progettazione architettonica si è sostituito un processo vertiginoso che fa precipitare lo schizzo, la prima idea, nel precisionismo a-scalare dell'autocad.
La contiguità forzosa di schizzo architettonico, disegno automatico, rendering, rappresenta una nuova frontiera del disegno. Ma il processo impietoso di selezione elettronica cui è costretto il disegnino colorato vergato sul taccuino Daler è bilanciato dall'uso 'snaturato' del computer, forzato alla bassa utilizzazione, a disegnare piante e prospetti 'a fil di ferro' d'antica fattura.

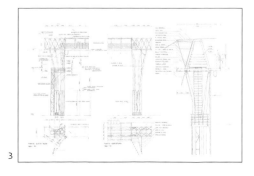

3

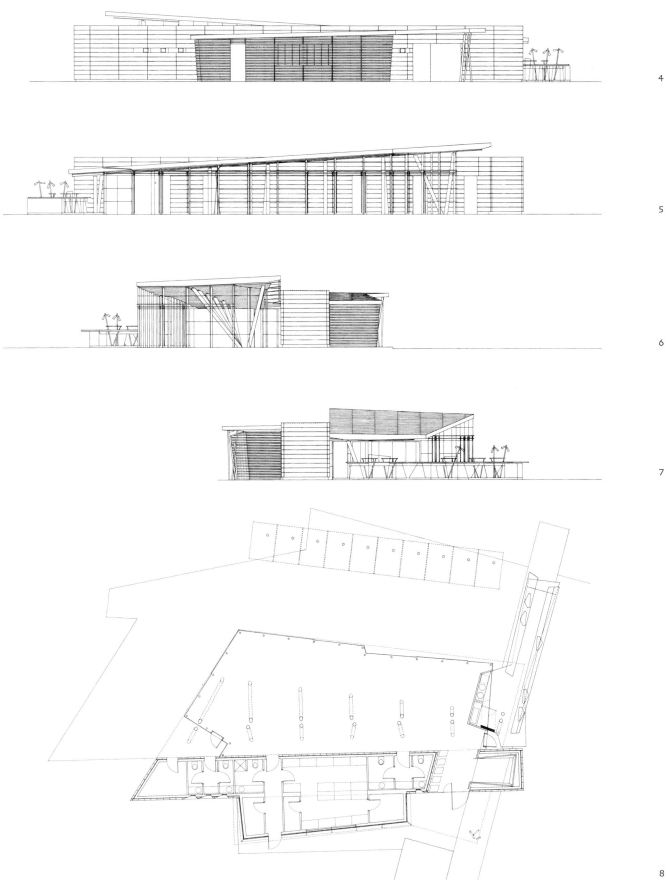

4

5

6

7

8

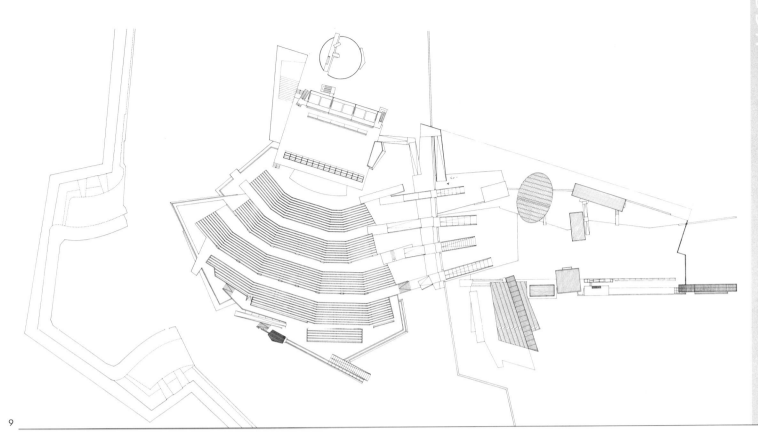

9

Project to redevelop the ex-Vigna
Volpi-Guerrieri area for a Museum of
Ancient Stone Tablets, the Public
Park of Villa Pepoli and the Theater
of Caracalla
1993
With S. Cantalini
Consultants: A. Clementi, E. Haldenby, A. Melzer,
M. Majowiecki, I. Pizzetti, E. Valeriani

The project concerns an area of historic interest to be
used as a public park. There are particularly good road
infrastructures, public transport and parking facilities. Partly on these grounds, the area has also been
chosen for the summer performances of the Rome
Opera House.
The project aims to achieve multiple but integrated
objectives:.

1. The environmental redevelopment of the ex-Vigna
Volpi-Guerrieri area and the creation of the Villa
Pepoli Public Park.

2. The creation of a museum program and the opening to the public of the Bastion by Sangallo and the
Mausoleum of Cilone and the construction of an
open-air museum of ancient stone tablets containing
the existing stone items in analogical order.

3. The construction of an open-air theater with an
overall capacity of 4,000 seats, mainly to be used
during the summer.

These aspects of the project are primarily based on
the extraordinary historical and environmental features of the area. The constituent elements are har-
monized through an integrated strategy respecting
the specific features of the place. The significance and
delicate elements in the area are handled by attempting to develop rather than restrain.

Progetto per la valorizzazione del-
l'area ex vigna Volpi-Guerrieri, per la
realizzazione di un lapidario, per la
costituzione del parco pubblico di
Villa Pepoli e per l'allestimento del
teatro di Caracalla
1993
Con S. Cantalini.
Consulenti: A. Clementi, E. Haldenby, A. Melzer,
M. Majowiecki, I. Pizzetti, E. Valeriani.

Il progetto insiste su un'area centrale di grande pregio
destinata a parco pubblico che presenta condizioni
particolarmente favorevoli dal punto di vista dell'in-
frastrutturazione viaria, dei collegamenti pubblici e
della potenzialità di parcheggi, motivo che tra gli altri
ha consentito di proporne l'utilizzazione per le rappresentazioni estive del Teatro dell'Opera di Roma.
Il progetto si propone di raggiungere molteplici ma
simultanei e integrati obiettivi:

1. La riqualificazione ambientale dell'area ex Vigna
Volpi-Guerrieri e la costituzione del Parco Pubblico di
Villa Pepoli.

2. La realizzazione di un programma di musealizzazio-
ne, apertura al pubblico e restauro del Bastione del
Sangallo e del Mausoleo di Cilone e la contemporanea
costruzione di un lapidario en plein air nel quale saranno ricomposti in sequenza analogica i reperti lapidei
esistenti sull'area.

3. La realizzazione di un teatro per rappresentazioni
all'aperto per complessivi 4.000 posti prevalentemen-
te destinato alle rappresentazioni estive.

Questi aspetti del progetto si fondano anzitutto sulla
valorizzazione delle straordinarie caratteristiche stori-
co-ambientali dell'area, armonizzandone gli elementi
costitutivi attraverso un'azione integrata che rispetti
le specificità del luogo e che affida i significati e i deli-
cati valori dell'area alle strategie della valorizzazione
più ancora che a quelle del vincolo.

4-8. Elevations and floor
plan of the restau-
rant-pavilion in the
entrance area.
*Prospetti e pianta del
padiglione-ristorante
nel piazzale d'ingres-
so.*
9. Site plan of theater
area and access sys-
tem.
*Planimetria generale
dell'area teatrale e del
sistema d'accesso.*

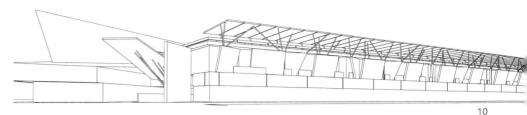

Mixed-use Center at Corridonia
1996
With M. Marcelletti and F. Grisogani (group-leader)

The project was developed with Fabio Grisogani and
Marcello Marcelletti, the officially appointed architects. The structural engineer was Enrico Scoppa and
the contractors were Edilanciani srl.
Situated at the top of the ramps leading to the
Civitanova-Tolentino highway exit, the new mixed-
use center only reveals part of its volume. The building has one floor underground and two above.
Confined within rigid altimetric profiles, the building
extends along straight axes. The inevitable horizontal
form of the volume is broken up by the complex pattern of the facades and a vertical pattern of prefabri-
cated panels and window frames as they are varied,
cross over and are then articulated along inclined
lines.
Like a ship stranded on the Marches hills, this Adriatic
ark floats at the height of the road. Like all floating
cities, the commercial and work activities take place in
the hull. The various activities are organized round the
central cavity of the piazza: the intersecting galleries
provide the spaces for shops, while the car parks are
on the roof and the offices overlook a screened access
bridge.

Centro polifunzionale a Corridonia
1995
Con M. Marcelletti e F. Grisogani (capogruppo)

Il progetto è stato sviluppato insieme all'arch. Fabio
Grisogani e all'arch. Marcello Marcelletti, incaricati
dell'opera; il calcolo delle strutture è dell'ing. Enrico
Scoppa. L'impresa costruttrice è la Edilanciani s.r.l.
Insediato in cima alle rampe che portano all'uscita
della superstrada Civitanova-Tolentino il nuovo centro
polifunzionale mostra solo in parte il suo volume.
L'edificio, infatti, rispetto alla linea di campagna,
sprofonda per un piano ed emerge per due; la costruzione, costretta all'interno di profili altimetrici rigidi, e
di altrettanto limitanti confini insediativi, si estende
lungo direttrici rette, ma, all'inevitabile conformazione orizzontale della volumetria dell'edificio, fa riscon-
tro una più minuta e complessa partitura delle facciate, una tramatura verticale dei pannelli prefabbricati e
degli infissi, che si flettono, si incrociano e quindi si
articolano secondo direttrici inclinate.
L'edificio, nave incagliata tra le colline marchigiane,
arca adriatica la cui linea di galleggiamento coincide
con il profilo stradale, similmente a quanto avviene
per le "città galleggianti", vede la vita commerciale e
lavorativa svolgersi tutta all'interno della sua carena;
le attività umane si insediano tutte intorno alla cavità
centrale della piazza, si intersecano sui ballatoi dove si
aprono i negozi, si ritrovano sulla copertura dove
hanno posto i parcheggi e infine si portano all'esterno,
lungo il ponte schermato, dove si affacciano gli uffici.

10. Perspective view.
    Vista prospettica.
11. Computer model view.
    Vista del modello elettronico.
12. Working drawing detail: section at 3.8 metres.
    Dettaglio esecutivo della spezzata a quota 3,80.
13. North view.
    Vista nord.
14. Interior.
    Vista dello spazio interno.
15. South view.
    Vista sud.
16. Interior.
    Vista dello spazio interno.
17. Longitudinal profiles and floor plans for various levels.
    Profili longitudinali e piante ai vari livelli.

13

14

15

16

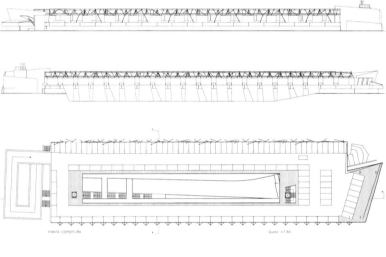

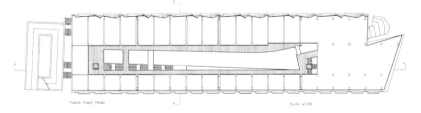

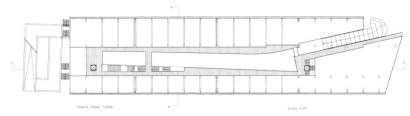

18

18. The linear office building and the tower building.
Edificio lineare per uffici ed edificio a torre.
19. Site plan.
Planimetria generale.
20. Linear office building: rear elevation.
Edificio lineare per uffici: prospetto posteriore.
21,22. Tower building: ground floor plan and typical plan.
Edificio a torre: pianta piano terra e piano tipo.
23. Linear office building: ground floor and typical floor plans.
Edificio lineare per uffici: piante piano terra e piano tipo.
24. Elevation with shadows.
Prospetto con ombre.

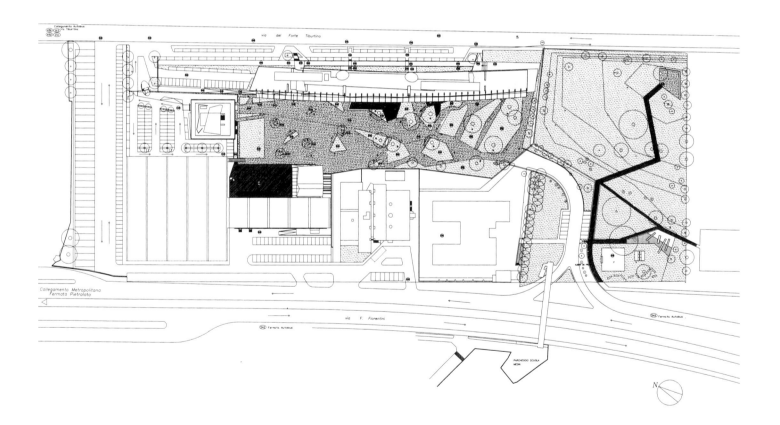

19

20

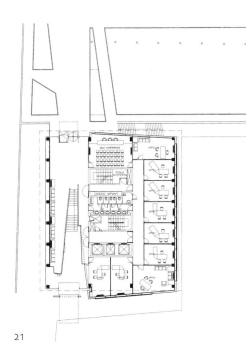

21

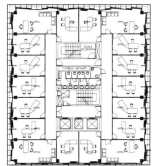

22

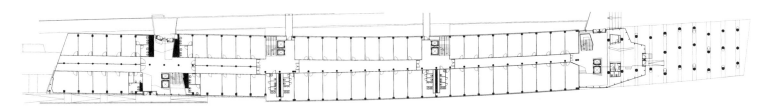

23

24

Small- and Medium-size Enterprise Citadel in Rome
1996

With A. Sciolari
Consultants: M. Desideri, V. Calderaro, S. Tiburzi

From the morphological and environmental points of view the project area may be divided into two distinct sub-areas: the site of the sheds used by the Nuova Fiorentini factory and the clinometrically irregular unpaved area partially covered in vegetation.
Following the contours and pre-existing hierarchies, the project is organized in three parts:
1. to the south, a public park is linked by an overhead walkway to the existing school on the other side of Via F. Fiorentini;
2. at the center, a built-up zone is developed with offices, hotel and general services in a court typology round a large plaza;
3. to the northwest, a public car park is partly on the surface and partly on a new floor created in the existing sheds.

Cittadella della piccola e media impresa a Roma
1996

Con A. Sciolari
Consulenti: M. Desideri, V. Calderaro, S. Tiburzi

L'area di progetto, dal punto di vista morfologico ed ambientale, è suddividibile in due distinte sub aree: la prima è ricavata nel sedime della localizzazione dei capannoni destinati alle attività produttive della fabbrica Nuova Fiorentini, la seconda, dalla clinometria irregolare, non è pavimentata ed è in parte ricoperta da vegetazione.
Assecondando andamenti e gerarchie preesistenti, il progetto si sviluppa in tre parti:
1. a Sud un parco pubblico collegato, tramite un sovrappasso pedonale, al complesso scolastico esistente sul lato opposto della via F. Fiorentini;
2. al centro, attorno alla grande piazza pedonale, una zona edificata sviluppata con un impianto a corte su cui si affacciano gli uffici, l'albergo ed i servizi generali;
3. a Nord-Ovest una zona destinata a parcheggi pubblici parte in superficie e parte ricavata con la ristrutturazione e la creazione di un nuovo solaio nei capannoni esistenti.

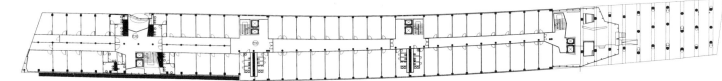

Project for Tre Forti Housing at Porto Ercole, Monte Argentario
1992

The project is for a residential and tourist housing complex (a total of 1,030.05 cubic meters). The housing is to be fairly uniformly compact and spread out so as to ensure that the geomorphological aspect and the present environmental features are respected.

The design is for an eight-unit complex exploiting the unusual lay of the ground. The access and circulation system consists of continuous irregular ramps creating the 'backbone' for the whole project. To the right of the ramp is the main stepped building. The overlapping dwellings make partial use of the services roof of the house beneath as a terrace. All the living rooms face south to the sea. To the left of the ramp a further two units articulated in three volumes also overlap to exploit the sloping ground.

Progetto per un edificio di civile abitazione in località Tre Forti a Porto Ercole, Comune di Monte Argentario
1992

Il progetto prevede l'edificazione di un complesso di edifici per civile abitazione a destinazione residenziale e turistica per complessivi mc 1.030,05.

Il complesso abitativo mira ad una edificazione abbastanza unitaria, compatta, dislocata sul territorio in modo non estensivo, al fine di assicurare un rispetto complessivo dell'andamento geomorfologico e la conservazione delle attuali caratteristiche ambientali.

L'intervento progettato è costituito da un complesso di 8 unità abitative, si articola sfruttando la particolare orografia del sito, ed è servito e distribuito da un sistema di rampe continuo ed irregolare, che realizza una vera "spina dorsale" dell'intero progetto.

A destra della rampa si trova l'edificio principale, a gradoni, in cui abitazioni sovrapposte parzialmente sfruttano come terrazza la copertura dell'abitazione sottostante sovrapponendovisi nella sola parte dei servizi. I soggiorni sono tutti esposti a mezzogiorno e rivolti verso il mare.

A sinistra della rampa si trovano altre due unità abitative articolate in tre volumi, anch'esse sovrapposte per sfruttare la pendenza del terreno.

25-27.	The building under construction.
L'edificio in costruzione.

28.	Floor plans at levels 2.40, 5.05, 7.70, 10.05, 12.40, 14.75.
Piante ai livelli 2,40-5,05-7,70-10,05-12,40-14,75.

29-32.	Longitudinal sections, cross section and elevations.
Sezioni longitudinali, trasversali e prospetti.

25

26

27

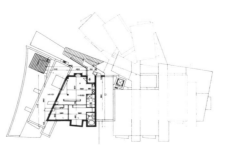

28

29

30

31

32

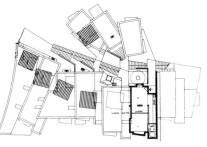
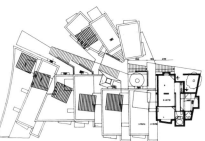

Biographies

Maria Laura Arlotti

1955	born in Rome
1980	visiting scholar at Syracuse University Institute for Architecture and Urban Studies, New York
1984	graduated from Rome University
1986	opened an associate practice with Michele Beccu, Paolo Desideri and Filippo Raimondo
1986–90	collaborated in teaching and research in the Department of Industrial Design and Building Production and in the Department of Architecture and Analysis of the City in the Rome Faculty of Architecture
1990–92	research scholarship on the theme "Development and quality of life in the modern metropolis" at the Basso Foundation, Rome
1995	2nd Anab–IBN course in Bioarchitecture in the Rome and Florence centers of the Associazione Nazionale Architettura Bioecologica
1996	research doctorate in environmental design

Michele Beccu

1952	born in Cagliari
1980–89	assistant professor in architectural design at the Rome Faculty of Architecture
1985	opened an associate practice with Paolo Desideri and Filippo Raimondo and then from 1986 with Maria Laura Arlotti
1990–97	lecturer in design in the Department of the Architecture of Interiors in the European Institute of Design, Rome
1991	lectured at the 3rd international workshop "Naples, architecture and the city"
1991–93	visiting professor at the Pescara Faculty of Architecture
1993	researcher at the Faculty of Architecture, Bari Polytechnic
1997	visiting professor in architectural design at the Faculty of Architecture, Bari Polytechnic

Paolo Desideri

1953	born in Rome
1980	visiting scholar at the Syracuse University Institute for Architecture and Urban Studies, New York
1981	visiting researcher at the Pratt Institute, New York
1985	researcher at the Faculty of Architecture, Pescara
1991–97	visiting professor in architectural design at the Faculty of Architecture, Pescara
1992	visiting professor at Waterloo University, Toronto
1993	visiting professor at Waterloo University, Toronto
	member of the editorial staff for Piano Progetto Città

Filippo Raimondo

1953	born in Cefalù
1980	graduated from Rome University, visiting scholar at the Syracuse University and at the Institute for Architecture and Urban Studies, New York
1980–94	assistant professor in architectural design at the Faculty Architecture, Rome
1990–97	lecturer in design in the Department of the Architecture of Interiors in the European Institute of Design, Rome
1991	won the international composition "Mosaic as an architectural language" organized by the Consorzio per la Scuola Mosaicisti, Spilimbergo
1994–96	visiting professor at the Faculty of Architecture, Ascoli Piceno
1996	researcher at the Faculty of Architecture, Pescara

Projects and Works

1981–85	Project for a Bus Terminal at Olbia (with G. Beccu)
	Competition design for a rail and maritime station at Piombino
	Margaritelli Stand at the SAIE Fair, Bologna
	Project for a house at Ferrandina, Matera (with M. Saito)
	Competition for the Calabria Regional Government Headquarters, Reggio Calabria (second prize)
	Layout of the Crypta Balbi archeological area in Rome
	New main street and piazzas at Polizzi Generosa, Palermo (with S. Battaglia)
1986	Competition for the Head Offices of the Cassa di Risparmio di Jesi (second prize in collaboration)
1988	Competition for an urban system for Piazza Duca D'Aosta and Piazza Della Repubblica in Milan (with I. Gardella)
1989	Primary School at Caltavuturo, Palermo (with S. Battaglia)
1990	Project for a residential center and services at Scanzano Jonico (in collaboration)
	"What kind of periphery for Rome?" Competition (with A. Clementi – commended project)
1991	Project for a Museum of Prehistoric Settlements, Ripoli,Teramo (with M. D'Annuntiis and A. Terranova)
	Landscape Plan for the Lower Don River Valley, Toronto
1992	Four Detached Houses at Fregene
	Tre Forti Housing, Porto Ercole, Grosseto
	"Mosaic as an architectural language" Competition: Library in the grounds of the Bishop's Palace, Cathedral of Cefalù. (first prize)
1993	Design and construction of Trade Fair Stands at the SAIE (Bologna), the Koln Messe (Cologne) and the Batimat (Paris)
	Project to redevelop the ex-Vigna Volpi-Guerrieri area for a Museum of Ancient Stone Tablets, the Public Park of Villa Pepoli and the Theater of Caracalla
	Project for the conversion of the former Sacci cement works at Pontremoli, Massa Carrara (with S. Dierna)
1994	Competition for the access system to the inter modal center, Osimo, Ancona (with A. Marocchi, G. Mondaini, and M. Vignoni – first prize)
	Master Plan for the Ta' Cenc area, Gozo, Malta (with A. Clementi, S. Dierna, and R. Haldenby – first prize)
	Competition for a Master Plan for 2,000 eco-compatible dwellings at Susenbrunn, Vienna (with A. Aymonino – first prize)
	Competition for the Parish Center at Acilia
	Detailed plan for Fregene, Rome (with A. Aymonino)
1995	Milan Triennial: "The center elsewhere": Redevelopment plan for Pioltello, Milan. Project for an eco-compatible quarter at Casetta Mistici, Rome (with A. Clementi)
	Project for an eco-compatible quarter at Casal Giudeo, Rome
	Project for an eco-compatible quarter at Case e Campi in Rome
	Project for the conversion of the former Sciarra Glassworks at Ponte Galeria, Rome (with A. Aymonino)
1996	Small- and Medium-size Enterprise Citadel, Rome (with A. Sciolari)
	Mixed-use Center at Corridonia, Macerata
	Project for a hotel and congress complex at Prato Smeraldo, Rome
1997	Competition for a Redevelopment plan for the AREA headquarters in Ravenna International competition (second prize)
	Competition for Piazza Carlo Maria Carafa in Granmichele, Catania

Biografie

Maria Laura Arlotti

1955	Nata a Roma
1980	Visiting scholar alla Syracuse University presso l'Institute for Architecture and Urban Studies di New York
1984	Laurea a Roma
1986	Studio professionale associato con Michele Beccu, Paolo Desideri e Filippo Raimondo
1986/90	Collabora alle attività didattiche e di ricerca del Dipartimento di Disegno Industriale e Produzione Edilizia e del Dipartimento di Architettura e Analisi della Città della Facoltà di Architettura di Roma
1990/92	Svolge, in qualità di borsista, la ricerca "Sviluppo e qualità della vita nell'assetto metropolitano moderno" presso la Fondazione Basso in Roma
1995	Segue il 2° Corso in Edilizia Bioecologica Anab-IBN presso le sedi di Roma e Firenze dell'Associazione Nazionale Architettura Bioecologica
1996	Dottorato di Ricerca in "Progettazione Ambientale", XI Ciclo

Michele Beccu

1952	Nato a Cagliari
1980/89	Collaboratore ai Corsi di Disegno e di Composizione Architettonica della Facoltà di Architettura di Roma
1985	Studio professionale associato con Paolo Desideri e Filippo Raimondo e dal 1986 con Maria Laura Arlotti
1990/97	Insegna Progettazione presso il Dipartimento di Architettura d'Interni dell'Istituto Europeo di Design di Roma
1991	Docente al 3° Seminario Internazionale "Napoli, Architettura e Città"
1991/93	Professore a contratto presso la Facoltà di Architettura di Pescara
1993	Ricercatore presso la Facoltà di Architettura del Politecnico di Bari
1997	Professore supplente di Progettazione Architettonica presso la Facoltà di Architettura del Politecnico di Bari

Paolo Desideri

1953	Nato a Roma
1980	Visiting scholar alla Syracuse University presso l'Institute for Architecture and Urban Studies di New York, U.S.A.
1981	Visiting researcher presso il Pratt Institute di New York, U.S.A.
1985	Ricercatore di ruolo presso la Facoltà di Architettura di Pescara
1991/97	Professore supplente di Composizione Architettonica presso la Facoltà di Architettura di Pescara
1992	Visiting professor presso la Waterloo University
1993	Visiting professor presso la Waterloo University Redattore di "Piano Progetto Città".

Filippo Raimondo

1953	Nato a Cefalù
1980	Laurea a Roma, Visiting scholar presso la Siracuse University e l'Institute for Architecture and Urban Studies of New York
1980/94	Collabora ai Corsi di Disegno e di Composizione Architettonica presso la Facoltà di Architettura di Roma
1990/97	Insegna Progettazione presso il Dipartimento di Architettura d'Interni dell'Istituto Europeo di Design di Roma
1991	Vince il Concorso Internazionale "Il mosaico come linguaggio di architettura" indetto dal Consorzio per la Scuola Mosaicisti di Spilimbergo nel Friuli

1994/96	Professore a contratto del Corso di Caratteri Tipologici e Morfologici dell'Architettura, e responsabile del Laboratorio di Progettazione Architettonica I presso la Facoltà di Architettura di Ascoli Piceno
1996	Ricercatore presso la Facoltà di Architettura di Pescara

Elenco dei progetti

1981–85	Progetto per un terminal delle linee urbane ed extraurbane di Olbia (con G. Beccu)
	Concorso per una stazione marittima e ferroviaria del porto di Piombino
	Padiglione espositivo Margaritelli al SAIE di Bologna
	Progetto per una casa unifamiliare a Ferrandina, Matera (con M. Saito)
	Concorso per il palazzo della regione Calabria a Reggio Calabria (secondo premio)
	Progetto per l'area archeologica della Crypta Balbi a Roma
	Sistemazione del nuovo corso e delle piazze annesse a Polizzi Generosa, Palermo (con. S. Battaglia)
1986	Concorso per la nuova sede della Cassa di Risparmio di Jesi (secondo premio – in collaborazione)
1988	Concorso internazionale per l'area di piazza Duca D'Aosta, piazza della Repubblica a Milano (con I. Gardella)
1989	Scuola elementare a Caltavuturo, Palermo (con S. Battaglia)
1990	Progetto per un centro servizi a Scansano Jonico (in collaborazione)
	Concorso "Quale periferia per Roma capitale" (con A. Clementi – segnalato)
1991	Progetto per il Museo degli insediamenti preistorici a Ripoli, Teramo (con M. D'Annuntiis, A. Terranova)
	Piano paesistico per (Landscape plan for) Lower Don River Valley, Toronto
1992	Quattro ville a Fregene
	Complesso residenziale a Tre Forti, Porto Ercole
	Concorso "Il mosaico come linguaggio di architettura": biblioteca nei giardini del palazzo vescovile di Cefalù (primo premio)
1993	Progetto per un lapidario nell'area dell'ex-vigna Volpi, del parco di villa Pepoli e allestimento del teatro estivo di Caracalla (con S.Cantalini)
Köln	Padiglioni espositivi per il SAIE di Bologna, il Messe di Colonia e per il Batimat di Parigi
	Progetto per la trasformazione dell'ex-cementificio Sacci a Pontremoli, Massa Carrara (con S.Dierna)
1994	Concorso per un Impianto di risalita meccanica nel centro storico di Osimo, Ancona (con A. Marocchi, G. Mondaini, M. Vignoni – Primo premio)
	Concorso internazionale per il Master Plan dell'area di Ta' Cenc a Gozo, Malta (con A. Clementi, S. Dierna, R. Haldenby – primo premio)
	Concorso a inviti per duemila alloggi biocompatibili a Vienna Susenbrunn (con A. Aymonino-primo premio)
	Concorso internazionale per un centro parrocchiale ad Acilia
	Piano particolareggiato per Fregene, Roma (con A. Aymonino)
1995	XIX Triennale: "Il centro altrove": Progetto per l'area della stazione di Pioltello, Milano
	Progetto per un quartiere biocompatibile a "Casetta Mistici", Roma (con A.Clementi)
	Progetto per un quartiere biocompatibile a "Casal Giudeo", Roma
	Progetto per un quartiere biocompatibile a "Case e campi", Roma
	Progetto per la trasformazione dell'ex-vetreria Sciarra a Ponte Galeria, Roma (con A. Aymonino)

1996	Cittadella della piccola e media impresa a Roma (con A. Sciolari)
	Centro commerciale polifunzionale a Corridonia, Macerata
	Progetto per un complesso alberghiero e congressuale a "Prato Smeraldo", Roma
1997	Concorso per il il recupero della sede dell'A.R.E.A. a Ravenna (secondo premio)
	Concorso per la ridefinizione architettonica di piazza Carafa a Granmichele (Catania)

Partners and Collaborators
Partners e Collaboratori

Maria Laura Arlotti *arch.*
Michele Beccu *arch.*
Paolo Desideri *arch.*
Filippo Raimondo *arch.*

Stefania Aquilino *arch.*
Gianluca Buzzelli *arch.*
Vincenzo Calabrese *arch.*
Sabrina Cantalini *arch.*
Federico Cavalli *arch.*
Marco D'Annuntiis *arch.*
Adelaide Di Michele *arch.*
Nicola Iezzi *arch.*
Lamberto Lepri *arch.*
Andrea Mammarella *arch.*
Massimo Mondello *arch.*
Caterina Passarelli
Claudia Pennese *arch.*
Robert Pilbeam *arch.*
Tommaso Sacramone *arch.*
Andrea Sciolari *arch.*
Carlo Siclari *arch.*
Roberto Simeone
Maria Cristina Sorvillo *arch.*
Stefania Todde
Roberto Tozzi
Giuseppe Troccoli *arch.*
Raffaello Volpe *arch.*

Bibliography
Bibliografia

AA.VV. "Ristrutturazione di edifici residenziali ad Harlem", in "Summer Design Studios New York City. Notiziario del centro per i rapporti internazionali". Milano 1982.

R. Burdett "Italian Style. Latin Lessons", in "Building Design" n. 643, June 1983.

G. Muratore "Italy: The Development of Contemporary Architecture", in "9H" Architectural translations criticisms and projects" n. 5, 1983.

G.Polin "Giovani architetti romani", in "Casabella" n. 501, apr. 1984.

O.M.Ungers "Junge römische Architekten". Catalogo della mostra. Argos editrice. Roma 1984.

Terza mostra internazionale di architettura. Biennale di Venezia. Ca' Venier dei leoni. Catalogo Generale. Electa. Venezia 1985.

"Michele Beccu, Paolo Desideri, Filippo Raimondo. Progetti", in: "Controspazio" n. 1/2 gen./giu. 1985.

"Beccu Desideri Raimondo. Progetto per una casa di abitazione in località Piana Timpa a Lascari, Palermo", in: "A.A. Annali di Architettura". Officina. Roma 1985.

AA.VV."New Roman Architects". Catalogo della mostra. Clear. Roma 1986.

"Sistemazione dell'isolato contenente l'area archeologica de crypta Balbi", in: "Rom. Neues Bauen in der Ewigen Stadt". La nuova Scuola di Roma. Arsenale. Venezia 1987.

"Paolo Desideri, M. L. Arlotti progetti per la nuova sede della Cassa di Risparmio di Jesi e Polizzi Generosa", in P. Angeletti e G. Remiddi. "Architectura nova Roma" Clear. Roma 1988.

A. Terranova "De-costruire il centro storico", in: "Rassegna di Architettura e Urbanistica" n. 64 1988.

G. Muratore, A. Capuano e altri "Italia gli ultimi trent' anni" Zanichelli. Bologna 1988.

F. Moschini "Studio B.D.R. lo stile come memoria di 'Differenze'", su "Industria delle Costruzioni", n. 213/214 lug./ago. 1989.

P. Scaglione (a cura di) "Architettura italiana della giovane generazione" Progetto Nuovo. L'Aquila 1989.

F. Moschini (a cura di) "Cerreto Sannita. Laboratorio di progettazione 1988" Edizioni Kappa. Roma 1989.

A. Taddei (a cura di) "La pietra svelata" Biennale 1988–1990 Arte-Architettura-Design. Edizioni Futura. L'Aquila 1990.

P. Ciorra, C. Conforti, A.Ferlenga, F. Irace, "Almanacco Electa dell' architettura italiana". Electa. Venezia 1991.

L. Pignatti (a cura di) "Toronto/Roma. Architetture per due città". Edizioni Kappa. Roma 1991.

AA.VV. "Quale periferia per Roma capitale?" Secondo concorso acer "La Città Salaria". Catalogo della mostra. Gestedil. Roma 1991.

G. Albera e N. Monti. "Mediterranean Houses. Italy". Gustavo Gili. Barcelona 1992.

A. Criconia e G. Mondaini (a cura di) "Arlotti Beccu Desideri Raimondo. Progetti". Umberto Sala Editore. Pescara 1993.

"Lapidarium e teatro all'aperto nell'area ex vigna Volpi Guerrieri a Roma", in: "Dedicato a Roma. Architetture mai viste in mostra alla Bocca della Verità. Catalogo della mostra. Dromos. Roma 1994.

O. Buonamano (a cura di) "Il sacro marginale". Otto progetti pescaresi per due chiese romane. collana Ossimori. n. 0, D.A.U. Pescara 1994.

A. De Francesco. "La natura nella casa, la casa nella natura". Vienna Susenbrunn. Il progetto vincitore di A. Aymonino e P. Desideri", in: "Controspazio" n. 4, 1994.

"Wettbewerbe: Städtebaulicher Ideenwettbewerb Susenbrunn Wien 22", in "Wettbewerb Architekturjournal" n. 129/130 Jan./Febr. 1994.

AA.VV. "Una città secondo natura", in: Costruttori Romani n. 11/12 dic. 1994.

AA.VV. "Adriatic Metropolis: First Thoughts. Interchange Junction Montesilvano, Italy", in: "A.D. Architectural Design" n. 108. "The Periphery". Academy Editions. London 1994.

AA.VV. "Il centro altrove". Periferie e nuove centralità nelle aree metropolitane. Triennale di Milano. Catalogo della mostra. Electa. Milano 1995.

L. Cardilli, E. Valeriani "Il bastione ardeatino e la sua destinazione museale". Progetto per il nuovo Teatro di Caracalla, in "Controspazio" n. 4, 1995.

AA.VV. "Concorso europeo 50 chiese per Roma 2000". Catalogo ufficiale del concorso. L'Arca Edizioni. Milano, 1994.

E. Pitzalis (a cura di) "La nuova chiesa". S. Filippo Neri. Appunti per un progetto contemporaneo. Catalogo della mostra. Electa. Milano 1995.

"Sveto na obrobju". Catalogo della Mostra. Gallerija Dessa. Lubiana 1995.

M. D'Annuntiis "Disegnare modellando", in "P.A. Professione: Architetto." n. 1, 1995.

G. D'Ardia (a cura di) "Fuori uso 95. Architettura. I Materiali del nuovo paesaggio". Umberto Sala. Pescara 1995.

A. Franchini (a cura di) "Nuova architettura italiana". Catalogo della mostra. ALA, Laboratori Internazionali di Architettura. Milano 1996.

"VI mostra internazionale di architettura. Sensori del futuro. L'architetto come sismografo. La biennale di Venezia". Catalogo della mostra. Electa. Milano 1996.

G. Leoni "Biennale di Venezia. Partecipazione italiane", in: "Area" n. 29 nov.–dic. 1996.

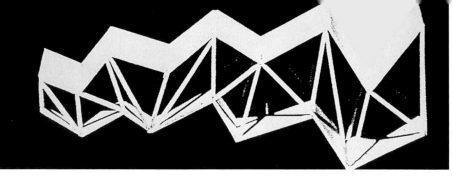

Carmen Andriani

Architectural design, landscape design

My design research is based on a close dialogue between figures from art and the recent Italian architectural tradition, especially the "Roman school". Hence the conception of architecture as a material and tactile event combined with a preference for hand-drawing as the initial stage in the search for design ideas and prefigured visions of architecture.

The process of building up form is also pursued by accumulating signs and then cancelling them out later in a kind of frenetic tangle that will eventually yield the essential main outline. Stratification and contamination are also useful techniques for the physical construction of data, heterogeneous materials, models, clashes, various techniques on paper for mixing reason and renunciations, geometry and matter, tradition and transgression.

Architecture no longer consists of complete self-contained building. It is an open-ended, fragmentary entity with no given single typology. Typological identity is now based on the individual parts, the formal independence of each in terms of materials and technologies (wooden walls, metal lattices, stone walls, brick walls, structural glass, corrugated roofs, Keller grids...). The creation of a new space undermines the dualism of interior and exterior as the two overlap or are contaminated.

Building by fragments, definitively precarious balances, immobile dynamics, broken off verticalisms, unresolved juxtaposition of opposites in which the voids and interstices – "the spaces in between" – are redeemed with possible significance. The interpretation of the complex and all-embracing phenomena of landscape (urban, natural, artificial, cultural, coastal, horrific, sublime, rural, disused, port, archaeological, peripheral, marginal, practical, and fragile) has been the extended territory of my design and theoretical research (Porto Corsini at Ravenna, the Tordino Park at Teramo, Tourist Port at Pescara, and the Borghetto Flaminio and the Centocelle Archaeological Park in Rome).

Landscape is seen as a contaminated entity, as the project's reference scenario – a set of different realities overlapping and mixed, noble and fragile, permanent and precarious. Working with a paradoxical or alienated attitude to traditional icons may be a useful strategy in these new design territories, partly made up of weak, marginal, disused, political and poor situations in the consolidated city.

The "critical" recovery of the pre-existent involves seeing these anonymous but known realities as the subject of the construction. The design begins from what already exists – all of it. The skeleton of ground traces has often already been inscribed in the consolidated varied reality built inside and outside the site area, which takes on the extreme features and reveals its own. The task of the design is to disentangle itself from this dense weave of signs by highlighting some and cancelling others, while distributing new hierarchies and new building pivots (as happened in the Borghetto Flaminio project and in the Centocelle Park).

Progetto d'architettura, progetto di paesaggio

La ricerca progettuale muove da un dialogo serrato con alcune figurazioni artistiche e con la tradizione recente della scuola italiana, in particolare "romana".

Da questa deriva la concezione dell'architettura come evento tattile e materiale, unita ad una propensione per il disegno a mano ancora considerato come il primo luogo dell'idea progettuale e della sua prefigurazione visionaria.

Il processo di costruzione della forma è perseguito anche per accumulo di segni e per loro successiva cancellazione, in una sorta di frenetico groviglio da cui poter trarre, finalmente essiccata, la traccia principale. Stratificazione e contaminazione sono tecniche buone anche per la realizzazione fisica di questi elaborati, materiali eterogenei, modelli, collages, carte in cui si miscelano con tecniche varie ragionamento ed abbandono, geometria e materia, tradizione e trasgressione.

L'architettura non è più edificio richiuso e conchiuso in se stesso; piuttosto opera aperta, frammentaria, non più riconducibile ad una tipologia certa. La riconoscibilità tipologica è piuttosto affidata alle singole parti, all'autonomia formale di ciascuna per materiali e tecnologie (pareti di legno, tralicci metallici, muri in pietra, muri di mattoni, vetri strutturali, coperture in onduline, griglie keller...). La costuzione dello spazio scardina l'opposta dualità tra interno ed esterno, si avvale piuttosto della sovrapposizione e contaminazione delle parti.

Costruzione per frammenti, per equilibri definitivamente precari, per immobili dinamismi, per verticalismi spezzati, per accostamento di opposti mai risolti, in cui anche i vuoti, gli interstizi, "gli spazi compresi tra" vengono risarciti di un significato possibile: la lettura di quel fenomeno complesso e onnicomprensivo che va sotto il nome di paesaggio (urbano, naturale, artificiale, culturale, costiero, orrifico, sublime, agrario, dismesso, portuale, archeologico, periferico, marginale, frattale, fragile) costituisce da qualche anno il territorio esteso della ricerca teorica e progettuale (Porto Corsini a Ravenna, Parco del Tordino a Teramo, Porto turistico a Pescara, Borghetto Flaminio, Parco Archeologico di Centocelle a Roma).

Paesaggio come entità contaminata, come scenario di riferimento del progetto, come insieme di realtà differenti, sovrapposte e mescolate, nobili e fragili, permanenti e precarie. Lavorare per paradosso o estraniamento di icone tradizionali può essere una strategia di intervento in questi nuovi territori del progetto, fatti anche di situazioni deboli, marginali, dismesse, periferiche, povere fin nella città consolidata.

Il recupero "critico" dell'esistente considera anche queste realtà, anonime ma conosciute, come soggetti della costruzione. Il progetto lavora a partire da ciò che già esiste, tutto compreso. Lo scheletro delle tracce a terra è spesso già scritto nel vario consolidato che si costruisce dentro e fuori l'area d'intervento; essa assume i tracciati estremi e svela i propri: al progetto il compito di districarsi in questo fitto intreccio di segni, evidenziarne alcuni,

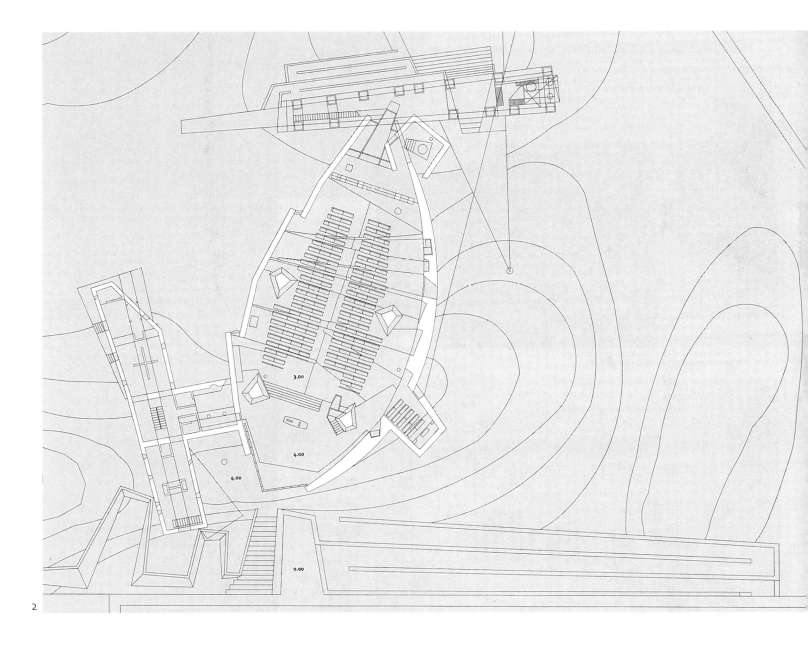

Urban plan, architectural design, archaeology, landscaping, the program and economic feasibility. In larger scale projects, or at least projects with various levels of complexity, the final design is always the coherent and integrated outcome of these different areas of competence.

cancellarne altri, distribuire nuove gerarchie e nuovi perni edilizi (com'è avvenuto per il Borghetto Flaminio e per il Parco di Centocelle). Progetto urbano, progetto architettonico, archeologia, paesaggismo, programma, fattibilità economica: nei progetti di più vasta scala, o quanto meno di livelli diversi di complessità, il Progetto è sempre il risultato coerente ed integrato di queste competenze diverse.

1. Study for the big windows.
   Studio per le grandi vetrate.
2. Plan at level +4m.
   Pianta a quota +4m.

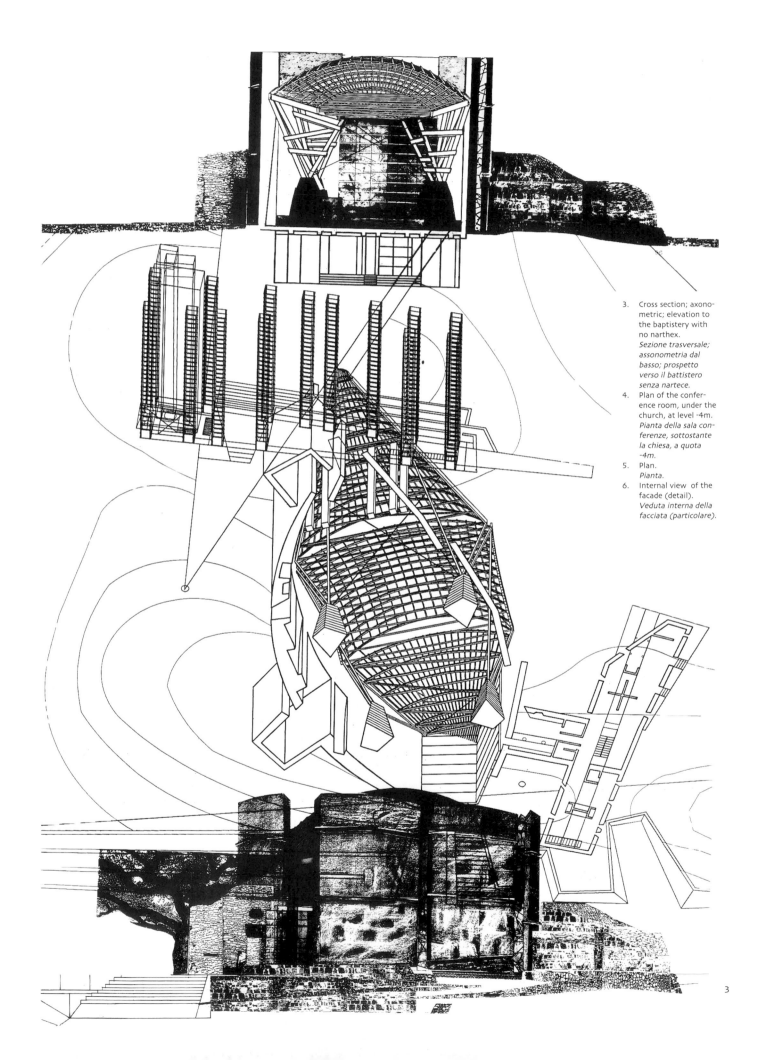

3. Cross section; axonometric; elevation to the baptistery with no narthex.
Sezione trasversale; assonometria dal basso; prospetto verso il battistero senza nartece.
4. Plan of the conference room, under the church, at level -4m.
Pianta della sala conferenze, sottostante la chiesa, a quota -4m.
5. Plan.
Pianta.
6. Internal view of the facade (detail).
Veduta interna della facciata (particolare).

"50 Churches for Rome"
International Competition –
Parish Center at Tor Tre Teste
1994

The Tor Tre Teste church design interprets the marginal nature of two neighboring urban situations: the fragmented broken fabric of the Alexandrina area and the dense 1970s buildings in the Tor Tre Teste quarter. An initial cross form establishes the two reference axes for the whole complex: the main axis of the church interior, and the horizontal axis of the land layout and the underground spaces. The spatial figure of the building is created by the combination of a central structure and a longitudinal structure providing a transfigured interpretation of the traditional image of sacred spaces.

The church interior is enclosed by a thick rough wall which breaks into folds and, on one side, is divided into parts, while, on the other, small sacred rooms are "dug" out of it.

The independent roof, concealed inside the shell, is made of a wooden structure with a skewed profile, rather like a zoomorphological find. Made of iron pillars and steel cables weaving round the bell tower, the main facade only partially conceals the volume behind.

Concorso Internazionale "50 chiese
per Roma" – Progetto della chiesa di
Tor Tre Teste
1994

La chiesa progettata per Tor Tre Teste interpreta il carattere marginale compreso fra due realtà urbane limitrofe, fra il tessuto frantumato della borgata Alessandrina e l'edificazione intensiva degli anni settanta del quartiere Tor Tre Teste.

Un segno iniziale a croce individua gli assi di riferimento dell'intero complesso: quello principale dell'aula ecclesiale e quello trasversale della sistemazione del suolo e degli spazi sotterranei. La figura spaziale dell'edificio nasce dalla combinazione di un impianto centrale e di uno longitudinale che offre una interpretazione trasfigurata dell'immagine tradizionale dello spazio sacro.

L'aula ecclesiale è racchiusa da un muro spesso e materico che da un lato si sfoglia e si divide in tre parti, mentre dall'altro "è scavato" da alcuni piccoli ambienti sacri.

La copertura, autonoma e nascosta all'interno del guscio, è formata da una struttura lignea dal profilo sbilanciato, simile a un reperto zoomorfo. La facciata principale, costituita da piloni di ferro e cavi d'acciaio che si intrecciano anche intorno al campanile, occulta solo in parte il volume restrostante.

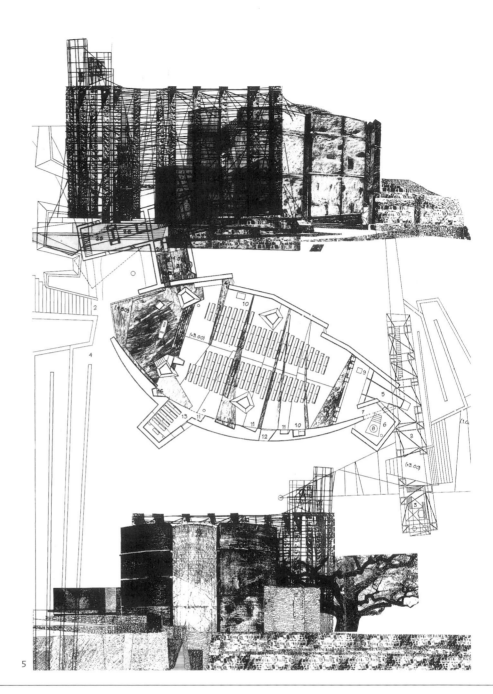

5

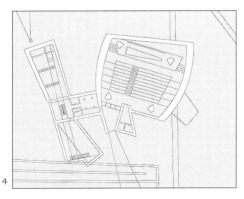

4

6

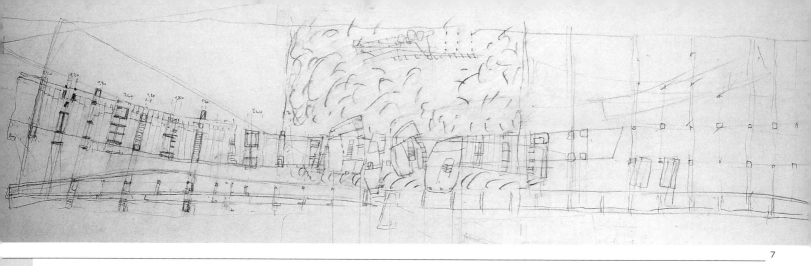

National ideas competition for new housing in the peripheral urban belt of Bergamo
1997

The design accepts the fragmentation of the area as a specific condition of the Bergamo urban periphery, a consolidated system of very different "remarkable places" connected by old layouts and new infrastructures creating a kind of resistant nervous system.

The design includes features still associated with the rural use of land and its divisions. They are preserved in the project alongside the suspended empty spaces and the slanting lines imposed by a number of existing askew layouts.

A triangular park encloses the lot along its length, joining the two artificial ends of the housing and forming a cross, whose horizontal axis is a cycling track.

Establishing the boundary for the whole area, the housing is the most important formal element and most densely built up area. A serial aggregation of dwellings is joined by a "bridge building" to a small group of detached apartment blocks.

Concorso Nazionale di idee per la realizzazione di nuovi interventi residenziali nella corona urbana di Bergamo
1997

Il progetto accetta la frammentazione dell'area come condizione specifica dell'intorno urbano di Bergamo, sistema consolidato di "luoghi notevoli" diversi tra loro, interrelati da vecchi tracciati e da nuove infrastrutture che ne costituiscono una specie di nervatura resistente.

L'area di progetto presenta delle caratteristiche ancora legate all'uso rurale del suolo e alla sua ripartizione. Il progetto le preserva assieme alla sospensione degli spazi vuoti ed alla necessità sbieca di alcuni tracciati già presenti.

Un parco triangolare rilega il lotto nel senso della sua lunghezza, collegando i due estremi artificiali delle residenze e componendosi a croce con la direzione mediana della pista ciclabile.

Le residenze delimitano ai margini l'intera area e ne rappresentano il momento di maggiore densità edilizia e formale. Una aggregazione seriale degli alloggi si combina, per mezzo di un edificio "a ponte", con un piccolo gruppo di palazzine.

8

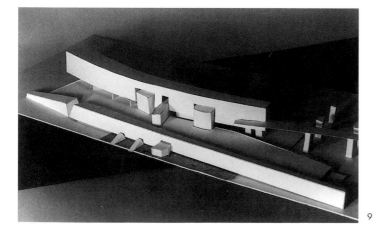

9

10

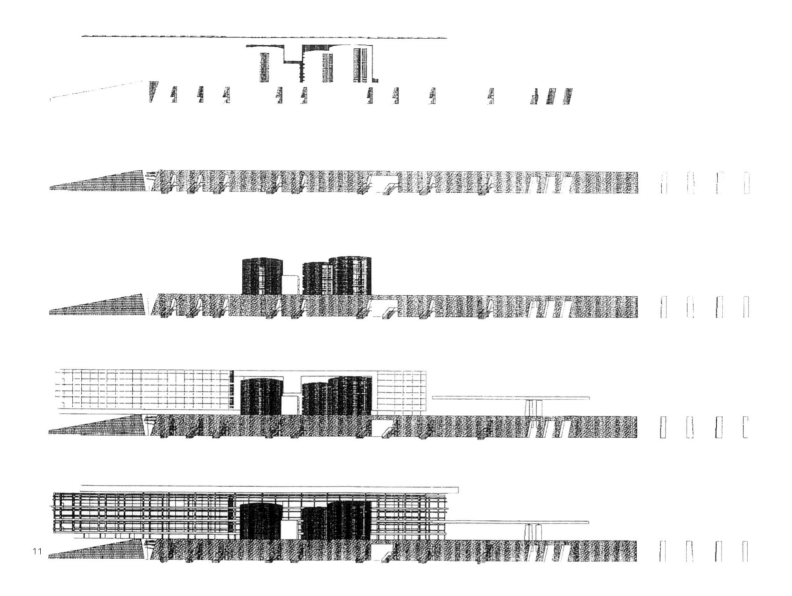

11

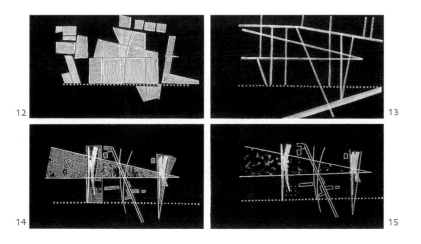

12

13

14

15

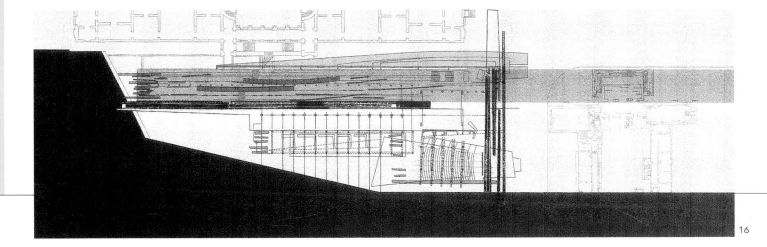

16

VIA CANOANI 1130

Invited Competition for the
Extension to the National Gallery
of Modern Art, Rome
1997
With B. Boumens

Ampliamento della Galleria
Nazionale d'Arte Moderna a Roma
Concorso a inviti
1997
Con B. Boumens

16. Site plan with the joint between gallery and existing building.
Planimetria con l'attacco all'edificio esistente della galleria.
17. Section through the auditorium.
Sezione dell'auditorium.
18. Model.
Modello.
19. Floor plan and section.
Pianta e sezione di studio.

The design is for the incomplete and already decaying Extension to the National Gallery of Modern Art designed by Luigi Cosenza in the early 1970s. The building's identity is established by recovering some of the original elements: the construction of the "short sleeve", the spatial restoration of the patio, the completion of the auditorium, and the recovery of the solid-void relations. A number of new envelopes are also added alongside the existing services without affecting them. These superimpositions are meant to highlight Cosenza's "Modern" extension to the gallery designed by Bazzani by, for example, underscoring a number of Neoplastic and Miesian features already present in the original design.

The new spaces will be used for installing and producing contemporary art events. The program also includes the new design and re-invention of the existing spaces.

La proposta interviene sull'ampliamento mai completato e già fatiscente di Luigi Cosenza, progettato all'inizio degli anni settanta. E affida la sua riconoscibilità in primo luogo al ripristino di alcuni elementi originari; costruzione della "manica breve", restauro spaziale del patio, completamento dell'auditorium, ripristino del rapporto pieni/vuoti. In secondo luogo definisce la costruzione di alcuni involucri nuovi che si accostino alle superfici esistenti senza intaccarle.
Da questa sovrapposizione dovrebbe invece derivare una accentuazione del contributo "moderno" dato dal Cosenza nell'ampliamento della Galleria di Bazzani, per esempio attraverso la sottolineatura di alcuni caratteri neoplastici e "miesiani" già presenti nel suo progetto.
I nuovi spazi saranno destinati alla istallazione e alla produzione degli eventi dell'arte contemporanea. Il programma delle funzioni allestisce e reinventa anche gli spazi esistenti.

18

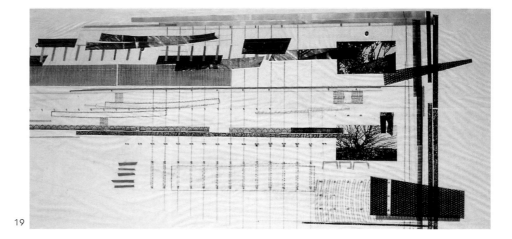

17   19

9th Tercas Architecture Award – National Competition for a Mixed-use Building at Roseto degli Abruzzi

1997
With G. D'Ardia

Set in a scattered punctiform linear urban settlement, the grounds and remains of the Villa Clemente are surviving green areas with the odd ruin squeezed between the Adriatic state road and the railway, not far from the sea. The brief is for the redevelopment of these structures to build a theater, town-council meeting room and services.

In the design, an open complex is highly integrated into the new layout for the green areas. The pre-existing building thus appears to be set among new elements: a lattice wall-support, three large metal roofs, a ramp-enclosure, and a mobile sheet-steel partition. In summer the partition is opened, thus removing the barrier between the open and closed spaces. The remains of the Art Nouveau villa are consolidated by the lattice wall supporting the few self-contained internal volumes.

The ground is designed as an inclined plane incorporating all the existing trees and joining the raised railway with the road along the Adriatic through a sequence of different levels.

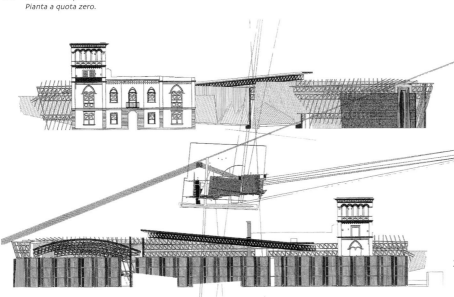

20

Premio Tercas Architettura
IX edizione – Concorso Nazionale Edificio polivalente a Roseto degli Abruzzi
(progetto segnalato)
1997
Con G. D'Ardia

Nell'insediamento disseminato e pulviscolare della città lineare l'area e i resti di Villa Clemente si presentano come un residuo verde con qualche rovina, compreso tra la strada statale adriatica e un tracciato ferroviario alle spalle, non lontano dal mare. Il programma funzionale prevede il recupero di queste strutture per un teatro, una sala consiliare, e i servizi annessi.

Il progetto costruisce un insieme aperto e fortemente integrato con la nuova sistemazione degli spazi verdi; la preesistenza risulta incastonata fra gli elementi nuovi: una parete in traliccio, che serve anche come sostegno, le tre grandi coperture metalliche, una rampa-recinto, la parete mobile in lamiera. D'estate quest'ultima viene aperta, annullando la separazione fra spazio aperto e spazio chiuso. I resti della villa liberty sono consolidati per mezzo della parete traliccio su cui poggiano, indipendenti l'uno dall'altro, i pochi volumi interni.

Le sistemazione del suolo consiste in un piano inclinato che, inglobando tutti gli alberi esistenti, raccorda in una successione di piani diversi la quota sopraelevata della ferrovia con quella della strada Adriatica.

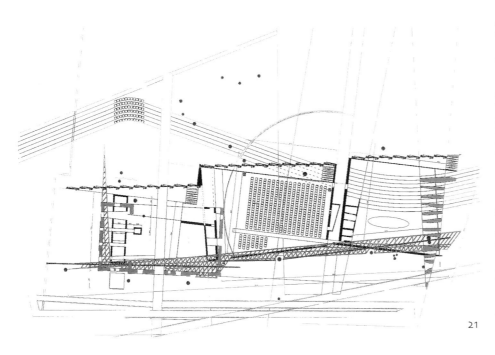

21

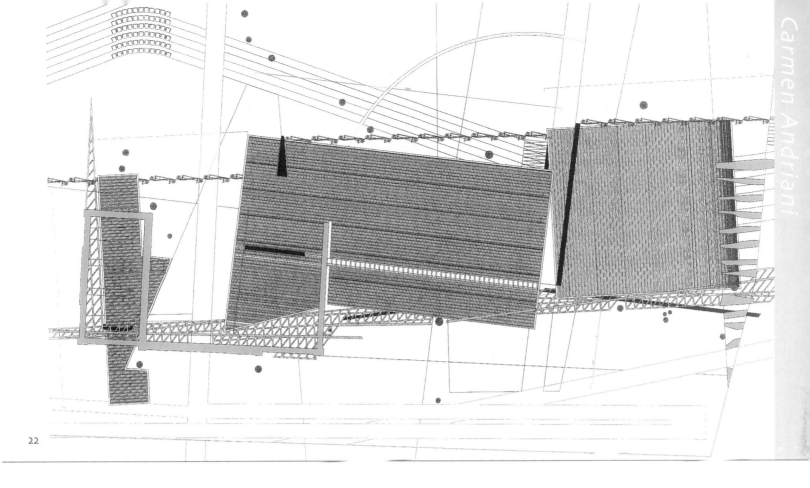

22

23

24

International Ideas Competition for the Redevelopment of Borghetto Flaminio, Rome
1995
With G. D'Ardia, R. Pavia, S. Miccoli, C. Nuti and U. Zorzi

Borghetto Flaminio is a marginal residential area inside the historic city of Rome. It is also a very interesting archaeological zone below the rock carrying the ancient Roman road of the Via Flaminia. The design maintains the threefold division in lots stipulated in the brief: the 19th-century ATAC complex, the decaying fabric of the industrial sheds and the Bocciofila, and the Filarmonica buildings. A different design approach has been adopted for each lot: maintenance and restoration; work on discrete elements; and work on structuring elements. The key features in the project are the system of archaeological excavations, the landscape design for the road, and the urban front on the Via Flaminia.
The area will be radically transformed by preserving its many buildings, and remodeling the land through the creations of folds, excavations and height variations, and lastly by the architecture of the front along the Via Flaminia.

Concorso Internazionale di idee per la riqualificazione del Borghetto Flaminio a Roma
1995
Con G. D'Ardia, R. Pavia, S. Miccoli, C. Nuti. U. Zorzi

Il "Borghetto Flaminio" è un luogo marginale e residuale all'interno della città storica. E' inoltre un'area di altissimo interesse archeologico, a ridosso della rupe di via Flaminia, testimonianza originaria delle caratteristiche geografiche del territorio romano. Il progetto conserva la suddivisione in tre lotti proposta dal bando: il complesso ottocentesco dell'Atac, il tessuto fatiscente dei capannoni e della Bocciofila, gli edifici della Filarmonica. In ciascun lotto il progetto interviene secondo tre modalità differenti: manutenzione e restauro; intervento per elementi discreti; intervento per elementi strutturanti. Il sistema degli scavi archeologici, il progetto paesaggistico della Rupe e infine il fronte urbano su via Flaminia rappresentano gli elementi forti dell'intervento.
Il progetto persegue una radicale trasformazione del luogo attraverso un sostanziale mantenimento dei suoi innumerevoli manufatti, attraverso la rimodellazione del suolo ottenuta con corrugamenti, scavi e variazioni altimetriche, e infine attraverso l'architettura del fronte aperto su via Flaminia.

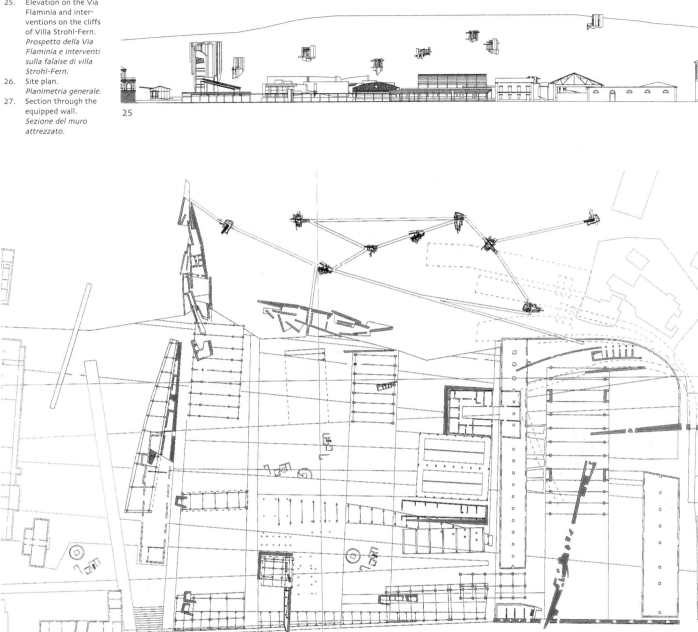

25

26

27

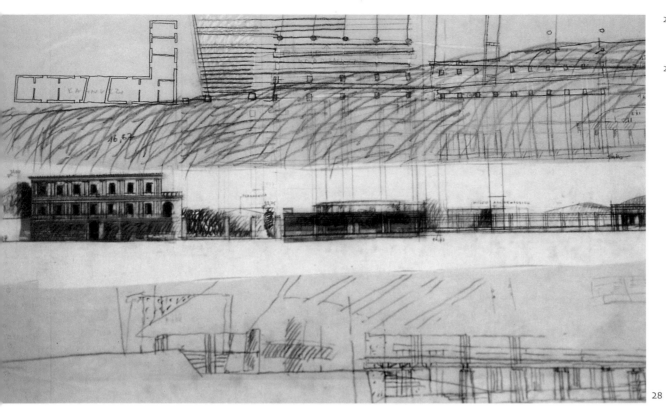

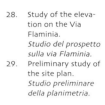

28. Study of the elevation on the Via Flaminia.
Studio del prospetto sulla via Flaminia.

29. Preliminary study of the site plan.
Studio preliminare della planimetria.

28

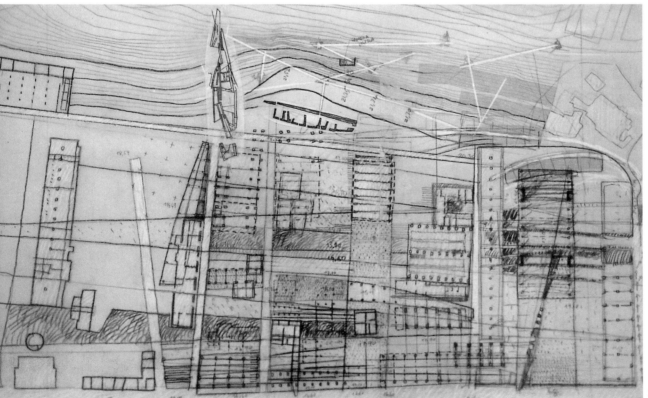

29

Biography

1953	born in Rome
1980	graduated from Rome University under Ludovico Quaroni
1992-96	researcher at the Pescara Faculty of Architecture
1993–96	visiting professor at the Waterloo University School of Architecture, Toronto
1994	one-person show at the Polytechnic gallery, Rome
1995	participated in "The Center Elsewhere" exhibition at the Milan Triennial
1996	one of the "Emerging voices" at the Venice Biennale

Projects and Works

1984	Project to redevelop the area of the former slaughter house at Latina
1985	National competition to complete the A. Galli Theater, Rimini
1987	Competition for the Head Offices of the Cassa di Risparmio di Jesi
1988–90	Project for services and facilities in a number of Sicilian industrial and craft estates
1989	Project to complete and redevelop an area in the historic center of Santo Stefano in Sessanio
1990	Exhibit design of the "Italy" section in the exhibition "The capital in Rome. City and Street Furnishings 1945–1990"
1991	National competition for a tourist itinerary in the monumental area from Piazza di Trevi to the Pantheon, Rome (first prize, under construction)
1992	Competition for an architectural and urban design for the front of Teramo overlooking the Valley of Tordino (commended)
1994	Project for the architectural and environmental renewal of the Porto Corsini areas, Ravenna
	Preliminary design for new Regional Government Offices, Pescara
	"50 Churches for Rome" international competition: Parish Center at Tor Tre Teste, Rome
1995	Project for the architectural and environmental renewal of the river park and canal port, Pescara
	International competition for the Borghetto Flaminio redevelopment scheme, Rome (selected for the 2nd level)
	Milan Triennial. "The center elsewhere": redevelopment plan for Rogoredo, Milan
	Exhibit design for the architecture section in the "Fuoriuso '95" exhibition, Pescara
	Designer and curator of the exhibition "Light Resistances" at San Vito Chietino
1996	Designer and curator of the exhibition "Inventing the new landscape" – projects for urban renewal in the port area of Ortona
1997	Competition for refurbishing the ACEA Offices, Rome
	Competition for a housing complex in the periphery of Bergamo
	Invitation competition for the Extension to the National Gallery of Modern Art, Rome
	Competition for a Mixed-use building at Roseto degli Abruzzi (commended)
	Competition for Centocelle Park, Rome

Biografia

1953	Nata a Roma
1980	Laurea a Roma con Ludovico Quaroni
1992-96	Docente di Composizione Architettonica presso la Facoltà di architettura di Pescara, Università "Gabriele D'Annunzio" di Chieti
1993-96	Visiting Professor presso la Scuola di Architettura della Waterloo University di Toronto
1994	Mostra personale alla galleria del Politecnico a Roma

| 1995 | Triennale di Milano: mostra "Il centro altrove". |
| 1996 | Biennale di Venezia: VI mostra internazionale di architettura, sezione "Voci emergenti" |

Elenco dei progetti

1984	Progetto per la ristrutturazione dell'area dell'ex-mattatoio a Latina
1985	Concorso nazionale per il completamento del teatro A. Galli di Rimini
1987	Concorso per la realizzazione della nuova sede centrale della Cassa di Risparmio di Jesi
1988-90	Progetto di servizi e attrezzature per aree produttive e artigianali in alcune località siciliane
1989	Progetto di completamento e riqualificazione di un'area di espansione del centro storico di S. Stefano in Sessanio
1990	Cura e allestimento della sezione "Italia" della mostra "La Capitale a Roma. Città e Arredo Urbano 1945–1990"
1991	Concorso nazionale per la sistemazione del percorso turistico-monumentale tra piazza di Trevi e il Pantheon (Primo premio, in corso di realizzazione)
1992	Concorso per la sistemazione architettonica e urbanistica del fronte della città di Teramo sulla valle del Tordino (premiato)
1994	Progetto per la sistemazione e il recupero architettonico e ambientale delle aree del Porto Corsini a Ravenna
	Progetto preliminare per il nuovo Palazzo degli uffici Regionali a Pescara
	Concorso "50 Chiese per Roma". Progetto per il nuovo centro parrocchiale di Tor Tre Teste
1995	Progetto di riqualificazione ambientale ed architettonica del parco fluviale e porto canale di Pescara
	Concorso internazionale per la riqualificazione dell'area del Borghetto Flaminio, Roma (selezionato per il 2° grado)
	Triennale di Milano. Progetto di riqualificazione dell'area di Rogoredo a Milano
	Allestimento della sezione Architettura della mostra "Fuoriuso '95" a Pescara
	Allestimento e cura della mostra "Resistenti Leggerezze" a S.Vito Chietino
1996	Allestimento e cura della mostra "L'invenzione del nuovo paesaggio": progetti di recupero e ristrutturazione dell'area del porto di Ortona
1997	Concorso a inviti per la ristrutturazione degli uffici dell'ACEA a Roma
	Concorso per un insediamento residenziale alla periferia di Bergamo
	Concorso a inviti per l'ampliamento della Galleria Nazionale d'Arte Moderna di Roma
	Concorso per un edificio polivalente a Roseto degli Abruzzi (progetto segnalato)
	Concorso per la realizzazione del Parco di Centocelle a Roma

Partners and Collaborators
Partners e Collaboratori

Mario Avagnina
Bruno Boumens
Carlos Carrer
Emilia Corradi
Giovanna De Santis
Matteo De Venosa
Paolo De Vito
Paolo Faraglia
Claudio Fioramanti
Marita Guccione
Rossana Orienti
Ludovico Romagni
Cinzia Pintori
Rosalia Vittorini

Selected Bibliography
Bibliografia essenziale

"Junge Römische Architekten", catalogo della mostra, ed. Argos, Roma 1984.

"Arte architettura design/ la pietra svelata" 2° Biennale d'arte e architettura, L'Aquila, Ed. Futura 1990.

"Progetti per il centro storico di Teramo", premio Tercas Architettura IX edizione, 1993.

"Nuovo fronte urbano sul parco del Tordino a Teramo", in Natura e Architettura, "Materia" n. 16/1994

P. Balmas, Functional Solutions, in "Metropolitan", vol. 4, n. 6, 1995

"Nuovo centro parrocchiale a Tor Tre Teste", in "Edilizia Popolare" n. 238/1995

Valente, Immagini, Materiali, Figure. La città di carta e di pietra di Carmen Andriani, in "Il Giornale dell'architettura", aprile 1995

E. Pitzalis, La nuova chiesa, statuti e trasfigurazioni, in La nuova chiesa, Electa Milano 1996

Triennale di Milano. Il centro altrove – periferie e nuove centralità nelle aree metropolitane, Ed. Electa, Milano 1996

C. Mattogno, Otto interviste al femminile: uno sguardo di genere, in "Controspazio", n.2 marzo-aprile 1996

P. Ciorra, Edifici alti metropolitani, in Area n. 26/1996

"Borghetto Flaminio, Roma", in "Area" n. 29/1996

Biennale di Venezia. VI mostra internazionale di architettura. Sensori del futuro, l'architetto come sismografo, Ed. Electa, Milano 1996

Speciale VI Biennale di architettura, in "segno", n. 151/1996.

"Progetto per un percorso pedonale Trevi Pantheon" in Dossier Roma, "Casabella" n. 639, novembre 1996.

A. Franchini (a cura di), Nuova architettura italiana, ALA laboratori internazionali di architettura, Milano 1996.

P. Ciorra, Vitalità della scuola romana, in "Casabella" n. 645, aprile 1997.

Architettura e paesaggio, in "Materia" n. 23/1996.

Il sacro marginale, catalogo della mostra, Ossimori DAU, Umberto Sala editore, Pescara 1994.

ARCHEA

Presentation

Laura Andreini - Marco Casamonti - Giovanni Polazzi

Over the years, the studio's research and design activities have developed following a number of recurrent core themes on different scales. Our work is thus characterized by our 'manias' such as an obsession with researching into materials, often strictly geometrical compositions, variations in the section and "excavating". A design is often (wrongly) considered a vehicle for fine calligraphy. Despite a special passion for virtuoso drawing, we perceive composition as the discipline (which organize the space invention) with the purpose of realizing an architectural idea in a building. As a consequence, the project is a design tool effecting the most artificial metamorphoses of the object, even in the details and choice of constituent elements. The search for forms and figures takes us into vastly different areas of contemporary culture – from art to folk, and from Classical memory to the vernacular. Thus in the Curno Recreation Center facade there are spatial concepts from Lucio Fontana, accumulations of Fernandez Arman and a hint of the "silvery Arno". This approach reflects a deep-rooted and powerful need for expression involving influences and suggestions similar to that "curiosity" or delight in experimentation typical of the "Florentine spirit" of Fagnoni, Savioli and Michelucci. In some projects the memory of a remote past emerges in association with the scale and proportions of the city and with the strict Renaissance measures in the repetition of geometric forms, at times violently juxtaposed.

In our case the importance of measure, of having 'compasses in the eyes' – to use Brunelleschi's phrase – is not so much a lesson to be studied as an induced condition, due to a possibly undeserved involuntary legacy, than a deliberate stylistic choice. Perhaps each of us has the forms of a perfect, rigid and unchangeable order in our eyes, unconsciously projecting into some parts of our work. Our intentional choices, however, are based more on medieval 'randomness' (see the jagged perimeter of the house in the center of Leffe) or the less noble and more bellicose requirements in the design for the defensive system of the city from Sangallo's Fortezza da Basso to the Forte Belvedere.

Although we engage in lively research, exploring variations and altering given forms, in the use of materials we are completely averse to 'chemical transformation'. Our materials are always used in the most traditional way: stone, marble, iron, copper, glass and wood are employed for what they are and with their natural colors and patina, at times enhanced with water and salt or vinegar to speed up the oxidation, thus instantly obtaining the effect of weathering, as in the Corten facade in the Curno Recreation Center, and in the use of freestone in many other works, or in the copper facade of the Leffe house.

The use of a few well-known obvious materials arguably best expresses a powerful sense of

Presentazione

Laura Andreini – Marco Casamonti – Giovanni Polazzi

L'attività di ricerca e di progettazione dello studio muove, negli anni, secondo un percorso ostinatamente centrato su alcuni temi che ritornano spesso e a differenti scale. I lavori sono quindi segnati dalle nostre "manie": la fissazione per la ricerca della materia, la rigidità geometrica di molte composizioni, la variazione della sezione, lo scavo.

Il progetto è spesso (e a torto) considerato come mezzo di espressione calligrafica. Viceversa, al di là di una particolare passione per i virtuosismi del disegno, la composizione è vissuta come disciplina (che organizza l'invenzione spaziale) finalizzata alla realizzazione di un'idea architettonica che si compie nella costruzione. Il progetto è conseguentemente strumento in grado di consentire le più artificiali metamorfosi dell'oggetto, anche nel dettaglio e nella scelta degli elementi componenti. La ricerca di forme e figure dedotte dagli ambiti più diversi della cultura contemporanea, dall'arte al folclore, dalla memoria classica alla tradizione vernacolare (dai concetti spaziali di Lucio Fontana, le accumulazioni di Fernandez Arman, fino al ricordo dell' "Arno d'argento", nella facciata del Centro Divertimenti di Curno), esprime una forte e radicata ricerca di espressività che coinvolge spinte e suggestioni identificabili in quella "curiosità" (il gusto della sperimentazione) che ha caratterizzato l'"anima fiorentina" di Fagnoni, Savioli, Michelucci. In alcuni progetti affiora il ricordo di un passato remoto, legato alle misure e alle proporzioni della città, alla metrica rinascimentale irrigidita nella ripetizione di geometrie talvolta accostate in modo forzato.

"Le seste negli occhi", il valore della misura, per esprimersi aulicamente con le parole di Brunelleschi, non costituiscono tuttavia, nel nostro caso, una lezione da studiare, quanto piuttosto una condizione indotta dall'appartenenza ad un contesto che costituisce più una dote involontaria e forse immeritata, che una scelta stilistica meditata. Forse ognuno di noi ha dentro gli occhi le forme di un ordine perfetto, rigido e immodificabile che si proietta inconsciamente in alcune parti del nostro lavoro, tuttavia le scelte d'intenzione rimandano più alla "casualità" medioevale (vedi il perimetro spigoloso della casa nel centro di Leffe) o alle necessità meno nobili e più guerriere che disegnano i sistemi difensivi della città dalla sangallesca Fortezza da Basso a forte Belvedere.

Se nelle forme è viva la ricerca di variazione e alterazione del dato conosciuto, nell'uso della materia il nostro lavoro esprime una totale idiosincrasia per la trasformazione chimica, cosicché i materiali impiegati sono sempre usati nel modo più consueto; la pietra, il marmo, il ferro, il rame, il vetro, il legno, vengono impiegati per quello che sono, nei loro colori e nelle loro patine naturali, talvolta aiutate con un colpo d'acqua e sale, di aceto, ad acquistare una rapida ossidazione che accorcia e rende immediato il lavoro del tempo (come nella facciata in corten del Centro divertimenti di Curno,

1. Main front with new
facade.
*Fronte principale con
la nuova facciata.*

Archea Associati: Laura Andreini, Marco Casamonti, Antonella Dini, Silvia Fabi, Giuseppe Fioroni, Jacopo Maria Giagnoni, Giovanni Polazzi, Francesca Privitera, Nicola Santini, Pier Paolo Taddei

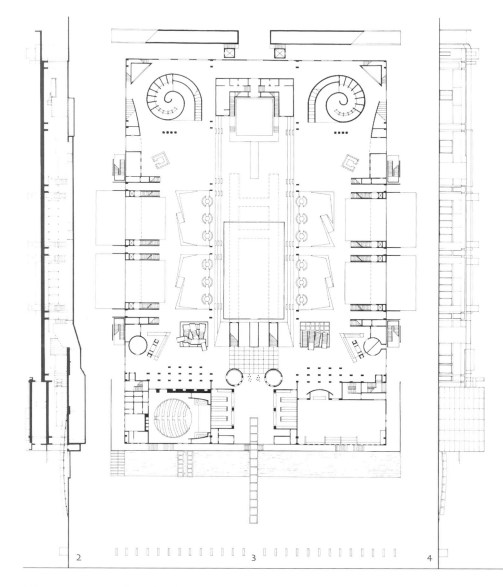

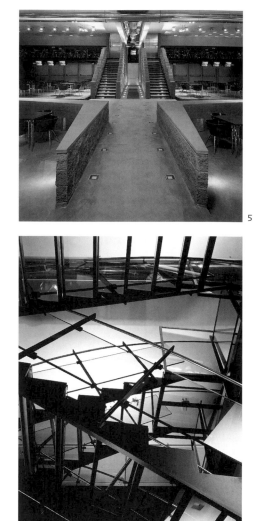

belonging or immortality. The ideal aim of our architecture, immortality, recurs as a quest for solidity, weight and durability in the architecture itself.

Invention – according to Ernesto Nathan Rogers the term forms a pair with memory – thus does not consist in the choice of materials but in its modes of use – from glass steps to iron facades and ceilings caissoned with girders – following a model excluding industrialization and standards only based on a purely engineering approach.

The climax to our work is thus the actual building, characterized by the indispensable, interminable visits to the work-site or factory. Building is the ultimate and priority aim of the project, often completed on site. Construction is thus inseparable from the design – the exact opposite of that immaterial eventuality called for, in Italy, during the shining years of designed architecture.

nell'uso della pietra serena in molti altri lavori o nella facciata in rame della casa di Leffe).

L'uso di poche materie conosciute e banali, sempre le solite, esprime forse un senso di appartenenza o di immortalità a cui si vorrebbe destinata la nostra architettura, un'immortalità che ritorna come ricerca di solidità, pesantezza, durabilità dell' architettura stessa.

L'invenzione (termine che secondo Ernesto Nathan Rogers sempre fa connubio con la memoria) consiste allora non nella scelta della materia, ma nelle evoluzioni del suo impiego, dai gradini in vetro, alle facciate di ferro, ai solai cassettonati di putrelle, secondo uno schema che esclude l'industrializzazione, lo standard costantemente affidato alle pure attitudini del costruttore.

Per questa via il momento conclusivo e forse più importante del nostro lavoro è rappresentato dalla fase della realizzazione, segnata da interminabili, e indispensabili, soste in cantiere o in fabbrica. La costruzione è per noi il fine ultimo e prioritario del progetto che è talvolta concluso a "piè d'opera", perciò la costruzione rappresenta un momento imprescindibile del lavoro, l'esatto contrario di quell'eventualità indifferente auspicata in Italia negli anni fulgenti dell'architettura disegnata.

2. Cross section.
    Sezione longitudinale.
3. Ground floor plan.
    Pianta piano terra.
4. Lateral front.
    Fronte laterale.
5. Interior view of the restaurants.
    Vista interna sui ristoranti.
6. Interior view of glass stairs for the underground disco access.
    Vista delle scale in vetro di accesso alla discoteca sotteranea.
7. Nighty view of the new facade.
    Veduta notturna della nuova facciata.

7

The Stop Line Recreation Center, Curno, Bergamo
1995–96

The large recreation center was built by extending and converting a former industrial shed.

The building is situated on the busy road to Lecco and Como in the periphery of the city of Bergamo. The completely pre-weathered Corten steel front is a memory of the original now abandoned industrial activity.

The facade is conceived as a large sign lighting up at night, when the complex is usually open to the public.

The configuration of the facade reveals the double life of the building: during the day the image evokes a ruin, while at night back-lighting effects are created by a system of projectors arranged behind the dotted surface in the metal curtain for the panel cladding.

The pool in front of the building highlights the facade as a reflected virtual image.

Inside, "poor" materials have been used for a mix of several activities: dance floors, a mobile stage, pneumatic cat-walk for fashion shows, ice-skating rink, bowling lanes, billiard room, bars and restaurants.

Centro divertimenti stop line a Curno, Bergamo
1995–96

L'intervento realizza un grande Centro Divertimenti come ampliamento e trasformazione di un capannone adibito in precedenza ad attività industriali.

L'edificio collocato su di una strada ad altissima densità di transito ai margini della città di Bergamo, sulla provinciale per Lecco e Como, si presenta con un fronte completamente arrugginito in acciaio corten a segnalare la presenza di una originaria attività industriale in dismissione.

La facciata è concepita come un grande elemento segnalatore in grado di animarsi nelle ore notturne, quando il complesso è generalmente in funzione.

L'intera costruzione, mediante la configurazione della propria facciata, presenta una doppia vita rappresentata da un'immagine diurna, simile a una rovina, e una notturna, segnata da un effetto controluce ottenuto attraverso un sistema di proiettori posti dietro la superficie puntiforme della cortina metallica dei pannelli di rivestimento.

L'acqua antistante esalta la facciata nel riflesso e nel raddoppio virtuale della sua configurazione.

L'interno è caratterizzato dalla presenza di materiali poveri e dalla commistione di più attività: piste da ballo, un palcoscenico mobile, una pedana pneumatica per sfilate di moda, una pista di pattinaggio su ghiaccio, otto piste bowling, sala biliardi, bar e ristoranti.

9

Single-family House at Leffe, Bergamo
1996–97

This is a typical renewal project for a building in a historic center. The pre-existing construction is to be totally demolished and a new building constructed with an underground parking level.

The special site features and the imposed distances from the neighboring buildings led to the design of a very articulated main facade. In close contact with the other windowed fronts, this facade is completely blind, but lined with bands of light penetrating through cracks in the wall, rather as if in a hay barn.

The building is like a site-plan variation in the typical terraced houses on a Gothic lot. The main front is extended beyond the traditional 5-6 meters as far as 10 meters in width. The largest front is characterized by the stair shaft. The space between the adjacent buildings at the rear front is completely glazed. The windows are completely hidden by the steel shutters covered by a copper panelling.

Abitazione unifamiliare a Leffe, Bergamo
1996–97

Si tratta di un tipico intervento di sostituzione in centro storico. Il progetto prevede la totale demolizione della costruzione preesistente e la completa ricostruzione del nuovo permettendo la realizzazione di un livello interrato per il parcheggio.

Le particolari condizioni del sito e le distanze da rispettare rispetto agli edifici limitrofi, hanno portato alla realizzazione di un fronte molto articolato sulla strada principale. La facciata, a stretto contatto con gli altri prospetti finestrati, è immaginata completamente chiusa alla vista ma attraversata da fasci di luce che penetrano attraverso le fessure della muratura, come all'interno di un fienile.

L'edificio si presenta come variazione planimetrica della tipica schiera su lotto gotico, il fronte principale si allarga dai tradizionali 5-6 metri fino a una quota di circa 10 metri di larghezza. Il fronte più grande è caratterizzato dalla presenza della torre delle scale. Quello posteriore è caratterizzato da una completa vetratura dello spazio compresso tra gli edifici contigui. Le parti vetrate sono interamente occultate da una persianatura in struttura d'acciaio rivestita in rame.

8. Elevations on opposite streets.
   Prospetti su strade opposte.
9. Study drawings.
   Disegni di studio.
10. View of the stone facade.
    Vista della facciata in pietra.

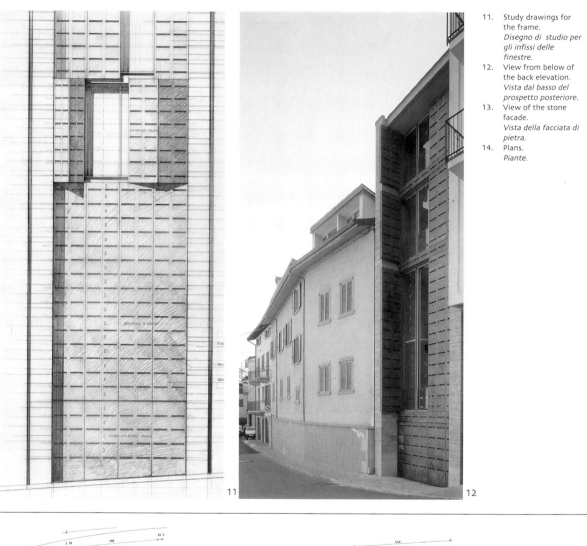

11. Study drawings for the frame.
    Disegno di studio per gli infissi delle finestre.
12. View from below of the back elevation.
    Vista dal basso del prospetto posteriore.
13. View of the stone facade.
    Vista della facciata di pietra.
14. Plans.
    Piante.

11   12

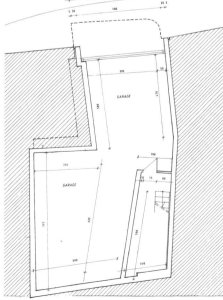

PIANTA PIANO SEMINTERRATO

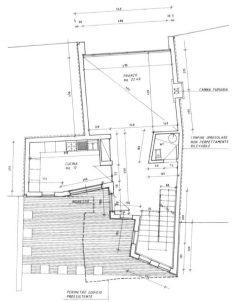

PIANTA PIANO TERRA

13

14

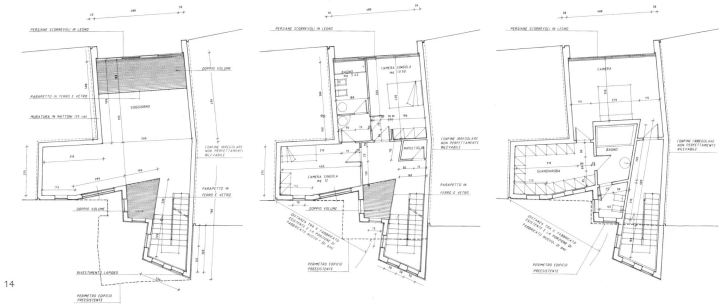

PIANTA PIANO PRIMO

PIANTA PIANO SECONDO

PIANTA PIANO TERZO

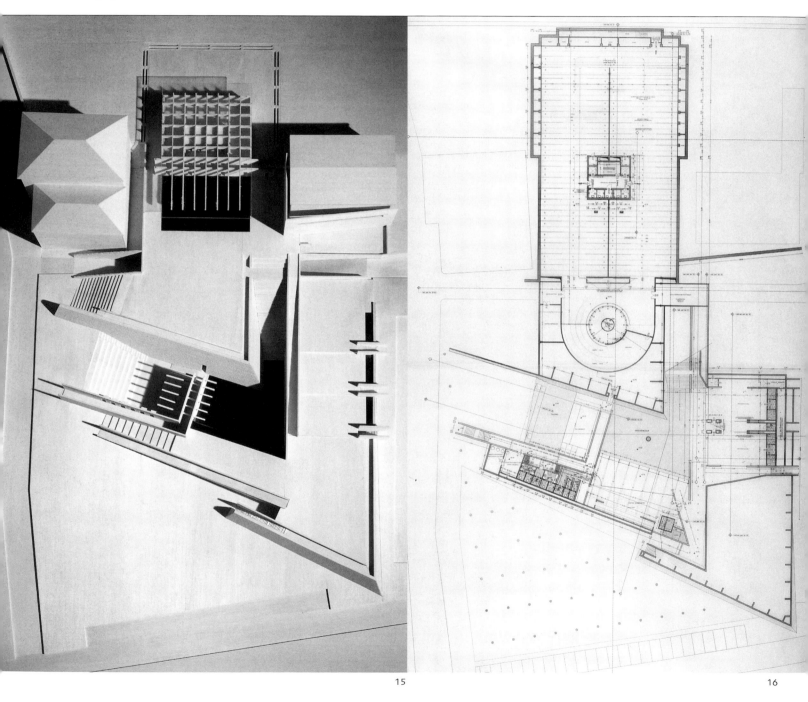

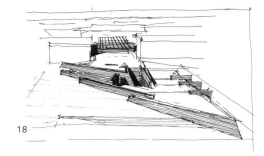

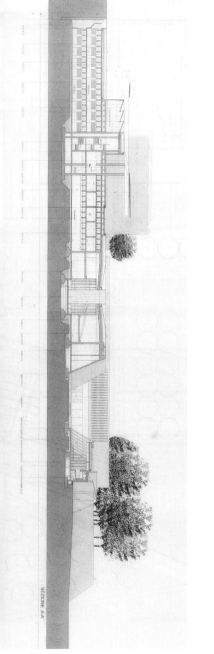

SEZIONE A-A'

17

Piazza and Public Facilities, Merate
1996–97

The project is for a redevelopment scheme in Merate at the section where the dense central urban fabric borders with new developments.

The aim of the project is to create a well-defined closed space on a scale reflecting the image of the walled historic city and to meet the requirements for a piazza with public uses and large green areas.

The piazza is to be equipped with service structures and the street furniture required to attract life and make intense use of the area.

On the historic axis of Via Verdi, at the center of the area, a small open-air theater is situated obliquely to the urban fabric, between the support bastion of the underground parking and two walls containing small theater boxes.

The theater space connects down to a café chantant, covered by a sequence of slanting glass slabs, veiled by cascading water. The central ornamental pool is also used as a reservoir for the fire-fighting equipment.

Piazza e attrezzature pubbliche a
Merate
1996–97

L'intervento riguarda la sistemazione di un'area centrale di Merate finora rimasta inedificata, al limite tra la città consolidata e le nuove espansioni.

Intento del progetto è da un lato l'individuazione di uno spazio delimitato, chiuso e dimensionato secondo l'immagine murata della città storica; dall'altro offrire le giuste risposte all'esigenza di realizzare una piazza pubblica, liberamente accessibile e fruibile con grandi superfici a verde.

La piazza sarà caratterizzata dalla presenza di strutture di servizio e di arredo necessarie per permettere una vita ed un uso intenso del luogo.

Al centro dell'invaso, in direzione obliqua rispetto al tessuto, secondo l'antica direttrice via Verdi, è collocato un piccolo teatro all'aperto posto tra il bastione di contenimento del parcheggio interrato e due setti murari che accolgono nel loro spessore piccoli palchetti affacciati sul teatro.

Lo spazio della cavea per gli spettacoli si collega ad un sottostante caffè-concerto coperto da una sequenza di lastre di vetro inclinate su cui scorre, in cascata un velo d'acqua.

La presenza della vasca centrale oltre a funzionare come elemento scenografico serve come deposito per l'impianto antincendio.

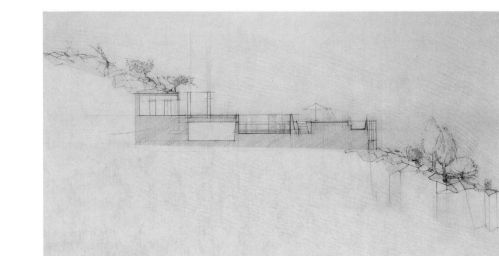

20

Swimming pool in Val Seriana, Bergamo
1995–96

The construction of an open-air swimming pool in an extended lot in the garden of an existing villa provided the opportunity to re-design the configuration of a mountain slope and associated park. The image of a bastion is highlighted by the lowered walkway round the stone terracing, shaped according to a design derived from the section of walkways on the Forte Belvedere walls in Florence.

The pool has a system with two basins: a large rectangular basin with cold water and a smaller basin with heated jets of water, echoing the configuration of the bastion.

The containing wall defines the external image of the terracing, while the association with the mountain is evoked by the excavation required to make the ground flush with the swimming-pool plane. The material used for the walls was quarried and worked on site, following the excavation for the pool, entirely set in rocky ground. Thanks to their special stratigraphy, the blocks were squared according to the veining in the stone and then positioned to mark out the perimeter of the bastion terracing, thus concealing all the service installations; the containing walls hide the dressing rooms and a small kitchen.

Piscina in val Seriana, Bergamo
1995–96

La realizzazione di una piscina all'aperto su di un lotto di ampliamento del giardino di una villa esistente, diviene l'occasione per ridisegnare la configurazione di un fianco della montagna e del parco che la occupa.

L'immagine del bastione è resa evidente dalla presenza di un camminamento ribassato che perimetra il terrazzamento in pietra, secondo un disegno derivato dalla sezione dei camminamenti sulle mura della fortezza di Belvedere a Firenze.

La vasca è concepita attraverso un sistema a due invasi, uno più grande di forma rettangolare con acqua fredda, ed uno più piccolo, ordito secondo la configurazione del bastione con acqua riscaldata e getti a pressione.

Il muro di contenimento definisce l'immagine esterna del terrazzamento, l'attacco alla montagna è disegnato dallo scavo necessario per ottenere la quota complanare al piano della vasca. Il materiale utilizzato per la costruzione dei muri è stato cavato e lavorato in luogo in seguito allo scavo per la realizzazione della piscina, interamente situata su un terreno roccioso.

I blocchi, grazie alle particolari conformazioni stratigrafiche sono stati squadrati in relazione alle venature del materiale e posizionati secondo progetto per definire il perimetro del terrazzamento bastionato, che contiene la parte impiantistica; muri di contenimento nascondono il locale spogliatoio e una piccola cucina.

21

22

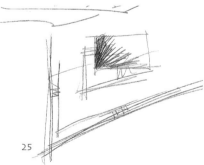

25

23

24

25

26

25-26. Swimming pool with the grounds.
Vedute della piscina con giardino.

Biographies

Laura Andreini

1964	born in Florence
1990	graduated from the Florence University Faculty of Architecture
1994	research doctorate in architectural composition at the Florence University Faculty of Architecture
1995	joined the editorial staff of the review "Area"

Marco Casamonti

1965	born in Florence
1990	graduated from the Florence University Faculty of Architecture
1992	research doctorate in architectural composition at the Florence University Faculty of Architecture
1995	editor of the review "Area"
1996	visiting professor in architectural design at the Florence University Faculty of Architecture
1997	researcher at the Florence University Faculty of Architecture

Giovanni Polazzi

1959	born in Florence
1986	graduated from the Florence University Faculty of Architecture
1995	joined the editorial staff of the review "Area" visiting professor in interior design at the Genoa University Faculty of Architecture
1996	visiting professor in architectural design at the Florence University Faculty of Architecture

Studio Archea

1988	Archea Associati was founded in Florence by Laura Andreini, Marco Casamonti, Giovanni Polazzi
1996	took part in the 6th Venice Architecture Biennale
1997	took part in the "New Italian Architecture" exhibition in Germany

Projects and Works

1987	Competition for former prison of Murate, Florence
1988	Modern Art Gallery, Empoli
1989	Design of modern and contemporary art exhibition, Bergamo
	Conversion of a hay shed at Mercatale Val di Pesa, Florence
	Project for an artist's house, Parma
	Project for a river park at Girone, Bagno a Ripoli, Florence
	Competition for "Three churches for 2000", Milan
	Competition for "The most beautiful house in the world", Reggio Emilia
	Competition for the New Forum, Tokyo
	Two-family detached house at Bagno a Ripoli, Florence
	Pier Capponi Offices, Florence
1990	House in Via Frusa, Florence
	Detached house in Via Barellai, Florence
	Design of the Florence Mart traveling exhibition, Lisbon, Madrid, and London
	Competition for the Acropolis Museum, Athens
	Project for a craft center at Castiglioncello, Livorno
	Renovation of a detached house, Empoli
	Project for the renovation of a detached house at Boscogrande, Massarosa
1991	Project for transport company offices, Bologna
	Gallery of modern and contemporary art at Lungarno Cellini, Florence

	Architect's studio in Lungarno Cellini, Florence
	International Competition for "A gateway to Venice" (in collaboration)
1992	Single-family house, Empoli
	Design of a display space for Habitat & Identità, Arezzo
	Competition for the Spreebogen area, Berlin
	Project for a coastal tourist village, Albania
1993	Competition for the Piedicastello school, Trento (in collaboration)
	House at Settignano, Florence
	Design for a gallery of modern and contemporary art at Crans Montana, Switzerland
	Project for a church in the Tiburtine quarter, Rome
	Renovation project for an apartment in Via Arrivabene, Florence
	Competition for "Three piazzas and a street", Gela, Caltanissetta
	House in Via Madonna della Pace, Florence
	Bar in Via del Parione, Florence
	Europan competition for the Quarrata area
	Project for two reception centers for the elderly, Reggio Emilia
	Design of Attualissima, a modern and contemporary art exhibition, Florence
1994	Project for a two-family detached house at Barberino Val D'Elsa
	Design for the extension to Val Seriana shopping center, Bergamo
	Project to convert an industrial building into a hotel, Bergamo
	Recreation center at Curno, Bergamo
1995	Roof for the Nuvolari open-air discotheque, Cremona
	Competition for Piazza della Vittoria, Castiglioncello
	House at Gazzaniga, Val Seriana, Bergamo
	Swimming pool and park, Val Seriana, Bergamo
	Renovation project for a house on Ischia
1996	Competition for a business and residential center at Kiel (in collaboration)
	Single-family house at Leffe, Bergamo
	Competition for a new exhibition center, Brescia
	Project for the Don Cesare Cazzaniga area, Merate
	Design for the new library and auditorium at Curno, Bergamo
	Design for the D'Avenza Fashion production facility, Massa
	Design for a bowling center, Florence
	Competition the new Kansai Kan library, Japan (in collaboration)
1997	Design for the ATAF canteen, Florence
	Recreation center at Igea Marina, Rimini
	Refurbishment of Body's Gym, Florence
	Competition for the ZIPA business center, Jesi (in collaboration)
	Refurbishing project for the Larus publishing house, Bergam0

Biografie

Laura Andreini

1964	Nata a Firenze
1990	Laurea presso la facoltà di architettura di Firenze
1994	Dottorato di ricerca in Composizione Architettonica presso la facoltà di architettura di Firenze
1995	redattrice della rivista Area

Marco Casamonti

1965   Nato a Firenze

1990   Laurea presso la facoltà di architettura di Firenze

1992   Dottorato di ricerca in Composizione Architettonica presso la facoltà di architettura di Genova

1995   Direttore della rivista Area

1996   Professore a contratto in Progettazione architettonica alla facoltà di Firenze

1997   Ricercatore presso la facoltà di architettura di Firenze

Giovanni Polazzi

1959   Nato a Firenze

1986   Laurea presso la facoltà di architettura di Firenze

1995   Redattore della rivista Area

        Professore a contratto in Arredamento e architettura degli interni presso la facoltà di Architettura di Genova

1996   Professore a contratto in Progettazione architettonica presso la Facoltà di architettura di Firenze

Studio Archea

1988   Il 1° gennaio viene fondato a Firenze lo studio Archea Associati da Laura Andreini, Marco Casamonti, Giovanni Polazzi

1996   VI Mostra internazionale di Architettura della Biennale di Venezia

1997   Partecipazione alla mostra itinerante "Nuova architettura Italiana" in Germania

Elenco dei progetti

1987   Concorso internazionale per l'ex carcere delle murate, Firenze

1988   Galleria d'arte moderna, Empoli

1989   Allestimento della mostra di arte moderna e contemporanea, Bergamo

        Ristrutturazione di un fienile a Mercatale Val di Pesa, Firenze

        Progetto per l'abitazione di un pittore, Parma

        Progetto di parco fluviale al Girone, Bagno a Ripoli (Firenze)

        Concorso "Tre chiese per il 2000", Milano

        Concorso "La casa più bella del mondo", Reggio Emilia

        Concorso per il nuovo forum di Tokyo

        Villa bifamiliare a Bagno a Ripoli (Firenze)

        Centro uffici "Pier Capponi" a Firenze

1990   Allestimento della mostra di arte moderna e contemporanea, Roma

        Abitazione in via Frusa, Firenze

        Villino unifamiliare in via Barellai, Firenze

        Allestimento di una mostra itinerante per il Florence Mart, Lisbona, Madrid, Londra

        Concorso per il nuovo museo dell'Acropoli, Atene

        Progetto per un centro artigianale a Castiglioncello (Livorno)

        Progetto di ristrutturazione di un villino unifamiliare, Empoli

        Progetto per la ristrutturazione di una villa a Boscogrande, Massarosa

1991   Allestimento per un'azienda di trasporti, Bologna

        Galleria d'arte moderna e contemporanea in Lungarno Cellini, Firenze

        Studio di Architettura in Lungarno Cellini, Firenze

        Concorso internazionale "Una porta per Venezia" (in collaborazione)

1992   Abitazione unifamiliare, Empoli

        Allestimento di uno spazio alla mostra Habitat & Identità, Arezzo

        Concorso per l'area dello Spreebogen, Berlino; Progetto per un villaggio turistico sulla costa in Albania

1993   Concorso nazionale per la progettazione del centro scolastico Piedicastello, Trento (in collaborazione)

        Abitazione a Settignano, Firenze

        Progetto per una galleria d'arte moderna e contemporanea a Crans Montana, Svizzera

        Progetto per una chiesa nel quartiere tiburtino, Roma

        Progetto di ristrutturazione di un appartamento in via Arrivabene, Firenze

        Concorso nazionale "Tre piazze e una strada", Gela

        Abitazione in via Madonna della Pace, Firenze

        Bar in via del Parione, Firenze

        Concorso internazionale Europan per l'area di Quarrata

        Progetto per due centri di accoglienza per anziani, Reggio Emilia

        Allestimento della mostra di arte moderna e contemporanea "Attualissima", Firenze

1994   Progetto per una villetta bifamiliare a Barberino Val D'Elsa

        Progetto per l'ampliamento di un centro commerciale in val Seriana, Bergamo

        Progetto per la trasformazione di un edificio industriale in albergo a Bergamo

        Centro divertimenti a Curno, Bergamo

1995   Copertura della discoteca all'aperto "Nuvolari", Cremona

        Concorso nazionale per la sistemazione di piazza della Vittoria a Castiglioncello

        Villa a Gazzaniga in val Seriana, Bergamo (in cotruzione)

        Piscina e parco in val Seriana, Bergamo

        Progetto di ristrutturazione di un casa ad Ischia

1996   Concorso internazionale per un centro direzionale e residenziale a Kiel (1996) (in collaborazione)

        Abitazione unifamiliare a Leffe, Bergamo (in costruzione)

        Concorso nazionale per la realizzazione del nuovo polo espositivo bresciano

        Progetto per la sistemazione dell'area Don Cesare Cazzaniga a Merate

        Progetto per la nuova Biblioteca con annesso Auditorium a Curno, Bergamo

        Progetto per un insediamento produttivo della D'Avenza Fashion, Massa

        Progetto per un centro Bowling a Firenze

        Concorso per la nuova biblioteca di Kansai Kan, Giappone (in collaborazione)

1997   Progetto per una nuova mensa della società di trasporti ATAF, Firenze

        Centro divertimenti a Igea Marina, Rimini

        Ristrutturazione della palestra Body's Gym, Firenze

        Concorso nazionale per la progettazione del centro direzionale ZIPA di Iesi, Ancona (in collaborazione)

        Progetto di ristrutturazione della sede della casa editrice Larus, Bergamo

Currently at studio
Attuali componenti dello studio

Laura Andreini
Marco Casamonti
Antonella Dini
Silvia Fabi
Giuseppe Fioroni
Jacopo Maria Giagnoni
Giovanni Polazzi
Francesca Privitera
Nicola Santini
Pierpaolo Taddei

Other Partners and Collaborators
Altri Partners e Collaboratori

Guido Bondielli
Giuliano Ciocchetti
Simone Coletti
Antonella Dini
Silvia Fabi
Giuseppe Fioroni
Jacopo Maria Giagnoni
Francesca Privitera
Nicola Santini
Andrea Sensoli
Pier Paolo Taddei
Lara Tonnicchi
Federico Toti

Bibliography
Bibliografia

"La scena simultanea" - Area n° 22, giugno 1995, Progetto editrice, Milano.

"Il nuovo teatro globale" - a cura di Pietro Savorelli, Alinea Editrice, 1995, Firenze.

"Centre de loisirs à Bergame, Italie" - in AMC n°69, marzo 1996, publication du moniteur.

"Prismas impassibles" - Arquitectura Viva n°45, novembre/dicembre 1995, pag.16.

"Centro per attività ricreative a Curno (Bg)" - d'A n° 15, 1996, Ed. d'A editoriale di Architettura, Avezzano (Aq) Milano, pag. 18.

"Groot warenhuis wordt dans - en recreatiecentrum" - P.I. Projekt & Interieur n°45, Agosto 1996, pag.78.

"Architetti Italiani alla IV Biennale di Architettura di Venezia - Studio Archea" - d'A. d'Architettura, Anno VI n° 16, 1996, pag. 10.

" Acciaio Corten trasparente Stop Line in Curno (BG)" - L'Arca n. 113, Marzo 1997, copertina e pag. 68.

"Discodesign in Italia" novembre 1996, Ed. L'Archivolto, 1996, Milano.

"Il polifunzionale Stop Line di Curno" - in Tsport, ed. EM&G, Milano.

"Kult" - AIT n° 6, giugno 1996, Germania.

"Centro recreativo Stop Line" - Diseño Interior n° 62, Milano 1997.

"L'architetto come sismografo" - Biennale di Venezia, catalogo della mostra, Ed. Electa, 1996, pag. 250/253.

"Nuova architettura Italiana" della Heitmatmuseum Charlottenburg di Berlino, Catalogo della mostra (1996).

"Archea" - d'A n° 16, 1996, Ed. d'A editoriale di Architettura, Avezzano (Aq) Milano.

"Studio Archea" - Pubblicazione dei lavori dello studio dal 1988 al 1998, catalogo della Mostra, Ed. Alinea, 1997, Firenze.

"Archea" - Pubblicazione dei lavori dello studio dal 1988 al 1998, catalogo della Mostra di Matera, 1997, Firenze.

"Archea" - d'A n° 16, 1996, Ed. d'A editoriale di Architettura, Avezzano (Aq) Milano.

"In Val Seriana piscina privata" - Abitare n° 367, Novembre 1997, ed Elemond, Milano, novembre 1997.

Aldo Aymonino
Teprin Associati

Non-operative parameters: morphology and typology in the contemporary city

Since '89 – 1989 and not 1789 – the form of the European *urbis* seems to have drifted between an irrepressible nostalgia for stone cities and a faint-hearted withdrawal to the domestic coziness of North American-style suburbia.

Over the last twenty years, the form of the city has changed so drastically as to reveal an apparently one-track tendency towards the unending Western global metropolis, where everything has finally been modeled on Las Vegas. The late 1970s megalopolis model of the city extending over vast urban areas – the *city-district* – has morpho-genetic roots in the classical idea of the city as a uniform artifact. It proposed de facto inadequate control tools and urban categories out-of-scale in terms of architecture and area. Now this model seems to be replaced by the complex system of the vast areas making up a city – the *district-city*. A flexible non-linear entity created by a diffuse organization able to self-reproduce and consolidate even through its own mistakes, its morphological lacerations, and discontinuity.

The historic centers are increasingly losing the role of experimental areas for avant-garde dialogue (architectural, social, cultural, etc.) between daily events and memory as well as the classic connotation of urban identity. Similarly, the heroic phase of modernity as a social tool for redeeming the periphery has ended. Thus our age seems to propose models for cultural theoretical, behavioral and cognitive development completely out of keeping with the previous programs for the European city: scenarios of virtual realities, architectural hybrids, non-linear processors, "medialized" and "technologized" perception; networks determining the form of contemporary cities much more than any technical or administrative regulations (and consequently they emerge as a real and plausible alternative to planning); increasing recourse to territorial etymons – Padania, the Northeast, the Adriatic Metropolis – to indicate zones identifiable because of their built density and their socio-economic uniformity (evidence that the globalization of the country has already taken place in Italy); and an imploded society where "institutions collapse into themselves like black holes in space". All this seems to point to a future of *global suburbia* where, according to Paul Virilio, "cities will be terminals at the crossroads of time" and no longer at the confluence of rivers.

Networks increasingly become the instruments for new research in production and – as a planetary system – teleworking "creates reality" more than it seems to reproduce it.

In the years from 1970 to the present day, the metropolitan spaces have further slipped out of the control of architects and planners. The non-redeveloped areas have often become stratigraphic excavations of the contemporary *forma urbis*, while the role of the empty urban spaces increasingly acquires more significance than any hypothetical reconstruction.

These interstices – only apparently empty – are the most striking aspect of the new esthetics of the contemporary metropolis, which, by neglecting the

Parametri non operativi: morfologia e tipologia nel contemporaneo

In questo nuovo post'ottantanove (mille e novecento e non più settecento) la forma urbis europea sembra oscillare sospesa tra un'insopprimibile nostalgia per la città di pietra e un molle abbandono verso le lusinghe domestiche del suburbio di modello nordamericano.

Negli ultimi venti anni la forma della città è cambiata sino al punto di mostrarci una linea di tendenza apparentemente univoca in cui la sterminata metropoli globale d'occidente in cui abitiamo abbia finalmente imparato tutto da Las Vegas.

Il modello delle *città-territorio* delle megalopoli dei tardi anni sessanta, aree urbane estesissime la cui radice morfogenetica era però ancora tutta da ricercare nell'idea classica della città come artefatto coerente, e che proponeva de facto strumenti di controllo e categorie urbane inadeguate a fuori scala architettonico/territoriali, sembra essere stato sostituito dal sistema complesso di un *territorio-città*, flessibile e non lineare, costituito da una urbanizzazione diffusiva capace di autoriprodursi e rafforzarsi anche attraverso i propri errori, le proprie lacerazioni morfologiche e la sua discontinuità.

Perduto sempre più dai centri storici il ruolo di aree di sperimentazione e di avanguardia del dialogo (architettonico, sociale, culturale etc.) tra cronaca e memoria e di connotazione dell'identità urbana, terminata la fase eroica della Modernità come strumento sociale per il riscatto delle periferie, il tempo in cui viviamo sembra proporci modelli di sviluppo conoscitivi, culturali, teorici e comportamentali completamente inadeguati alle precedenti norme d'uso della città europea.

I panorami delle realtà virtuali, degli ibridi architettonici, dei processi non lineari; della percezione "medializzata" e "tecnologizzata"; le reti che determinano la forma delle città contemporanee molto più di qualsiasi norma tecnico/amministrativa (e che proprio per questo si pongono come alternativa reale e credibile alla pianificazione); l'uso sempre più frequente di etimi territoriali – Padania, Nord Est, Metropoli Adriatica – per indicare zone definibili soprattutto per densità territoriale e per omogeneità economico-sociale (e che dimostrano che la globalizzazione del territorio è già avvenuta anche in Italia); una società implosa su sè stessa dove "le istituzioni cadono dentro loro stesse come buchi neri nello spazio" sembrano indicare un futuro di *suburbio globale* dove secondo Paul Virilio "le città saranno terminal all'incrocio del tempo" e non più alla confluenza dei fiumi.

Le reti divengono sempre più gli strumenti per una nuova ricerca del produrre e, in quanto sistema planetario, il telelavoro "crea realtà" più di quanto non sembri riprodurla.

E negli anni trascorsi dal 70 a oggi gli spazi della metropoli sono ulteriormente sfuggiti al controllo degli architetti e dei pianificatori e le aree non ricostruite sono spesso diventate scavo stratigrafico della forma urbis contemporanea mentre il ruolo dei vuoti urbani è sempre più frequentemente più significativo di qualsiasi ipotetica ricostruzione.

Questi interstizi, vuoti solo apparentemente, sono

rules for building the consolidated city, seem to have overlooked the crucial importance that the correlation between urban places has always had in the European city.

The pulverization of dwelling has not only brought images of vast urban areas on a previously unknown scale until a few years ago. It has established the incontrovertible truth that the social classes which built those areas (and often in a wholly unauthorized way) didn't do so because they were excluded from the market enabling them to buy a house in the planned areas of urban expansion. What they were actually doing was operating in open contrast to the residential model theorized and proposed by the Modern Movement.

l'aspetto più evidente di quella nuova estetica delle metropoli contemporanee che sembrano aver dimenticato, con comportamenti totalmente avulsi dalle regole di crescita della città consolidata, l'importanza cruciale che ha sempre avuto per la città europea la correlazione dei luoghi tra di loro.

La pulviscolarizzazione dell'abitare porta con sé non solo immagini di diffusi territori urbanizzati di dimensione sconosciuta sino a pochi anni fa, ma anche la verità incontrovertibile che le classi sociali che hanno costruito quei territori (per la maggior parte in maniera abusiva) non hanno così agito perché escluse da fasce di mercato che consentissero loro di comprare una casa nelle zone progettate di espansione urbana, ma proprio per contrastare quel modello abitativo teorizzato e proposto dal Movimento Moderno.

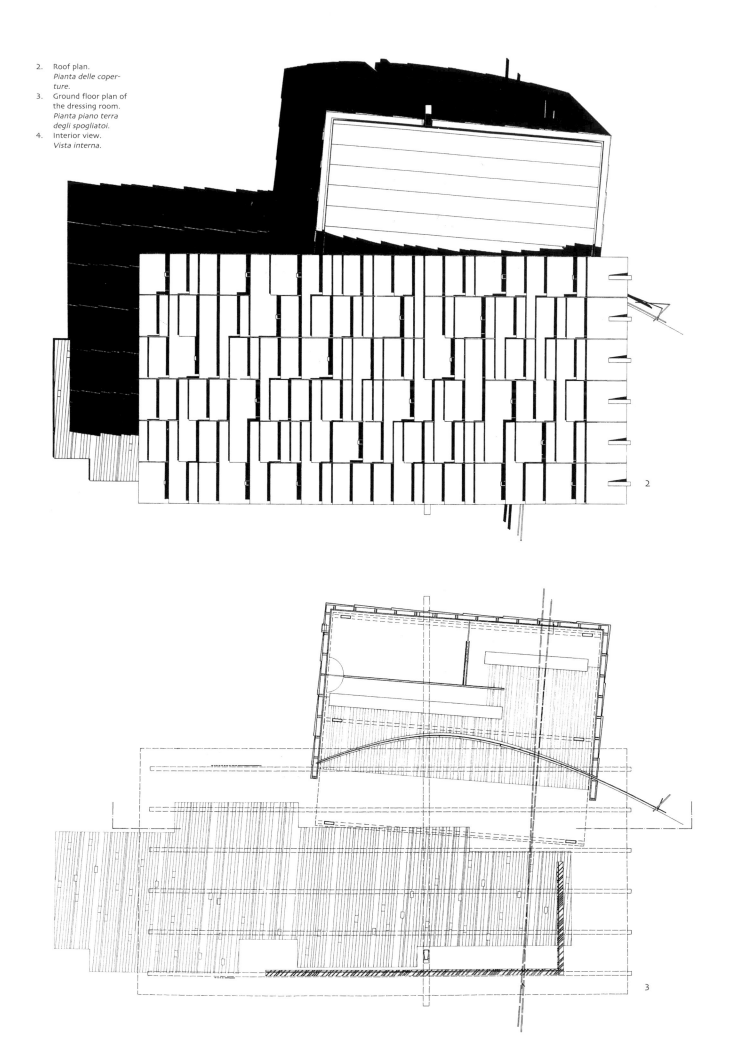

2. Roof plan.
   Pianta delle coperture.
3. Ground floor plan of the dressing room.
   Pianta piano terra degli spogliatoi.
4. Interior view.
   Vista interna.

2

3

Proposal for facilities and services for a naturist camp, Lido di Dante, Ravenna
1994
With M. Cicchitti

The idea of equipping the pine tree belt immediately behind the dunes of the Lido of Dante with summer tourist facilities arose from the need to provide services for the spontaneous growth of naturist tourism in the area. In summer the number of visitors reaches peaks of several thousand visitors per day.

Given the tricky operation of inserting a project in this almost unspoiled area from the eco-topological point of view, a punctiform settlement model was chosen, so as to avoid concentrations of buildings, no matter how minimal and light (wooden constructions with generating and recycling systems making them almost self-sufficient for energy). Likewise the services were limited to a few strictly necessary elements. Architectural quality, however, was not sacrificed.The main elements are:

– an enclosure round part of the beach, to be used by naturists, with trellis-work partitions supported by asymmetrically arranged poles;

– showers with solar panels built using the same wooden system as the sanitary fittings and dressing rooms;

– the sanitary fittings (supplied by Imhof) to be covered by a light system consisting of canvas elements and wooden rods;

– the dressing-room covered by a wooden roof resting on the extrados of the structural reinforcement system;

– a wooden jetty providing mooring for small pleasure boats from the neighboring localities on the Romagna coast;

– a bar-cafeteria with a covered space for open-air tables.

Set astride the main itinerary from the parking areas towards the sea, the cafeteria is made from two very different wooden structures and is meant to be the true collective center of the complex, and therefore has most structural solutions and architectural detailing.

Proposta di attrezzature e servizi per un campo naturista al Lido di Dante, Ravenna
1994
Con M. Cicchitti

L'idea di dotare di attrezzature per il turismo estivo la fascia di pineta immediatamente retrostante le dune del Lido di Dante nasce dalla necessità di servizi richiesta dalla spontanea concentrazione del turismo naturista in quest'area: concentrazione, che nei mesi estivi raggiunge picchi dell'ordine di alcune migliaia di presenze giornaliere.

Data la delicatezza dell'inserimento di un progetto su questo sito praticamente intatto dal punto di vista bio-topologico, si è scelto un modello insediativo puntiforme, evitando concentrazione di manufatti edilizi, sia pure minimali e 'leggeri' (costruzione in legno con sistemi di recupero e produzione energetica che li rendono quasi autosufficienti) e limitando i servizi ai pochi elementi strettamente necessari, senza tuttavia rinunciare alla qualità architettonica.

Questi elementi sono:

– la recinzione di quella parte di spiaggia destinata ai naturisti con una incannucciata sorretta da pali disposti in maniera asimmetrica;

– le doccie, fornite di pannelli solari e costruite con lo stesso sistema costruttivo in legno dei servizi igienici e degli spogliatoi;

– i servizi igienici (forniti di fossa Imhof), che verranno coperti da un sistema leggero formato da un elemento in tela e da bastoni;

– gli spogliatoi, coperti da un tetto ligneo poggiato sull'estradosso del sistema di rinforzo strutturale;

– un molo, sempre di legno, a cui possono attraccare piccoli natanti provenienti dalle zone limitrofe della riviera romagnola;

– un bar-tavola calda con uno spazio coperto per i tavoli all'aperto. Posto a cavallo del percorso principale che dai parcheggi porta verso il mare, questo manufatto, composto da due strutture lignee affatto diverse, vuole essere il vero centro collettivo del complesso ed è quindi quello maggiormente caratterizzato da soluzioni strutturali e di dettaglio architettonico.

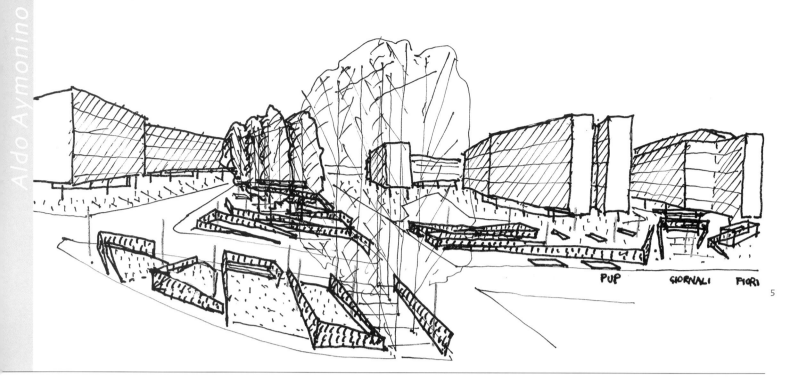

PUP   GIORNALI   FIORI

5

Competition for "Local District Piazzas": project to redevelop the area from Viale Sabatini to Viale R. Chiesa-Decima, Rome (First prize)
1996, under construction

With F. Aymonino, M. Cimato, A. Feo, E. Rizzuti, F. Trinca

There are three different scales in the project: the monumental scale of the buildings and trees; an intermediate scale of the lamps (all with tops at the same height) and of objects such as the newspaper kiosk, bus stops, flower stand and police box; and a small scale created by the specific use of elements such as hedges, benches, paving, etc. The elements in the project are thus the green areas, various pavings, special lighting and small objects placed within the design areas. The quality of these spaces is also established by the varied uses of the areas and by the different paving in each of the three areas: the urban Piazza Vannetti, the children's playground from Via Bata to Via M. Castaldi, and the green area conceived as a garden between Viale Sabatini and Via Lordi.

The design is completed by a hedge at one end of the row of poplars forming a triangular prism crossed by a ramp joining up the various levels of the ground.

On the opposite side of Viale Sabatini towards Piazza Vannetti a triangular prism in Verde Alpi marble oozes out water to be collected in a basin made of the same marble.

The paving in the more pedestrian areas is made of travertine curbs and concrete. The link ramp is made of cement curbs and lawn, while the children's playground and strictly green areas are also lawns.

The newspaper kiosk, flower stand, police box, bus stops and lamps are considered to be "street furniture".

The geometrical logic is to close Via Sabatini and open up towards the buildings on pilotis with continuous green areas throughout the quarter.

Lastly, a number of bronze cast sculptures have been included. Characterized by their "bent" surface and horizontal development, they are scattered throughout the square.

Comune di Roma: Concorso nazionale "Le piazze di quartiere"
Progetto di riqualificazione dell'area compresa tra viale C. Sabatini e Viale R. Chiesa–Decima (Primo premio)
1996, in costruzione

Con F. Aymonino, M. Cimato, A. Feo, E. Rizzuti, F. Trinca

Nel nostro progetto si possono individuare tre scale differenti: quella "monumentale" data dagli edifici e dagli alberi; quella "intermedia" data dai lampioni la cui sommità è posta per tutti alla stessa quota e dai piccoli oggetti quali l'edicola, le fermate bus, il fioraio, il box circoscrizionale; quella "di piccola scala" data dall'uso specifico delle parti come le siepi, le panchine, le pavimentazioni ecc...

Un progetto quindi, fatto di verde, di pavimentazioni, di illuminazioni specifiche delle zone progettate e piccoli oggetti posti all'interno di queste.

La qualità di questi spazi è data anche dalle diverse modalità d'uso delle aree, dalle pavimentazioni che individuano tre zone: quella urbana di Piazza Vannetti, quella dello svago, con l'area giochi per bambini tra Via Bata e Via M. Castaldi, quella verde intesa come giardino tra Viale Sabatini e Via Lordi.

L'intervento è completato da una siepe posta ad una delle estremità del filare di pioppi a forma di prisma triangolare attraversato da una rampa che raccorda le diverse quote del terreno.

Dal lato opposto di Viale Sabatini, verso Piazza Vannetti un prisma triangolare in marmo Verde Alpi trasuda acqua che si raccoglie in una vasca dello stesso materiale.

Le pavimentazioni sono realizzate in cordoli di travertino e di cemento per le parti più pedonali; in cordoli di cemento e prato per le rampe di raccordo; in prato per la zona gioco dei bimbi e quella più strettamente a verde.

Il chiosco per i giornali, quello per il fioraio, quello del box circoscrizionale, le fermate dell'autobus e i pali della luce costituiscono gli elementi di "arredo urbano". In fine è stato previsto l'inserimento di alcune sculture in fusione di bronzo caratterizzate dalla superficie "piegata" di andamento orizzontale ripetute e disseminate nella piazza.

La logica geometrica è quella della chiusura verso Viale Sabatini e l'apertura verso gli edifici su pilotis attraversati dalla continuità del verde di quartiere.

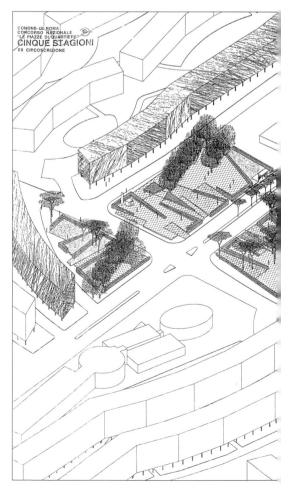

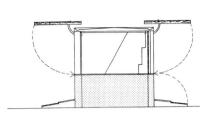

5. Perspective sketch.
   Schizzo prospettico.
6. Axonometric.
   Assonometria.
7. Floor plans and elevations of the flower stand.
   Piante e prospetti box fioraio.
8. Floor plan and elevations of the bus shelter.
   Piante e prospetti pensilina fermata bus.

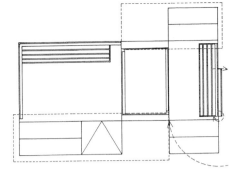

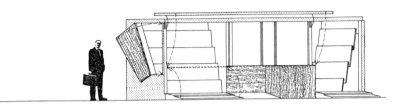

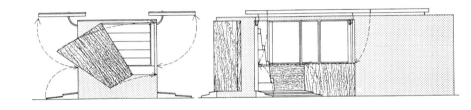

7

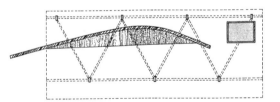

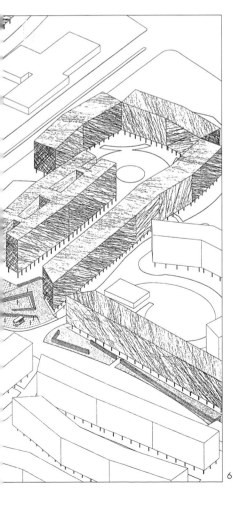

6

8

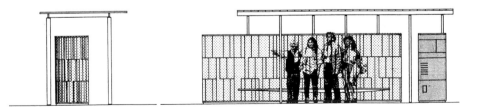

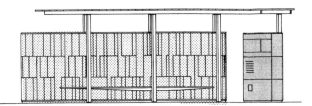

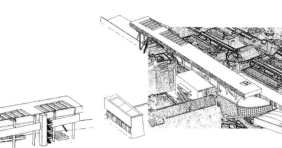

Concorso internazionale per l'ampliamento del Museo del Prado a Madrid
1995

Con A. Feo, E. Rizzuti, F. Trinca

International Competition for the Extension and replanning of the Prado Museum, Madrid
1995

With A. Feo, E. Rizzuti, F. Trinca

The design begins by redefining the existing relations between the museum and the surroundings in order to establish new spatial and functional connections with the other buildings. These are identified through a network of pathways and open spaces capable of creating a different use for the area.

What was also required was a key place in the project area where the dialectical relationship between the new elements and the pre-existing buildings provided the necessary premise for defining new urban spaces. The solution was a new square with the parish church of San Jerónimo e Real, the bookshop, access terrace, entrances to the temporary exhibitions, and library. This plaza becomes the symbolic center of the relation between old and new: a central attraction for the key functions in the area, and a meeting and resting place for both the horizontal and vertical circulation systems – the hub of the new museum structure.

The first step was to empty the Juan di Villanueva building of all the non-exhibition support functions and re-locate them in the volumes of the new extension. The several existing entrances are united and placed to the rear, thus exploiting the natural lay of the ground in order to reach the main level of the building.

The two main pathways – one for individual access, the other for groups – reach the access area from the Calle Felipe IV front and from Plaza de Murillo, respectively. The plaza has been re-designed to accommodate unloading coaches, which will then be parked underground as part of the rationalized access systems.

The project is mainly organized by defining a network of paths joining up the different parts in terms of theme and function. The area in front of the main facade on Paseo del Prado becomes the main access for the systems providing reception facilities in a specially furnished space for visitors arriving at the museum from the nearby underground station or by private means.

Visitors can enter the main museum access on the Calle Felipe IV front or reach the exhibition spaces located inside the Army Museum and the Cason del Buen Retiro by taking a corridor equipped for small temporary exhibitions under the road.

Coach parties will enter by the main access on Plaza de Murillo, adjacent to the space described above and the access to the botanical garden.

A series of slightly sloping ramps leads to the covered access terrace – "a street of museum spaces". Another itinerary starts here and goes across the plaza to the temporary exhibition building and the library.

A network of pedestrian and vehicle service routes situated on a lower level ensures access for all the storage and transport functions required for the day-to-day running of the museum.

Il progetto si struttura in primo luogo sulla ridefinizione dei rapporti esistenti tra l'edificio principale ed il suo intorno, al fine di trovare nuove connessioni spaziali e funzionali con gli altri edifici, individuate attraverso una rete di percorsi e di spazi aperti capaci di sposare il progetto con un diverso modo d'uso dell'area.

All'interno dell'area di progetto si è cercato di individuare luoghi ove il rapporto dialettico tra i nuovi interventi e gli edifici preesistenti costituisca la premessa necessaria per la definizione di nuovi spazi urbani: una nuova piazza su cui affacciano la chiesa parrocchiale di S.Jerónimo el Real, il bookshop e la terrazza di accesso, gli ingressi alle mostre temporanee ed alla biblioteca, diviene luogo centrale e simbolico del rapporto tra vecchio e nuovo, polo di attrazione delle funzioni centrali dell'area, pausa di incontro e di sosta tra i sistemi di percorrenza orizzontali e verticali, vero cuore della nuova struttura museale.

In primo luogo si è voluto svuotare l'edificio di Juan di Villanueva di tutte quelle funzioni di supporto, non prettamente espositive, per ricollocarle nei volumi del nuovo ampliamento. I numerosi ingressi attualmente presenti sono stati riunificati e collocati posteriormente, sfruttando la naturale conformazione del terreno per raggiungere direttamente la quota principale dell'edificio.

Due percorsi principali – l'uno per gli accessi singoli, l'altro per quelli dei gruppi turistici – raggiungono l'area di accesso, rispettivamente, dal fronte di Calle Felipe IV e da Plaza de Murillo, quest'ultima risistemata per consentire lo scarico dei pullman turistici la cui sosta è prevista, al fine di razionalizzare il sistema degli accessi, in un parcheggio interrato sottostante.

L'area di progetto viene organizzata principalmente definendo una rete di percorsi che ne riconnette tematicamente e funzionalmente le differenti parti.

Lo spazio antistante alla facciata principale sul Paseo del Prado diviene l'ingresso principale del sistema accogliendo, in uno spazio riarredato allo scopo, i visitatori provenienti dalla vicina stazione della metropolitana e quanti raggiungeranno singolarmente il Museo.

Sul fronte di Calle de Felipe IV i visitatori potranno accedere all'accesso principale del Museo oppure raggiungere gli spazi espositivi collocati all'interno del Museo dell'Esercito e del Cason del Buen Retiro attraverso un percorso attrezzato per piccole mostre temporanee che sottopasserà la strada.

I gruppi turistici che raggiungeranno l'area con pulman arriveranno all'ingresso principale dalla Plaza de Murillo, contigua allo spazio antistante di cui sopra ed all'accesso dell'Orto Botanico.

Una serie di rampe in leggera pendenza conduce alla terrazza coperta di accesso – vera "hall degli spazi museali" – dalla quale si diparte un ulteriore percorso che, attraverso la piazza, conduce all'edificio delle esposizioni temporanee ed alla biblioteca.

Una rete di percorsi di servizio pedonali e carrabili, collocata ad una quota inferiore rispetto alle precedenti, garantisce l'accessibilità a tutte le funzioni di magazzino, stoccaggio e trasporto necessarie al funzionamento del museo.

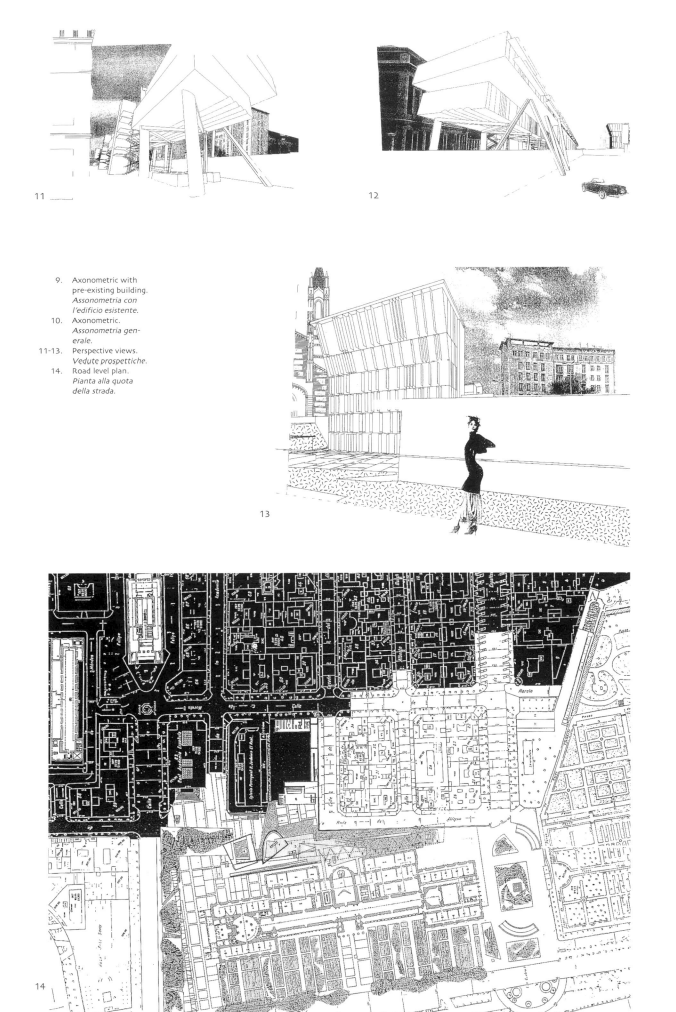

9. Axonometric with
   pre-existing building.
   *Assonometria con
   l'edificio esistente.*
10. Axonometric.
    *Assonometria gen-
    erale.*
11-13. Perspective views.
    Vedute prospettiche.
14. Road level plan.
    *Pianta alla quota
    della strada.*

11

12

13

14

横浜は，1859年の開港以来，我が国を代表する国際港湾都市として，発展を

。大さん橋ふ頭は，1894年に横浜港唯一の客船ふ頭として完成し，その後，

被害を受けたものの常に各国の人々が訪れ，日本からも多くの人々が雄飛し

として，華やかな役割を演じてきました。

また，「メリケン波止場」と慕われ，数々の歌や映画の舞台となり，明治，

約1世紀にわたって横浜の移り変わりを市　　ともに見つめてまいりました。

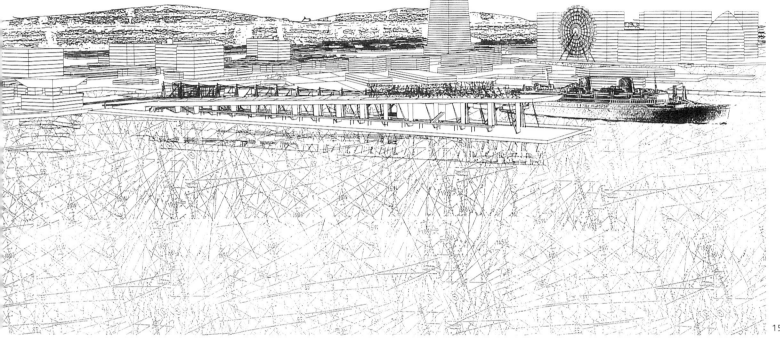

Aldo Aymonino

International Competition for the Yokohama Terminal
1994

With C. Baldisserri, M. Cicchitti, A. Feo, G. Vaccarini

The idea of the project springs from the belief that a pier can and must be a multipurpose space integrating public and special functions. The nearby Yamashita park suggests that the image of the public space may be connected to a new park, gently sloping from the city level up to a 30-meter elevation at the end of the pier. This would be the final section of a long walk through the green as well as a lookout terrace on the harbor and the city. Another path runs along the park, parallel to the sea, and functions as a sort of visitors' deck on the side of the new park.
The aim of the project is therefore to create not only a leave-taking platform for relatives and friends, but a real public space, open 24 hours a day, to be part of daily life in the city. The structure containing the new park is suspended on pillars, thus leaving the ground-level free for all traffic related to the handling of goods and luggage. Indoor functions are to be located in a building near the park, reachable through a car ramp spiraling around the main hall, which is also the visual and circulation core of the whole project. Suspended between the terminal building and the new park, the customs volume is identified by its unusual shape.
The structures of the building in the new park are in reinforced concrete and iron: those of the tensostructured building are steel and glass. All the surfaces are painted white, the only colors being the trees in the park, the windows in the hall and the coating of the various boxes in the restaurant.

Concorso internazionale per il Terminal di Yokohama
1994

Con C. Baldisserri, M. Cicchitti, A. Feo, G. Vaccarini

Il progetto nasce dall'idea che un nuovo molo può e deve essere uno spazio multifunzionale capace di integrare l'uso pubblico a quello delle funzioni speciali che ospita. A partire dalla presenza nelle vicinanze del parco Yamashita, abbiamo immaginato la parte "pubblica" del nuovo molo come un parco urbano che risale lentamente dal livello della città fino ai trenta metri sul livello del mare alla sua estremità, la parte terminale di una lunga passeggiata nel verde e allo stesso tempo una terrazza sul porto e sulla città.
Un altro persorso corre lungo il parco, parallelo al mare e funziona come una specie di "ponte visitatori". Non solo una banchina per i saluti di parenti e amici, ma un vero spazio pubblico, aperto 24 ore al giorno, e destinato a integrarsi nella vita quotidiana della città. Il nuovo "parco" è sospeso su una struttura di pilastri e quindi consente comodamente, alla quota del terreno, tutto il traffico relativo al trasporto dei bagagli e delle merci. Per le attività che si svolgono al chiuso è prevista vicino al parco la realizzazione di un nuovo edificio-terminal raggiungibile con una grande rampa che si avvolge a spirale intorno allo spazio centrale della grande hall, che costituisce il centro visivo e distributivo dell'intero progetto.
Sospeso tra il terminal e il parco l'edificio della dogana è riconoscibile per la sua forma strana. Il nuovo edificio nel parco è realizzato in cemento armato e ferro; le tensostrutture del terminal in acciaio e vetro. Il colore dominante è il bianco, "macchiato" solo dal verde degli alberi, dalle bucature della hall e del ristorante, dai containers colorati.

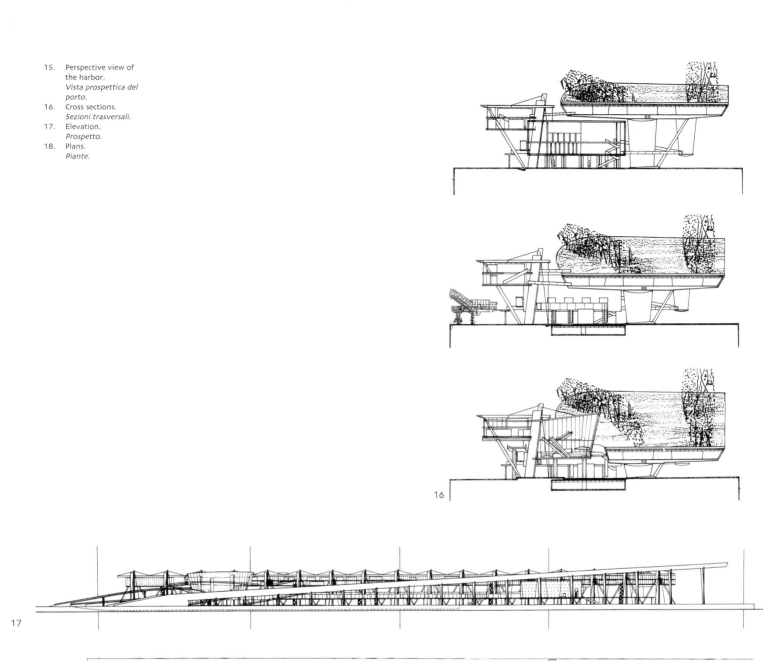

16

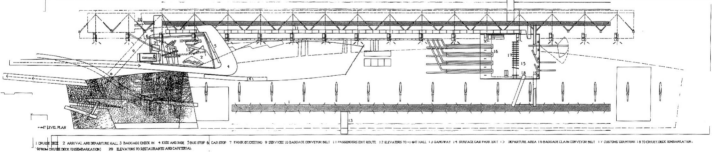

17

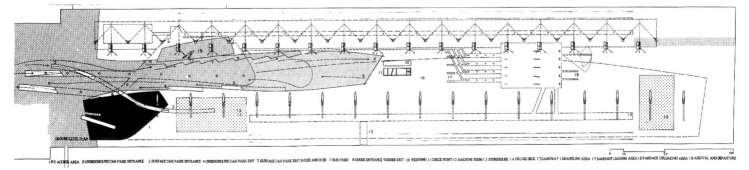

18

1 NO ACCESS AREA 2 UNDERGROUND CAR PARK ENTRANCE 3 SURFACE CAR PARK ENTRANCE 4 UNDERGROUND CAR PARK EXIT 5 SURFACE CAR PARK EXIT 6 KISS AND RIDE 7 BUS PARK 8 GOODS ENTRANCE 9 GOODS EXIT 10 WEIGHING 11 CHECK POINT 12 MACHINE ROOM 13 STOREHOUSE 14 CRUISE DECK 15 GANGWAY 16 HANDLING AREA 17 BAGGAGE LOADING AREA 18 BAGGAGE UNLOADING AREA 19 ARRIVAL AND DEPARTURE

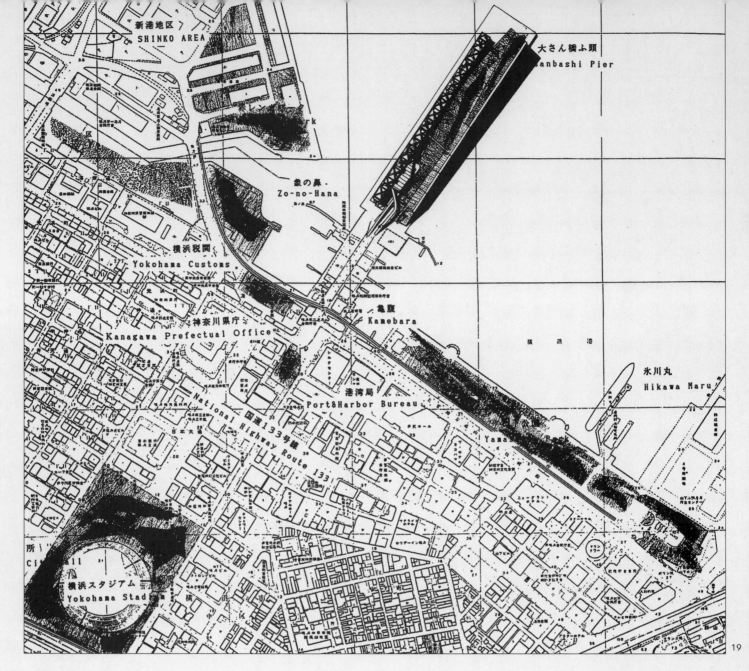

Biography

1953	born in Rome
1980	graduated in architectural composition
1977–83	worked in the practices of Aldo Rossi, Carlo Aymonino, and Franco Purini
1982	opened his practice in Rome
1984/92	partner in the Teprin design cooperative
1992	Teprin Associati studio
1984/97	guest critic at the universities of Waterloo and Carleton, Canada
1991	5th Venice Architecture Biennale
1992	visiting professor at the University of Waterloo School of Architecture, Ontario
1993	researcher at the Pescara Faculty of Architecture, University G. D'Annunzio, Chieti

Awards

1982	Oikos Award for "Dwellings for the reconstruction of Naples" (with F. Purini and L. Thermes – second prize)
1989	"Italian Architecture of the Young Generation" (first prize)
1993	"Special building reconstruction program for Naples" (with F. Purini and L. Thermes – IN-ARCH 91/92 award)

Projects and Works

1983	65-unit housing complex, Naples (with F. Purini and L. Thermes)
	26-unit housing complex at Classe, Ravenna
1984	Open-air theater and garage at Brisighella, Ravenna
	Funeral chapel at Godo, Ravenna
1986	Project for a garage, Ravenna
1987	Lighting appliances shop, Ravenna
1989	Detailed plan for the Manifattura Tabacchi area, Bologna
	Preliminary plan for the railway station area and harbor, Ravenna
	Project for an extension to the Russi Home for the Elderly, Ravenna
	Framework Plan for Fregene, Rome (overall coordinator)
1990	Renovation project for the Logic recording studios, Milan
	Competition for church courtyards in Milan
	Design and construction drawings for a single-family house at Fregene, Rome
	International Competition for "A gateway to Venice"
1991	Landscape Plan for the Lower Don River Valley, Toronto
	Competition for the Garibaldi – Repubblica area, Milan
	Competition for Nara Convention Hall, Nara, Japan
1992	Single-family house at Scario, Salerno
	Invitation competition for the renovation of the Cassa di Risparmio di Ravenna
1993	Harbor renewal project, Ravenna
	Competition for the historic center of Gela, Caltanissetta
	Competition for the Società Gas Rimini offices, Rimini
	Competition for the Sprea island, Berlin
1994	Competition for a Master Plan for 2,000 eco-compatible dwellings at Susenbrunn, Vienna (joint first prize)
	Competition for two churches in Rome (commended)

Schindler Prize competition for access systems to the city of San Marino

Competition for the Yokohama Port Terminal, Japan

1995 Milan Triennial: "The center elsewhere": Redevelopment plan for Pioltello, Milan

Competition for an extension to the Prado museum, Madrid

1996 Four apartment blocks, Ancona

Competition for local district piazzas, Rome (first prize)

Detailed urban master plan for Fregene, Rome

1997 Competition for the West Arc urban plan, Thessaloniki, Greece

Biografia

1953 Nato a Roma

1980 Laurea in Composizione Architettonica

1977/83 Ha lavorato negli studi dl Aldo Rossi, Carlo Aymonino, Franco Purini

1982 Studio professionale a Roma

1984/92 Socio della cooperativa di progettazone "Teprin"

1992 Studio "Teprin Associati"

1984/97 Guest Critic per le Università di Waterloo e di Carleton (Canada) nei "Rome Programme"

1991 Biennale di Venezia: "Quinta Mostra Internazionale di Architettura"

1991 Triennale di Milano: mostra "Il centro altrove"

1992 Visiting Professor presso la Scuola di Architettura dell'Università di Waterloo-Ontario (Canada)

1993 Ricercatore presso la facoltà di Architettura di Pescara, Università "G. D'Annunzio" Chieti

Premi

1982 Premio della rivista "Oikos" per "Gli alloggi per la ricostruzione a Napoli" (con F. Purini e L. Thermes). 2° premio

1989 "Architettura Italiana della Giovane Generazione". 1° premio

1993 "Programma straordinario di edilizia per la ricostruzione a Napoli", (con F. Purini e L. Thermes). Premio IN-ARCH 91/92

Elenco dei progetti

1983 Complesso residenziale per 65 alloggi a Napoli (con F. Purini e L. Thermes)

Complesso residenziale per 26 alloggi a Classe – RA

1984 Teatro all'aperto e garage a Brisighella – RA

Cappella funeraria a Godo – RA

1986 Progetto per un'autofficina a Ravenna

1987 Negozio di lampade a Ravenna

1989 Comune di Bologna – redazione del piano particolareggiato dell'area della Manifattura Tabacchi

Progetto di massima per la riorganizzazione dell'area della stazione e della darsena a Ravenna

Progetto per l'ampliamento della casa di riposo di Russi – RA

Progetto per il Piano Quadro per l'area di Fregene – Roma (coordinamento generale)

1990 Progetto di ristrutturazione degli studi di registrazione "Logic" a Milano

Concorso " I Sagrati di Milano"

Progetto esecutivo per una villa unifamiliare a Fregene – Roma

Concorso internazionale "Una Porta per Venezia"

1991 Progetto per la Don Valley a Toronto – Canada

Concorso internazionale per la sistemazione dell'area "Garibaldi Repubblica" a Milano

Concorso internazionale per la "Nara Convention Hall" a Nara, Giappone

1992 Casa unifamiliare a Scario – SA

Concorso a inviti per la ristrutturazione della sede della Cassa di Risparmio di Ravenna

1993 Progetto per la ristrutturazione della Darsena di Ravenna

Concorso per il centro storico di Gela – CL

Concorso per la nuova sede della Società Gas Rimini – RN

Concorso internazionale per l'isola della Spree – Berlino

Concorso internazionale per un nuovo quartiere di 2000 alloggi progettato con standard bio-ecologici – Vienna (1° premio ex aequo)

1994 Concorso internazionale per la progettazione di due chiese a Roma (menzionato)

Concorso per una risalita meccanica d'accesso alla Città di San Marino "Premio Schindler"

Concorso internazionale "Yokohama Port Terminal" – Giappone

1995 Progetto urbano per l'area Lambrate/Pioltello su invito della Triennale di Milano

Concorso internazionale per l'ampliamento del museo del Prado a Madrid

1996 Progetto per quattro palazzine a Ancona – in costruzione

Concorso Nazionale bandito dal Comune di Roma per "Le piazze di quartiere" (1° premio)

Piano particolareggiato del comprensorio di Fregene

1997 Concorso per la sistemazione urbana di Salonicco (Grecia)

Partners and Collaborators
Partners e Collaboratori

Teprin associati:
Aldo Aymonino
Claudio Baldisserri
Emilio Rambelli
Lorenzo Sarti

Luigi Agi
Alessandro Baldoni
Giuseppe Catania
Adriana Feo

Bibliography
Bibliografia

P. Portoghesi (a cura di) "I nuovi architetti italiani", Ed. Laterza. Roma-Bari 1985.

"New Roman Architects", Clear Edizioni, Roma 1986.

"Rom. Neues Bauen in der Ewigen Stadt", DAM Verlag, Francoforte 1987.

AA.VV., "Guida all'architettura moderna: Italia, gli ultimi trent'anni", Zanichelli, Bologna 1988.

"A. Aymonino, C. Baldisseri, L. Sarti – Quattro progetti", introduzione di F. Purini, Essegì Edizioni. Ravenna 1988.

"Portabinaria: una stazione per la città", Albe Steiner Editore. Ravenna 1989.

"Architettura italiana della giovane generazione", (a cura di P. Scaglione), Centro Progetto Nuovo editore, Avezzano 1989.

"L'industria delle costruzioni" n. 216, ottobre 1989.

"Premio Tagliacozzo progetto Darsena", in "Abitare" n. 279, novembre 1989.

"Brisighella: l'idea del Teatro", in "AU – Arredo Urbano", n. 34 settembre/ottobre 1989, e in "Almanacco Electa dell'architettura italiana 1991" Electa, Milano 1991.

"L'Aquila: l'area delle 99 cannelle", in "d'A", n. 1, maggio 1990, e in "La Pietra Svelata", 2' biennale Arte, Architettura, Design, Futura Editrice, L'Aquila 1990.

"Una porta per Venezia", in "Quinta Mostra Internazionale di Architettura" catalogo generale dell'esposizione, Electa, Milano 1991.

"Villa sul lungomare laziale" in "d'A" n. 5, dicembre 1991.

"Una Porta per Venezia", in "Phalaris" n.18.

"Progetti italiani per Nara. Migrazione a oriente", catalogo della mostra, Gangemi editore, Roma 1992.

"Progetti per Milano: concorso di idee per l'area Garibaldi-Repubblica", catalogo della mostra, Abitare Segesta editrice, Milano 1992.

"Complesso residenziale a Classe (RA)", in "Almanacco dell'architettura italiana 1993" Electa edizioni 1993.

"Wettbewerbe", n. 129/130 gennaio/febbraio 1994 e n. 131/132, aprile/maggio 1994.

"L'industria delle costruzioni" n. 276, ottobre 1994.

"Controspazio" n. 4/94, 1994.

"Il sacro marginale", catalogo della mostra, Ossimori DAU, Umberto Sala editore, Pescara 1994.

"Il centro altrove", Triennale di Milano, catalogo della mostra, edizioni Electa, Milano 1995.

Premio Tercas Architettura X edizione: "Progetti per il restauro di Casa Melatino a Teramo", catalogo della mostra, Fondazione Tetrakis, Teramo 1996.

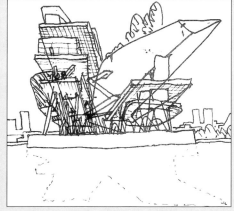

20

19. Site plan.
   Planimetria.
20. Perspective sketch.
   Schizzo prospettico.

Stefano Boeri

Urbanism in architecture

The time has come to reformulate the relationship between urbanism and architecture. Today it is still believed that the two disciplines (i.e., sets of knowledge, traditions and techniques) should only work side by side, or even that one should precede the other, as the city is divided up into fields of study: large scale for planning and individual sites for architecture. Similarly, urban planners should concentrate on programming while the esthetic dimension is left to architectural designs; urban analysis only works on a long time-scale, while architectural researches deal with the day-to-day narrative of the work-site.

This division of roles has generated arrogance and over-precious professional figures. It still continues to fuel anachronistic corporate defense mechanisms: the planners defend the structural depth of their vision, while architects want independence for their lyrical intuitions.

Unfortunately, while they were intent on rewriting their noble specific disciplines, both planners and architects failed to notice that things in Europe had changed radically. Cityscapes had been transfigured by the new dimensions of urban space and the behavior of its inhabitants.

But this change complicating the urban spatial dimension and the notion of "citizenship" beyond all expectations was produced by energy and drives outside the program strategies of planners and the compositional rules of architects.

The cultural marginality and lack of social utility of Italian planning and architecture are self-evident: their "words" (fabric/monument, urban part, center/periphery, public/private, city/country...) no longer convey the sense of how "things" are out there in the extended city. Their actions only concern an insignificant part of the energies transforming the inhabited space in everyday practice. Neither architects nor urban planners have cracked the "genetic code" of the vast new urban areas we live in. In fact these areas have grown not because of large projects or new "parts of the city" (quarters, infrastructures, or services) but rather through an infinite series of out-of-sync "fits and starts". The minuscule fragmented pattern of isolated, jumbled buildings we see when crossing new suburban areas is the product of a society in which there has been a sharp rise in the number of players able to change the urban space, notwithstanding the excessively abstract and rigid rules, without ever having to resort to the elitist market of "high-brow" architecture. Although these individuals or groups are accustomed to moving fast throughout the country, they are often rooted to a single place, elected as testimony to their property and family links. The promiscuous extended city is densely made up of introverted buildings produced by the juxtaposition of thousands of tiny nascent orders laid over the traces of the past without canceling them out, but rather reshaping their meaning.

To understand these ways of changing urban areas, to re-establish contact with the economic energy and cultural habits guiding the transforma-

L'urbanistica nell'architettura

Dobbiamo deciderci a riformulare il rapporto tra urbanistica e architettura.

Tra le due discipline (cioè un insieme di saperi, tradizioni e tecniche) che si continua a credere debbano stare l'una a fianco dell'altra, o addirittura l'una prima dell'altra, pronte a dividersi il territorio per ambiti di studio: la grande scala per l'urbanistica e il sito puntuale dell'architettura; la capacità programmatoria per il piano urbanistico e la dimensione estetica per il progetto architettonico; la "lunga durata" per le analisi urbane e le "cronache" del cantiere per le ricerche di architettura.

Una separazione di ruoli che ha generato delle figure professionali tracotanti e schizzinose; una divisione dei compiti che continua a suscitare un patetico gioco protezionista: negli urbanisti che difendono la profondità strutturale del loro sguardo e negli architetti che rivendicano l'autonomia della loro intuizione poetica.

Peccato che, mentre erano intenti a riscrivere la loro nobile specificità, gli urbanisti e gli architetti non si siano accorti che il territorio europeo era radicalmente cambiato, trasfigurato nelle dimensioni dello spazio urbano e nei comportamenti di chi lo abita. Peccato che questo cambiamento, che ha portato la dimensione "urbana" a estendersi nello spazio e la nozione di "cittadinanza" a complicarsi al di là di ogni aspettativa, sia stato prodotto da energie e intenzioni del tutto estranee alle strategie pianificatorie degli urbanisti e alle regolarità compositive degli architetti.

La marginalità culturale e la scarsa utilità sociale dell'urbanistica e dell'architettura italiane sono oggi evidenti a tutti: le loro "parole" (tessuti/ monumento, parte urbana, centro/periferia, pubblico/privato, città/campagna...) non riescono più ad afferrare il senso delle "cose" del territorio; le loro azioni riguardano una quota irrisoria delle energie che trasformano, ogni giorno, lo spazio abitato. Né l'architettura né l'urbanistica hanno infatti saputo decifrare il "codice genetico" delle nuove estesissime aree urbane in cui viviamo: che non sono cresciute tanto per grandi progetti o nuove "parti di città" (quartieri, infrastrutture, servizi), quanto per una serie infinita di "sussulti" sfasati nel territorio. Il pulviscolo di edifici solitari e ammassati che ci scorre attorno quando attraversiamo le nuove aree suburbane è il prodotto di una società nella quale è fortemente aumentato il numero dei soggetti in grado di modificare lo spazio, spesso in deroga a norme troppo rigide e astratte, quasi sempre senza dover ricorrere al mercato elitario dell'architettura "colta". Individui e gruppi abituati a spostarsi sempre più velocemente nel territorio eppure spesso radicati in un unico luogo, eletto a testimone dei propri legami familiari e patrimoniali. Un territorio promiscuo e denso di edifici introversi prodotto dall'accostarsi di migliaia di minuscoli principi di ordine che si sono sovrapposti ai segni del passato senza cancellarli, ma riconfigurandone il significato.

Per capire i modi di cambiare di questo territorio, per riprendere contatto con le energie economiche e i costumi culturali che guidano le trasformazioni

2

tion of inhabited space, architecture now needs a new urbanism. City planning can no longer be restricted to a complementary role with its focus elsewhere. Today we need city planning inside architecture looking at the same things with a different, all-embracing multi-dimensional outlook. Planning must help architecture to feel the pulse of spatial transformations, push it to discover the varied realities existing side by side in the evolution of the urban situation, and urge it to recognized society in the evolution of inhabited space. The notion of context still creates the illusion in would-be designers in the universities that to read the history and geography of places, all that you need do is decipher (or even lengthen with the pencil) the graphic signs on historical and topographical maps.

From inside architecture, the planners' eclectic outlook must confirm that there can be no context for architecture without the society inhabiting it, and we must try to re-construct the evolution of places – their biography – to see in material terms the drives of individuals and groups investing in the area. Family choices, bureaucratic resistance, and real-estate interests inevitably pass through the "eye of the needle" of physical space and leave tangible signs, which we must learn to decipher. This is also because the "real time" observation of the rhythm and trajectories with which the things surrounding us change is also the only way to make transformation projects effective and incisive or to teach designers how to make the most of their brief appearance in the long life of a building. Moreover, it will help avoid wasting energy and orient the future of the urban situation – of which architects are provisional directors – with a few well-chosen gestures. Being inside architecture, giving nudges so that architects raise their gaze, the planners can prove that their specific discipline is not born from a wider viewpoint on a larger entity nor out of some kind of precedence. Urban planning is only a different outlook – eclectic, multi-dimensional and inclusive – of the urban situations that architecture aspires to change.

Urbanism is a way of constantly "keeping open" the same game that architecture simultaneously tries to close.

dello spazio abitato, l'architettura oggi ha bisogno di una nuova urbanistica. Che non può più limitarsi a starle a fianco, guardando altrove. C'è oggi bisogno di un'urbanistica che stia dentro l'architettura, che osservi le stesse cose con uno sguardo diverso, inclusivo, pluridimensionale. Che l'aiuti a risentire il polso delle trasformazioni dello spazio, la spinga a scoprire le diverse realtà che convivono nell'evoluzione di un "fatto urbano", la inciti a riconoscere la società nell'evoluzione dello spazio abitato. Che distrugga quella nozione di "contesto" che nelle università illude i futuri progettisti sul fatto che per "leggere" la storia e la geografia dei luoghi sia sufficiente decifrare – e magari prolungare con la matita – i segni grafici delle carte storiche e topografiche.

Stando dentro l'architettura, lo sguardo eclettico dell'urbanistica deve affermare che non c'è un contesto per l'architettura privo della società che lo abita, e che bisogna cercare di ricostruire l'evoluzione dei luoghi, la loro biografia, per vedere materializzarsi le spinte con le quali gli individui e i gruppi investono il loro territorio. Le scelte delle famiglie, le resistenze delle burocrazie, le pretese degli operatori immobiliari passano inevitabilmente nella "cruna dell'ago" dello spazio fisico e vi lasciano tracce tangibili, che dobbiamo imparare a decifrare. Anche perché osservare "in tempo reale" il ritmo e le traiettorie con le quali cambiano le cose che ci circondano è anche l'unico modo per rendere più efficaci e incisivi i progetti di trasformazione, per insegnare a chi progetta come utilizzare al meglio la sua breve comparsa lungo la vita di un manufatto, per aiutarlo a non sprecare energie e ad orientare con pochi e selezionati gesti il futuro di un fatto urbano di cui è provvisorio regista. Stando dentro l'architettura, dando piccole spallate perché si guardi intorno, l'urbanistica può dimostrare che la sua specificità non nasce dal godere di una angolatura più ampia su un territorio più ampio e neppure da un diritto di precedenza. L'urbanistica è solo uno sguardo diverso – eclettico, pluridimensionale e "inclusivo" – sui fatti urbani che l'architettura aspira a modificare. L'urbanistica è un modo di "aprire" incessantemente quello stesso gioco che contemporaneamente l'architettura si sforza di chiudere.

1,2. Photomontages.
Fotomontaggi.

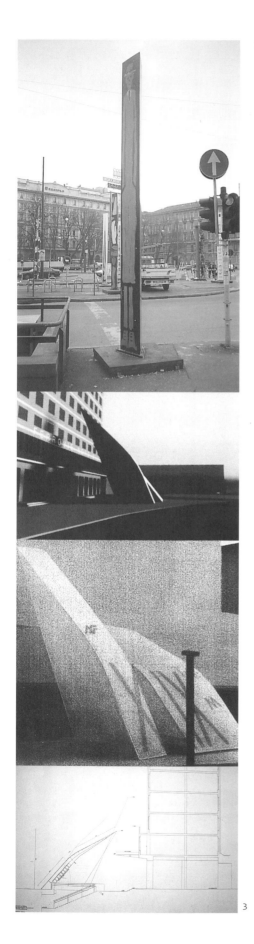

3,4. Views of the sign totems in various Milanese Piazzas.
Vedute dei totem segnaletici in varie piazze di Milano.

Exhibit Design of the External Section to the 19th Milan Triennial, Piazza Cadorna, Milan
1996
With C. Zucchi, A. Acerbi and J. Palmosino

Piazza Cadorna is a major junction comprising the main northern railway station, the regional and urban bus terminals, and the underground station for lines 1 and 2. As such it is a "gateway" linking up areas of the city and the city with the region. A series of six-meter high "totems" have temporarily invaded the piazza, creating an "artificial wood" animated by pedestrian and traffic flows.

The apparently erratic arrangement actually responds to the logic of movement rather than to echoing the various fronts round the square: underground exits, tram lines, geometry of the hanging electric cables, triangles formed by traffic lights, and spokes of vehicles.

There are two kinds of sign systems. The first simply denotes the exhibition itself. Its silhouette reveals a stylized T-profile. The second is a kind of totem. Rather than representing, it embodies the content of the exhibition. The isosceles-section prism takes on various configurations, conceived according to a logic of kinetic perception, almost becoming a series of indicators pointing to objects in the urban landscape. Their surfaces are entirely covered by graphics.

The second part of the exhibit layout is the canopy over the underground exit opposite the North railway station. The two zinc and glass structures contain interactive multimedia installations.

"Nella corrente" – Allestimento della sezione esterna della XIX Esposizione Internazionale della Triennale di Milano
1996
Con C. Zucchi, A. Acerbi e J. Palmosino

Piazza Cadorna, con la stazione di testa delle ferrovie Nord, i capolinea degli autobus regionali e urbani, la stazione delle linee 1 e 2 della metropolitana, costituisce una vera e propria "porta" che collega parti della città tra loro e queste alla sua dimensione regionale. Una serie di "totem" alti sei metri hanno temporaneamente invaso lo spazio della piazza, creando una specie di "bosco artificiale" animato dai flussi pedonali e automobilistici che la attraversano.

La loro disposizione, apparentemente erratica, risponde alla logica del movimento piuttosto che a quella della cortina edilizia che la borda. Le uscite della metropolitana, i binari del tram, la geometria delle linee elettriche sospese, la triangolazione dei semafori, i raggi di curvatura degli automezzi, costituiscono i loro tracciati regolatori.

Gli elementi segnaletici sono di due tipi: il primo ha una funzione più strettamente denotativa dell'esposizione stessa. La sua silhouette si rivela nel profilo di una T stilizzata. Il secondo tipo di totem incarna, più che rappresentare, il contenuto stesso dell'esposizione. Una forma regolare, un prisma a sezione di triangolo isoscele, assume disposizioni cangianti, pensate secondo una logica di percezione cinetica, quasi a costituire una serie di indicatori puntati sugli oggetti che costituiscono il paesaggio urbano. La loro superficie è interamente ricoperta da un intervento grafico.

Una seconda parte dell'allestimento prevede la copertura dell'uscita della metropolitana di fronte al palazzo delle Ferrovie Nord con due strutture in zinco e vetro che contengono al loro interno delle istallazioni multimediali interattive.

5. Piazza Cadorna,
   North Milan passenger and goods railway station.
   Piazza Cadorna, stazione e scalo delle Ferrovie Nord Milano.
6. Detail of the modular elements.
   Particolare degli elementi modulari.
7. Sections through the railway line.
   Sezioni sulla linea del ferro.
8. Concept.
   Concetto.

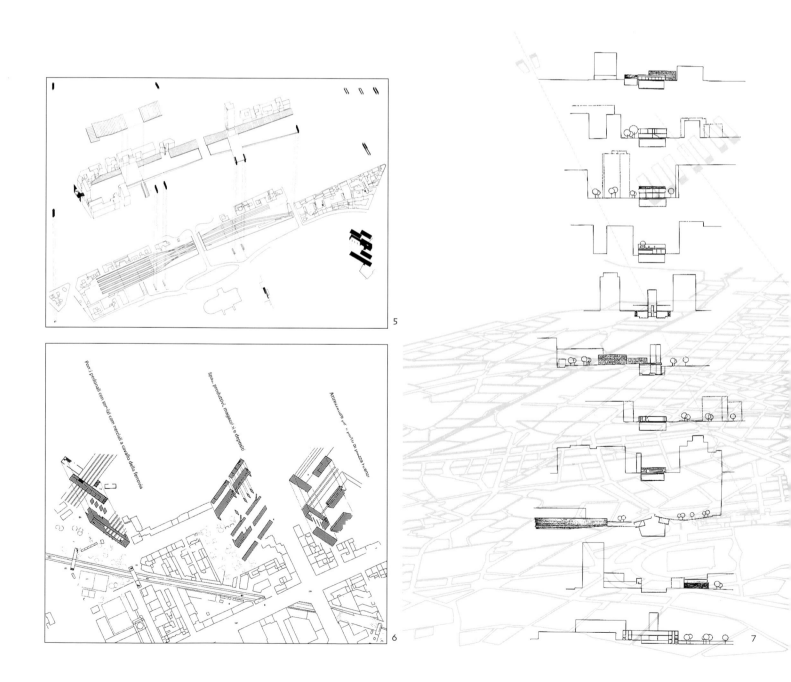

5

6

7

The "Railway Alphabet" – Conversion
and Redevelopment of the
Cadorna –Bovisa Railway Line
Milan
1994
With G. La Varra and Gruppo A12

The project concerns the Milan North railways, a kind
of older S-bahn linking the city center with the northern periphery. The need to cover the railways – also
required to reduce the sound pollution caused by
trains – provides the opportunity to recover a
sequence of intermediate spaces for daily urban life.
Like a cire perdue cast, where one material is replaced
by another but takes the same shape, the lines of the
railway tracks can be perceived in the city and street
blocks, even though they are not physically seen. A
new principle of interaction between railway and city
is designed – an urban railway alphabet. Like a railway
sleeper system, this alphabet is elaborated from the
design of an elementary built form, a kind of basic
code capable of generating a series of fundamental
figures and varying its nature in relation to the part of
the city it enters. Penetrating the intermediate spaces
between street blocks and courtyards, this artifact
changes in various places by alternating the side
touching the ground, or combining with other mod-
ules to transform its nature and function: bridge, cat-
walk, roof, stair, residence, craft workshop, etc.

"L'alfabeto delle ferrovie" –
Trasformazione e riqualificazione
urbana della linea Cadorna-Bovisa a
Milano
1994
Con G. La Varrra e Gruppo A12

Il progetto riguarda le Ferrovie Nord Milano, una
sorta di antica S-Bahn che collega il centro di Milano ai
territori della città diffusa del Nord. La copertura dei
binari, necessaria anche per ridurre l'inquinamento
sonoro causato dai treni, può essere oggi un'occasione
per recuperare alle abitudini della vita quotidiana
urbana una sequenza di spazi interclusi. Come in una
fusione a cera persa, dove un materiale viene sostituito da un'altro che ne mantiene tuttavia la forma, così
la città e i suoi isolati rendono oggi visibile la linea del
tracciato del ferro, anche se essa risulta fisicamente
impercettibile. Il progetto propone un nuovo principio
di interazione tra ferrovia e città, un nuovo alfabeto
urbano della ferrovia. Un alfabeto che, come accade
per il sistema binari-traversine, si sviluppa a partire dal
disegno di un manufatto elementare, una sorta di
codice di base capace di articolarsi in una serie di figure fondamentali e di variare la sua natura in rapporto
alle parti di città nelle quali si dispone. Inserendosi tra
gli spazi interclusi dagli isolati e dalle corti, questo
manufatto-contenitore si altera di volta in volta cambiando il lato d'appoggio al suolo o combinandosi con
altri moduli, e cambiando di volta in volta natura e
funzione: ponte, passerella, copertura, risalita, residenza, spazio artigianale eccetera.

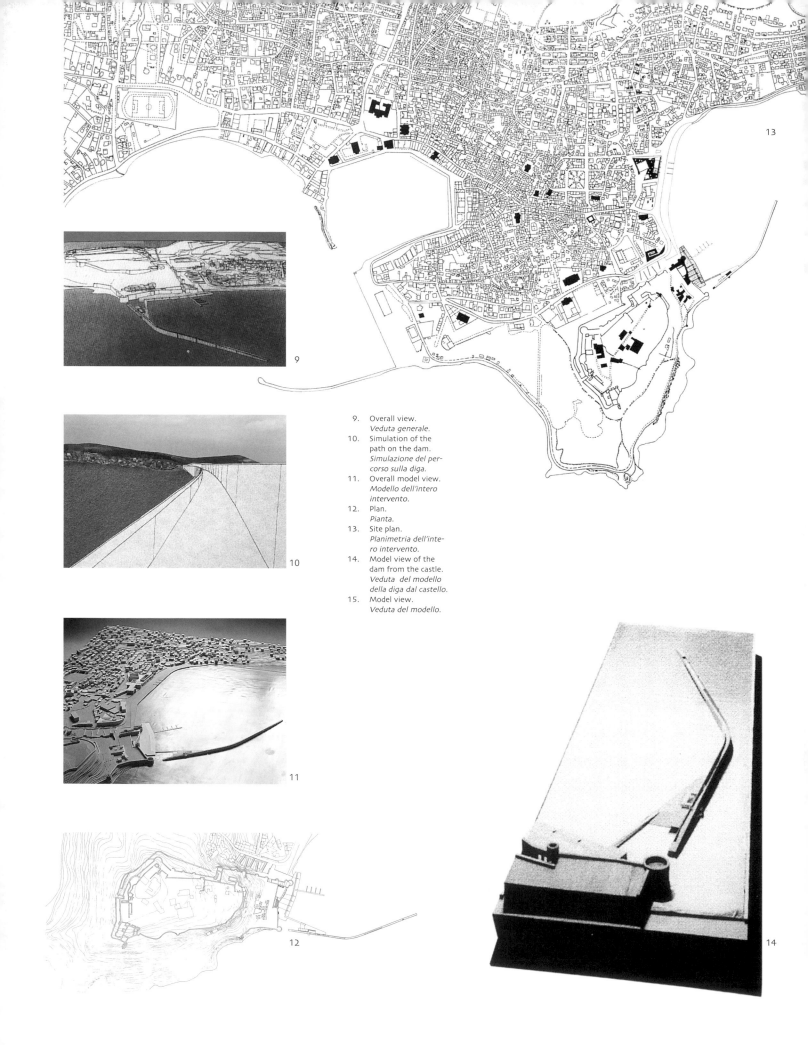

13

9. Overall view.
   Veduta generale.
10. Simulation of the
    path on the dam.
    *Simulazione del per-
    corso sulla diga.*
11. Overall model view.
    *Modello dell'intero
    intervento.*
12. Plan.
    Pianta.
13. Site plan.
    *Planimetria dell'inte-
    ro intervento.*
14. Model view of the
    dam from the castle.
    *Veduta del modello
    della diga dal castello.*
15. Model view.
    Veduta del modello.

9

10

11

12

14

Waterfront Redevelopment at Mytilene, Greece
1996–97
With G. Barroca and F. Gallanti

The first step in the project is the construction of a dam. Basically following the layout of the early-twentieth-century construction, this breakwater will modify the meteorological conditions in the area to the north of Mytilene by attenuating the effect of the wind and calming the sea. The creation of this barrier generates a further series of transformations, some, deliberately designed, others suspended with no formal definition. The project is thus the necessary premise for a series of changes in the use of the spaces in northern Mytilene.

After this initial move, the identity of the area is transformed in a number of precise places by adding a few elements to reinforce the character of some spaces and inserting some objects to facilitate their use. At the foot of the castle, whose walls touch the sea, a large platform is designed as a harbor for small boats. The dam is not only a technical element protecting the bay from waves. It becomes an inhabited element that can be explored. In the middle of the structure a passage between two walls leads to an arch. The dam thus provides a new and more interesting view of the city, hill and castle with the new structures of the archaeological museum.

Progetto di recupero urbanistico e architettonico del fronte a mare di Mitilene, Isola di Lesbos, Grecia
1996–97
Con G. Barroca, F. Gallanti

La costruzione della diga rappresenta la prima "mossa" del progetto. La costruzione, grosso modo sulla traccia di quella esistente all'inizio del secolo, di una diga frangiflutti permette di modificare le condizioni metereologiche della zona Nord di Mitilene: mitiga gli effetti del vento e crea uno specchio di mare tranquillo. La creazione di questo sfondo ingenera una serie di ulteriori trasformazioni, alcune disegnate, altre che rimangono sospese, prive di una definizione formale: l'intervento quindi si configura come la premessa necessaria per una serie di cambiamenti nei modi d'uso degli spazi di Mitilene nord.

Operata questa prima mossa, gli interventi successivi servono a modificare per luoghi puntuali l'identità della zona, aggiungendo pochi elementi che rafforzino il carattere di alcuni spazi e inserendo alcuni oggetti che ne facilitino l'uso. Al piede del castello, dove le mura sfiorano l'acqua, una grande piattaforma permette il ricovero delle barche. La diga non è solo un elemento tecnico, di protezione della baia dal moto ondoso. Diventa un elemento abitato che si può percorrere. Nello spessore della sua struttura un passaggio compreso tra due muri conduce all'estremità del suo arco. La diga serve per vedere meglio e da un altro luogo la città, la collina e il castello con le nuove strutture del museo archeologico.

15

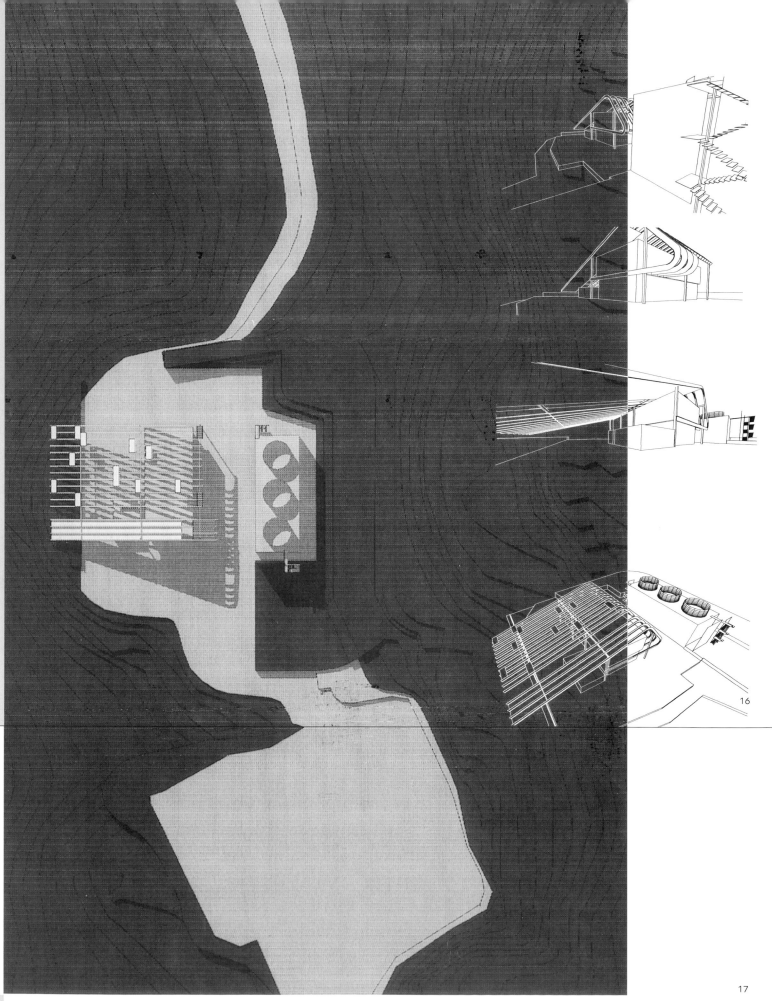

16

17

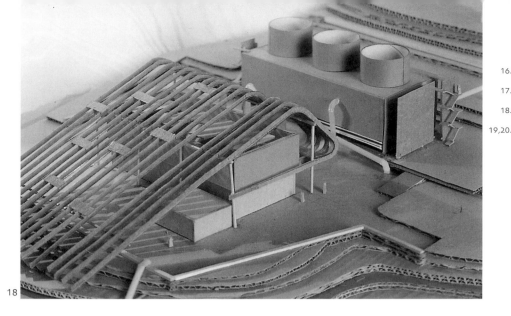

18

Redevelopment of the ENEL Geothermal power station Bagnore 3 Santafiore, Grosseto 1997

With L. Caravaggi, L. Bucci, N. Bianchi, G. La Varra, P. Legermann, D. Vocino
Structures Consultant: Mauro Giuliani

19

The need to "landscape" the new geothermal power station led to the overall structure being re-designed. This obviously had to take place after the two large rectangular volumes of the plants had been built in the first phase. The concept was to build a system of Corten steel ribs of various lengths from 55 to 62 meters (self-supporting and hanging above the plant building), and two large steel panels to protect the two short sides of the cooling towers.
Instead of camouflaging or concealing the station, this design offers a different view of it. The two buildings are given an image better suited to their insertion in the steep rocky slopes of Monte Amiata. The large hanging structure creates a relation between the two plant buildings and the cooling towers, thus making the overall settlement a complete figure, while the inclination of the beams was calculated to follow the slope of the mountain.
The whole surrounding area is landscaped in a park incorporating, without concealing, the exposed equipment (tubing and gas pipes) of the power station.

Riqualificazione centrale geotermica ENEL "Bagnore 3" Santafiore, Grosseto 1997

Con: L. Caravaggi, L. Bucci, N. Bianchi, G. La Varra, P. Legermann, D. Vocino
Consulente per le strutture: Mauro Giuliani

Alla richiesta di "ambientazione" della nuova centrale geotermica si è risposto proponendo un ridisegno dell'intera centrale, che dovrà necessariamente essere successivo alla realizzazione dei due grandi volumi scatolari e degli impianti, che corrispondono alla prima fase del cantiere. Il progetto prevede la realizzazione di un sistema di costole in acciaio cor-ten di lunghezza variabile tra i 55 e i 62 metri, autoportante e sospeso al di sopra del fabbricato macchine, e di due grandi pannelli, sempre d'acciaio, a protezione dei due lati corti delle torri refrigeranti.
Invece che mimetizzare o nascondere la presenza della Centrale, il progetto si propone di offrirgli una diversa visibilità, dotando i due fabbricati di una figura unitaria e più consona alla sua collocazione nel paesaggio irto e scosceso del Monte Amiata. La grande struttura sospesa riesce a mettere in relazione i due volumi del fabbricato macchine e delle torri di refrigeramento e a ridare all'intero insediamento un'immagine compiuta. La pendenza delle travi è calcolata in modo da assecondare il pendio della montagna.
Tutto intorno il progetto prevede la sistemazione paesaggistica dell'intera area in un parco che inglobi, senza nasconderli, gli impianti scoperti (tubature e gasdotti) della Centrale.

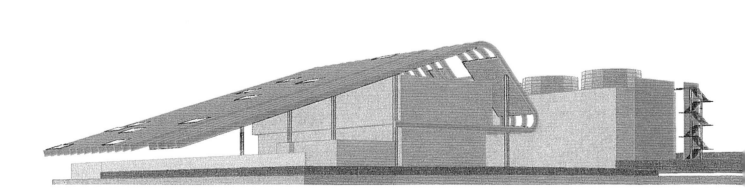

20

21. Cross section.
    Sezione trasversale.
22. General plan.
    Pianta generale.

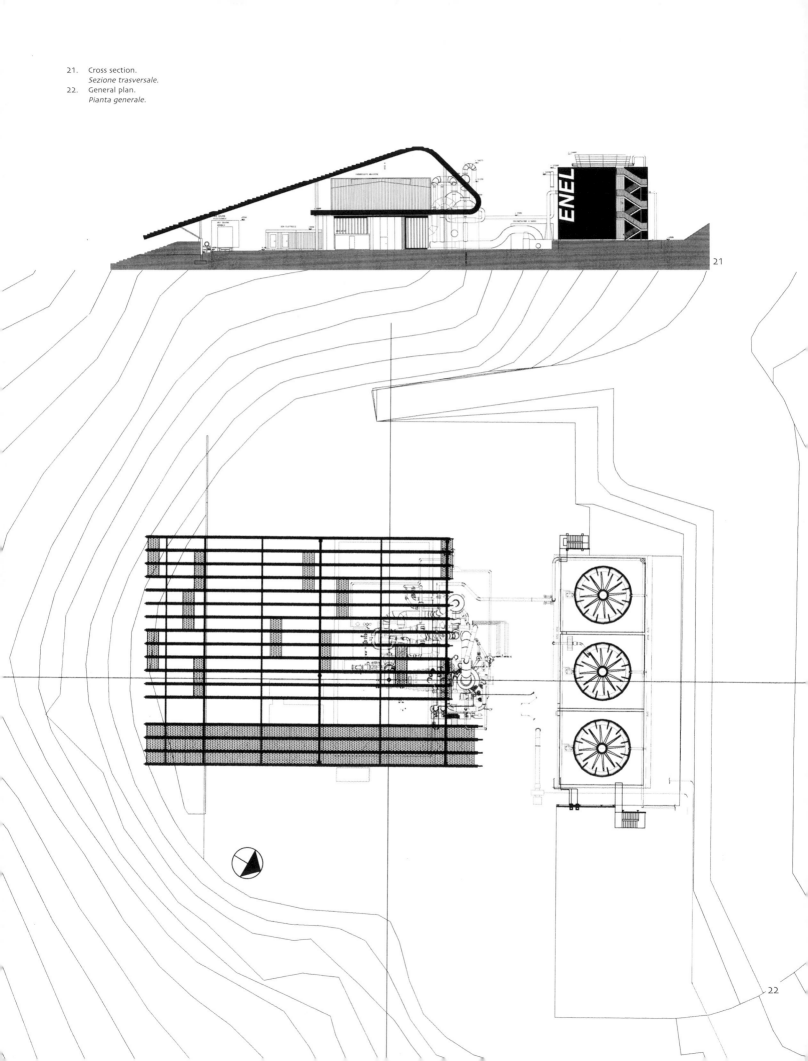

21

22

Biography

1956	born in Milan
1982	graduated from Milan Polytechnic
1986	research doctorate in urban planning at Venice University Institute of Architecture
1989	opened an independent practice in Milan
1992–97	associate professor in urban design at the Faculty of Architecture, Genoa
1995–97	visiting professor in urban design at the Milan Polytechnic

Projects and Works

1984–87	General Urban Plan for Jesi, Ancona (with B. Secchi)
1988	Competition for the town center of Rozzano, Milan
	Ideas competition for a detailed plan for Lavagna (third prize)
1990	Competition for the Acropolis Museum, Athens
	Competition for a waterfront redevelopment, Atlanta
1992	Invited competition for the Garibaldi–Repubblica area, Milan (with C. Macchi Cassia)
	Schindler Prize competition for access systems to Bergamo Alta (with C. Zucchi and P. Nicolini)
1993	Europan 3 Competition for a new university college in Pavia
	Detailed plan for the Bovisa–Gasometro area, Milan (with M. Grecchi, M. Prusicki, and C. Zucchi)
1994	Competition for the Cadorna–Bovisa area (with G. La Varra and Gruppo A12)
	Schindler Prize competition for access systems to the city of San Marino (with C. Zucchi, P. Nicolini, and C. Merlini – commended)
	Study for shopping areas in Ventimiglia, Imperia (with A. Lanzani)
	Milan Triennial: design of the exhibition-event "Three Vistas on Milan"
1995	International competition for the Borghetto Flaminio redevelopment scheme, Rome
	Milan Triennial: "The center elsewhere": study for a series of towers on the Milan ring road
	Milan Triennial: exhibit design for "Surveys of cinema and architecture"
	Conversion of semi-detached houses into a single-family residence, Milan
1996	Venice Architecture Biennale: exhibit design for "Sections of the Italian landscape" (with G. Basilico)
	Milan Triennial: "Identities and differences": exhibit design for Piazza Cadorna and the itinerary to the Palazzo dell'Arte (with C. Zucchi and A. Acerbi)
	Variation of the General Urban Plan for Seregno (with A. Balducci and F. Infussi)
	Study of the historic center and peripheral areas of Parabiago, Milan
	Master plan for the port of Genoa
	Project for a waterfront redevelopment at Mytilene, Greece (with C. Zucchi)
	Invited competition for the Metanopoli business center, San Donato Milanese, Milan
1997	Preliminary design for a passenger area in the Port of Naples
	Variation to the General Urban Plan of Sant'Angelo Lodigiano, Lodi
	Conversion of an industrial building into a small and medium-size enterprise center in the Falck area, Sesto San Giovanni, Milan
	Conversion of an industrial building into a small and medium-size enterprise center in the Breda Cimimontubi area, Sesto San Giovanni, Milan
	Redevelopment of the ENEL Geothermal power station Bagnore 3 at Santafiore, Grosseto

Biografia

1956	Nato a Milano
1982	Laurea al Politecnico di Milano
1986	Dottorato di ricerca in Pianificazione Territoriale presso lo IUAV di Venezia
1989	Studio professionale indipendente a Milano
1992–97	Professore associato in Progettazione Urbanistica presso la facoltà di Architettura di Genova
1995–97	Professore supplente di Progettazione Urbana al Politecnico di Milano

Elenco dei progetti

1984-87	Piano Regolatore Generale di Jesi (AN) (con B. Secchi)
1988	Concorso in due fasi per la sistemazione del centro della città di Rozzano (MI) – selezionato per la seconda fase
	Concorso nazionale di idee per la redazione di un piano particolareggiato a Lavagna – terzo premio
1990	Concorso Internazionale per il nuovo Museo dell'Acropoli
	Concorso Internazionale per la riqualificazione del Waterfront di Atlanta
1992	Concorso ad inviti per la progettazione dell'area Garibaldi Repubblica a Milano (con C.Macchi Cassia)
	Premio Schindler: Concorso nazionale "Risalire la città. Bergamo alta" (con C.Zucchi, P. Nicolini)
1993	Concorso Europan 3 per un nuovo Collegio universitario a Pavia
	Piano Particolareggiato della zona Bovisa-Gasometro (con: M.Grecchi, M.Prusicki, C.Zucchi)
1994	Concorso di progettazione per l'area urbana Cadorna-Bovisa: trasformazione e riqualificazione urbana della via di ferro (con G.La Varra, gruppo A12)
	Premio Schindler: Concorso nazionale "Risalire la città. Città di San Marino" (con C.Zucchi, P.Nicolini, C.Merlini) – progetto menzionato
	Studio per il ridisegno degli spazi commerciali del comune di Ventimiglia (IM) (con A.Lanzani)
	Triennale di Milano: allestimento per l'evento/esposizione "Tre Viste su Milano"
1995	Concorso internazionale per l'area del Borghetto Flaminio a Roma
	XIX Triennale di Milano, "Il centro altrove": Studio per un sistema di torri lungo la Tangenziale di Milano
	Triennale di Milano: allestimento per "Sopralluoghi di cinema e architettura"
	Ristrutturazione di una doppia villetta a schiera per una residenza unifamiliare a Milano
1996	VII Biennale di Architettura di Venezia Allestimento della mostra "Sezioni del paesaggio italiano" (con G.Basilico)
	Triennale di Milano: "Identità e differenze": Allestimento di Piazza Cadorna e del percorso verso il Palazzo dell'Arte (con C.Zucchi e A. Acerbi)
	Variante del Piano Regolatore Generale del comune di Seregno (con A.Balducci e F. Infussi)
	Studio del centro storico e delle frazioni del comune di Parabiago (MI)
	Piano Regolatore del porto di Genova
	Progetto di recupero del fronte mare settentrionale di Mitilene, nell'isola di Lesbo (con C.Zucchi)
	Concorso a inviti per un edificio direzionale nell'area di sviluppo Metanopoli, S. Donato Milanese
1997	Progetto di massima per l'area passeggeri del Porto di Napoli, area Molo Angioino e Molo Beverello
	Variante al Piano Regolatore Generale di Sant'Angelo Lodigiano (LO)

Trasformazione di un fabbricato industriale in incubatore per la piccola e media impresa nell'area Falck di Sesto S. Giovanni (MI)

Trasformazione di un fabbricato industriale in incubatore per la piccola e media impresa nell'area Breda Cimimontubi, Sesto S. Giovanni (MI)

Riqualificazione centrale geotermica Bagnore 3, S.Fiora (Grosseto)

Partners and Collaborators
Partners e Collaboratori

Gianandrea Barreca
Nicola Bianchi
Marco Brega
Antonella Bruzzese
Luca Bucci
Andrea Costa
Maddalena De Ferrari
Fabrizio Gallanti
Giovanni La Varra
Petra Legermann
Michelle Montefusco
Roberto Murgia
John Palmesino

Bibliography
Bibliografia

"Casabella" 578, 1991.

Progetti per Milano, Abitare Segesta, 1992.

"Risalire le città", Bergamo, Electa, Milano 1992.

"Concorsi di architettura dopo il 1945", Rassegna 61, Bologna 1993.

"Risalire le città. Città di San Marino", Electa, Milano 1994.

"Cadorna-Bovisa", Triennale di Milano, Electa, Milano 1995.

"Il centro altrove", Electa, Milano 1995

"L'architetto come sismografo", Biennale di Venezia, Electa, Milano 1996.

"Nuova Architettura Italiana", a cura di Ado Franchini, Milano 1996.

"La Triennale nella città, XIX Esposizione internazionale", Electa, Milano 1996.

"Archis" n. 8, 1997.

"Area" n. 29–96, Firenze 1997.

"Sezioni di paesaggio italiano", Art&, Udine 1997.

"Sections of Italian Landscape", Scalo, Zürich 1997.

Antonio Citterio & Partners

Technics and ideas

It is fairly easy to recognize the architectural and artistic concepts underlying our work. The fact that we came to architecture from industrial design means that in this field we tend to pursue of policy of progressively improving the design, of honing ideas and forms to achieve the greatest clarity. As in industrial design, our work develops through the building process. Although, times and the methods of the building process are naturally very different from that of designing objects. This is especially true of building large-scale projects, such as Seregno, where the problems and variations in the field concern above all vast and complex institutions and players. Our industrial design experience, however, has been useful in creating architecture not obsessed at all costs with the designer "label". The search for forms and materials is built up from continuous dialogue with the client. In the case of art-oriented clients like Vitra, but also with other less sophisticated clients, this dialogue can only take place through the building process and the practical verification of the architectural concepts. The end-product thus silences our works still on the drawing board. Our architecture alludes to the most deeply-rooted and lasting Italian Rationalism, especially the Milan architects from Terragni to Ponti, and many other rigorous designers producing serious research capable of permeating the professional activity and building of the city. At the same time our work has close ties with designers more remote in time and space, such as Kahn, Eames, Ando and others – great masters in the use of materials and transparency, and injecting life into empty spaces.

Tecnica e idee

Non è difficile identificare i concetti architettonici ed espressivi che sono alla base del nostro lavoro. Certamente il fatto di essere arrivati all'architettura attraverso il design fa sì che anche in questo campo tendiamo ad applicare un processo di miglioramento progressivo del progetto, di affinamento verso la massima chiarezza di idee e di forme. Come nel design il nostro lavoro si sviluppa attraverso il processo della costruzione, anche se, come tutti sanno, i tempi e i modi del processo di costruzione dell'architettura sono molto diversi da quelli del design. Ciò è vero sopratutto nei processi di realizzazione di progetti di grande scala, come Seregno, dove i problemi e le variabili in campo riguardano soggetti e istituzioni vaste e complesse. L'esperienza del disegno industriale è stata comunque utile nell'indurci a un'architettura che non fosse ossessionata a ogni costo dall'idea della firma e dell'"autore", in cui la ricerca sulle forme e sui materiali si intreccia con un colloquio fitto e continuo con il committente. Un colloquio, sia nel caso di mecenati come la Vitra che di clienti meno sofisticati, che può avvenire solo attraverso la costruzione e la concreta verifica dei concetti architettonici. E che rende quindi mute le nostre opere rimaste sulla carta. Per il resto la nostra architettura si richiama direttamente alle esperienze più radicate e durature del razionalismo italiano e soprattutto milanese, da Terragni a Ponti, e a molti altri, capace di rigore e ricerche alte e di pervadere allo stesso tempo a fondo l'attività professionale ed edilizia della città. E allaccia allo stesso tempo legami intensi con progettisti lontani nel tempo e nello spazio, come Kahn, Eames, Ando e altri, maestri nell'uso dei materiali, nella trasparenza, nel dare vita allo spazio vuoto.

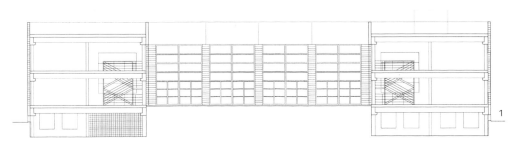

1

1. Section on the court-
    yard.
2. *Sezione sul patio.*
    Main entrance.
    L'ingresso principale.

2

4

3. Elevation.
   Prospetto.
4. Internal garden.
   *Vista del giardino
   interno.*
5-7. Elevation and longi-
   tudinal sections.
   *Prospetto e sezioni
   longitudinali.*

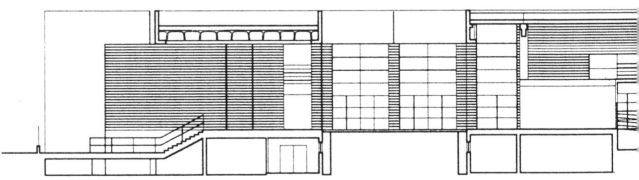

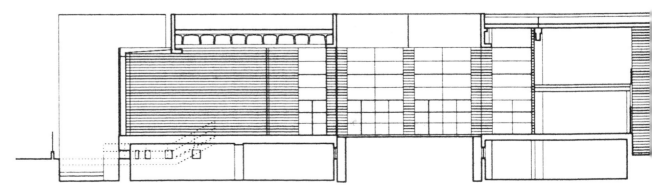

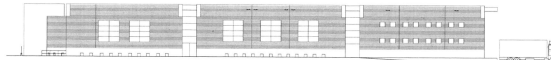

5

Fusco Showroom, Offices, and Workshops, Corsico, Milan 1992

Corsico, once a small 19th-century rural settlement, was absorbed by the postwar Milan industrial development. Set in an intensely exploited area, the site had a number of constraints concerning the alignment of the fronts and the volumes.

This led to the building being set on one side of the lot with a focus on the relation between the main front and the road-side front. The solution consisted of long horizontal structures supporting the roof, left exposed both length-wise along the main front and across the side of the building.

On one side, the head of the reinforced-concrete beams highlights the breaks in the volume for the two staff entrances. Following the same principle, the concrete-block front is handled like a skin from the base to the reinforced concrete beams. The large windows characterizing this skin have no direct relations with the interior spaces, but dialogue with the large scale of the building.

The distribution of the volumes responds to the principle of greatest transparency and visual communication between the various production activities. This program also provides the layout for the offices distributed with glazed fronts round a garden and blind on the outside. Similarly, the core of the factory – the workshops in the volume to the rear of the offices – is handled as a double-height underground space with the other two-level volumes facing on to it.

Laboratorio Antonio Fusco a Corsico Milanese 1992

Corsico è un piccolo insediamento rurale del XIX secolo assorbito nell'espansione industriale milanese del dopoguerra. Immerso in un'area di intenso sfruttamento delle aree, il terreno destinato alla costruzione era caratterizzato da forti vincoli di allineamento dei fronti e dei volumi.

Queste costrizioni hanno spinto ad addossare l'edificio su uno dei fianchi del lotto, portandoci a lavorare soprattutto sul rapporto stabilito fra il fronte principale ed il fianco su strada.

Il risultato è espresso dalle lunghe strutture orizzontali che sostengono la copertura trattate a vista sia longitudinalmente lungo la facciata sia trasversalmente lungo il fianco dell'edificio.

La testa di queste grandi travi in cemento armato sottolinea, sul lato, la segmentazione del volume in corrispondenza dei due ingressi del personale.

In base a questo principio la facciata in blocchetti di calcestruzzo è trattata come una pelle stesa fra il basamento e le travi in cemento armato. Le aperture di grande dimensione che la caratterizzano non hanno relazione diretta con gli spazi interni, ma dialogano direttamente con la grande scala dell'edificio

La distribuzione dei volumi obbedisce ad un principio di massima trasparenza e comunicazione visiva fra le diverse attività della produzione. Da questo programma deriva l'impianto degli uffici distribuito intorno al giardino con fronti vetrati verso l'interno ed indifferenti verso l'esterno; ed il trattamento del cuore della fabbrica, i laboratori situati nel volume posteriore agli uffici, come uno spazio al piano interrato a doppia altezza sul quale si confrontano gli altri volumi su due livelli.

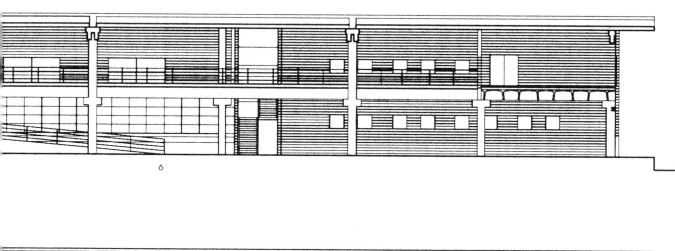

6

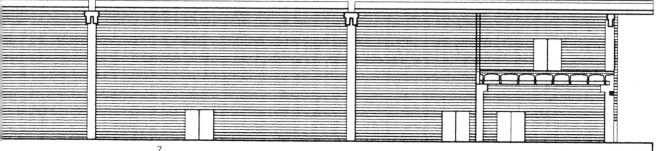

7

8

8. Interior view of the
    round hall.
    *Vista della hall circo-
    lare.*
9. Ground floor plan.
    *Pianta del piano
    terra.*
10. Semicircular volume
    in the hall.
    *Il volume semicircola-
    re nella hall.*
11. Main entrance.
    *Vista dell'ingresso
    principale.*
12. Side view with one of
    the staff entrances.
    *Il fronte laterale con
    uno degli ingressi del
    personale.*

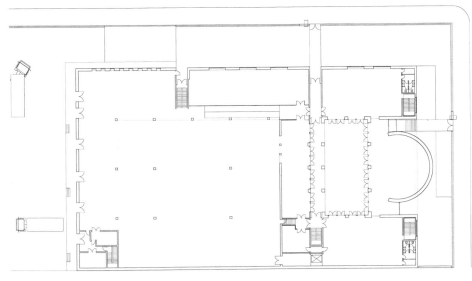

9

10

11

12

13

14

15

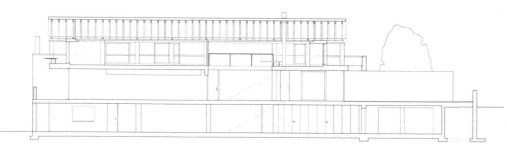

16

Cottage at Lurago Marinone,
Como
1995

On completion of the farm cottage designed by Swiss architect Rudy Hunzicker, Citterio & Dwan were invited to submit their design.

Entering the operation at this phase was possible since the structural definition of the building was very clear, thus enabling the architects to work freely without undermining the existing structure.

The first stage involved integrating the building with the surroundings by interpreting the spaces on the basis of continuity between interior and exterior. This continuity was emphasized by recessing the window and door frames in the facade, by extending the paving outside and making the walls enter the house perpendicularly.

The reading of the landscape from inside the house was of key importance in designing the openings, consisting of large glass windows fixed directly into the masonry and sliding elements framed in solid oak. Both the structure and the furnishings of the house are made of wood, stone, iron, concrete and glass.

The interior is distributed on three floors. Reserved for the proprietors, the first floor is divided into two zones joined by a catwalk (night zone – closet – bathroom and study), while the underground floor is meant for guests, recreation, communal activities and physical exercise.

The ground floor is designed for the collecting needs of the proprietors, keen art lovers, who wanted large neutral, or at least uniform, spaces for their collections of art works.

Villa a Lurago Marinone,
Como
1995

L'intervento progettuale degli architetti Citterio & Dwan è stato richiesto dai committenti non appena completato il rustico della casa su progetto dell'architetto svizzero Rudy Hunzicker.

Subentrare in questa fase è stato possibile in quanto la definizione strutturale del fabbricato risultava molto pulita e lineare, permettendo agli architetti di intervenire secondo le loro inclinazioni senza stravolgere l'impianto esistente.

Come prima operazione si è cercato di integrare l'edificio all'intorno, proponendo una lettura degli spazi fondata sulla continuità tra interno ed esterno. Continuità enfatizzata sia dall'arretramento degli infissi rispetto alla facciata, sia dai pavimenti che proseguono all'esterno, sia dai muri che "entrano" perpendicolarmente nella casa.

La lettura del paesaggio dall'interno della casa è stata importantissima nel disegno dei serramenti, composti da vetrate fisse di grande dimensione che si innestano direttamente nella struttura muraria e da elementi scorrevoli definiti da cornici in rovere massiccio.

Legno, pietra, ferro, cemento e vetro sono i materiali che compongono sia la struttura che l'arredo della casa.

L'interno della casa è organizzato su tre piani. Il primo, suddiviso in due zone collegate da un ponte, è dedicato interamente ai padroni di casa (zona notte – closet – bagno e studio) mentre il piano interrato è organizzato per gli ospiti, il gioco, la convivialità, l'esercizio fisico.

Il piano terra risponde alle esigenze dei committenti, appassionati collezionisti d'arte, che volevano grandi spazi neutrali o quantomeno omogenei in cui poter disporre le opere collezionate.

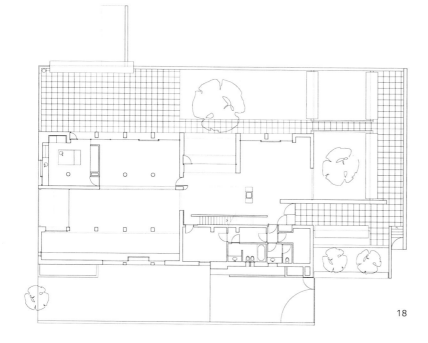

18

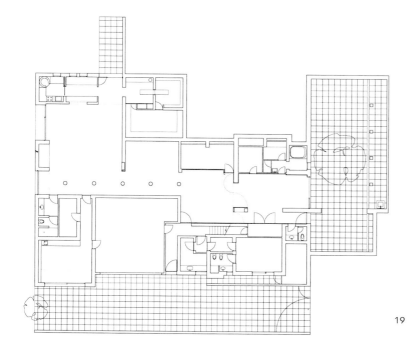

19

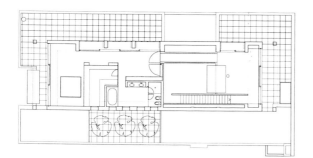

20

21

22

Biography

Antonio Citterio

1950	born at Meda, Milan
1972	graduated in architecture from the Milan Polytechnic
1972–81	partnership with Paolo Nava for industrial design projects
1974	independent design practice for architecture and interiors
1980–95	consultant and designer for several industrial design companies (ArcLinea, B&B Italia, Flexform, Kartell, Moroso, Olivetti Synthesis, Tisettanta, Vitra, etc.)
1987	associate practice with Terry Dwan
1990–92	professor at the Domus Academy, Milan
1993–95	guest critic at the Furniture Design Course, Royal College, London
1996	opened the practice Antonio Citterio & Partners

Awards

1987	Compasso d'oro for the Sity Seating System
1990	Industrial Design Magazine award for the AC1 and AC2 office chairs
	Institute of Business Designers and Contract Design award for the AC2 chair
1995	Compasso d'oro for the Mobile Drawer System

Projects and Works

1982	B&B Showroom, Milan
1983	Fausto Santini boutiques in Florence, Dusseldorf, Miami and Genoa (with V. Casiraghi, C. Theil, G. Trabattoni, and M. Veronesi)
	Restoration of the Piero della Francesca and Raphael rooms in the Pinacoteca di Brera (with V. Gregotti)
1984	Single-family house at Meda, Milan
	Esprit offices, showrooms and stores, Milan (with E. Mainardi and P. Viel)
1985	Studio Citterio, Milan
1986	Business and shopping center at Seregno, Milan
	Esprit Benelux offices, Amsterdam
1987	Competition for an oratory at Giussano, Milan
1988	Esprit Benelux offices, Antwerp
	Refurbishment of an apartment, Milan
1989	Wooden House at Kumamoto, Japan (with Akinori Kubota)
	Vitra Showroom, Weil am Rhein
	World Co. Shopping Center, Kobe, Japan (with Toshiyuki Kita and Thomas MacKay)
	Tisettanta Showroom, Giussano, Milan
1990	Design for an office building in Osaka
	Vitra Showroom, Paris (with P. Viel)
	Esprit shops in Paris, Madrid, Lisbon and Neuchatel
1991	Corrente offices and showroom, Tokyo (with Toshiyuki Kita)
	Virgin Megastore, Milan
	Alberto Aspesi Showroom, Milan
	B&B Showroom, Novedrate, Como
	Vitra offices and shops in Paris
1992	Massimo De Carlo art gallery, Milan
	Mariella Burani shops in Pescara, Cesena, Monfalcone, Paris and Rome
	Fausto Santini boutique, Rome
	Vitra facility at Neuenburg
	Antonio Fusco Showroom, Milan
	Apartment in Milan

	Il Fortino building for the Daigo company, Tokyo
1993	Fusco manufacturing facility, offices and show room at Corsico, Milan
	Restoration of a 19th century villa near Milan
	Project to restore and convert a medieval settlement at Inverigo, Como
	B&B showroom, New York
	Fausto Santini boutique, Milan
	Bank at Seregno, Milan
	Single-family house at Carimate, Como
1994	Vitra offices, Weil am Rhein
	Design for Flexform office building at Meda, Milan
1995	Single-family house, Como
	Villa at Cene, Bergamo
	Design of the "Japanese Industrial Design" exhibition at the Milan Triennial
	Design for a bank in Istanbul
	Design for the Tisettanta offices at Giussano, Milan
	Enzo degli Angiuoni factory, offices and show room at Bosisio Parini, Milan
	Design for the Commerzbank, Frankfurt
1996	Cerruti 1881 shops and showrooms in Milan and London
	Fausto Santini shops in Dussdeldorf and Como
	Cumini shop in Udine
	Invitation competition for the Public Library, Montpellier (with Studio Emmanuel Nebout – second prize)
	Invitation competition to refurbish the Milan Metropolitan Line 1 (first prize)
	Invitation competition for a new Habitat shopping space in Paris (first prize)
1997	Detached house at Hochkamp, Hamburg
	Downtown offices, Milan
	Custodian's lodge for the B&B Italia offices at Novedrate, Como
	Project for the renewal of the Milan Metropolitan Line 1
	Galleria del Sagrato in Piazza Duomo, Milan
	Design for a new La Belle Jardiniere shop, Paris
	Invitation competition for the refurbishment of the ACEA offices, Rome
	Invitation competition for the redevelopment and restyling of Rome Metropolitan Line A (first prize)

Biografia

Antonio Citterio

1950	nato a Meda
1972	laurea in architettura presso il Politecnico di Milano
1972–81	partnership con Paolo Nava per i progetti di design
1974	Studio professionale indipendente per i progetti di architettura e interni
1980–95	Consulente e progettista per numerose ditte di design (ArcLinea, B&B Italia, Flexform, Kartell, Moroso, Olivetti Synthesis, Tisettanta, Vitra ecc.)
1987	Studio professionale associato con Terry Dwan
1990–92	docente alla Domus Academy di Milano
1993–95	membro esterno (guest critic) per il Furniture Design Course del Royal College di Londra
1996	Studio Professionale Antonio Citterio & Partners

Premi

1987	"Compasso d'oro" per il Sity Seating System
1990	Premio "Industrial Design Magazine" per le sedie da ufficio AC1 e AC2
	Premio "Institute of Business Designers and Contract Design" per la sedia AC2
1995	"Compasso d'oro" per il Mobil Drawer System

Elenco dei progetti

1982	Showroom B&B a Milano
1983	Negozi Fausto Santini a Firenze, Düsseldorf, Miami e Genova (con V. Casiraghi, C. Theil, G. Trabattoni, M. Veronesi)
	Restauro delle stanze di Piero della Francesca e Raffaello alla Pinacoteca di Brera (con V. Gregotti)
1984	Casa unifamiliare a Meda (Mi)
	Sede amministrativa, magazzini e showroom Esprit a Milano (con E. Mainardi e P. Viel)
1985	Studio Citterio a Milano
1986	Centro commerciale e amminstrativo a Seregno
	Sede Esprit Benelux ad Amsterdam
1987	Concorso per un oratorio a Giussano, Milano
1988	Sede Esprit Benelux a Anversa
	Ristrutturazione di un appartamento a Milano
1989	"Casa di Legno a Kumamoto", in Giappone (con Akinori Kubota)
	Showroom Vitra a Weil am Rhein
	Centro commerciale "World Co." a Kobe, Giappone (con Toshiyuki Kita, Thomas Mac Kay)
	Showroom Tisettanta a Giussano, Milano
1990	Progetto per un edficio per uffici a Osaka
	Showroom Vitra a Parigi (con P. Viel)
	Negozi Esprit a Parigi, Madrid, Lisbona e Neuchatel
1991	Uffici e showroom "Corrente" a Tokyo (con Toshiyuki Kita)
	Megastore Virgin a Milano
	Showroom Alberto Aspesi a Milano
	Showroom B&B a Novedrate, Como
	Negozi e uffici Vitra a Parigi
1992	Galleria d'arte Massimo De Carlo a Milano
	Negozi Mariella Burani a Pescara, Cesena, Monfalcone, Parigi e Roma.
	Negozio Fausto Santini a Roma
	Fabbrica Vitra a Neuenburg
	Showroom Antonio Fusco a Milano
	Appartamento a Milano
	Edificio "Il Fortino" per la compagnia Daigo a Tokyo
1993	Fabbrica, showroom e uffici Fusco a Corsico milanese
	Restauro di una villa ottocentesca presso Milano
	Progetto di restauro e trasformazione di un insediamento medievale a Inverigo
	Showroom B&B a New York
	Negozio Fausto Santini a Milano
	Banca a Seregno
	Casa unifamiliare a Carimate (Como)
1994	Uffici Vitra a Weil am Rhein
	Progetto per un edificio per uffici Flexform a Meda
1995	Casa unifamiliare presso Como
	Villa a Cene

Allestimento della mostra "Design giapponese" alla Triennale di Milano

Progetto per una banca a Istanbul

Progetto per gli uffici Tisettanta a Giussano, Milano.

Fabbrica, uffici e showroom "Enzo degli Angiuoni" a Bosisio Parini (Mi)

Progetto per una Commerzbank a Francoforte

1996   Negozi e Showroom Cerruti 1881 a Milano e Londra

Negozi Fausto Santini a Düsseldorf e Como

Negozio Cumini a Udine

Concorso a inviti per la progettazione della Biblioteca Pubblica di Montpellier (con lo Studio Emmanuel Nebout) secondo premio

Concorso a inviti per il rinnovamento per la linea 1 della Metropolitana Milanese – primo premio

Concorso a inviti per la progettazione del nuovo spazio commerciale Habitat a Parigi – primo premio

1997   Villa a Hochkamp, Amburgo

Uffici nel centro Milano

Guardiola del centro uffici B&B Italia a Novedrate

Progetto di rinnovamento per la linea 1 della Metropolitana Milanese su invito della Azienda Tranviaria Milanese e del Comune di Milano

Progetto per la Galleria del Sagrato in Piazza Duomo (in fase di realizzazione)

Progettazione del nuovo spazio commerciale

"La Belle Jardiniere" a Parigi

Concorso a inviti per la ristrutturazione funzionale della Sede Uffici ACEA (Azienda comunale Energia & Ambiente) a Roma

Concorso a inviti per la riqualificazione e restyling della Linea A della metropolitana di Roma (primo premio)

Partners and Collaborators
Partners e collaboratori

Marcello Citterio
Terry Dwan

Fabio Corradi
Giuseppe della Giusta
Giuseppe Habe
Peter Jamieson
Giovanni Miori
Bernardo Percassi
Laurence Quinn
Francesca Simen
Gianluca Tronconi
Patricia Viel

Bibliography
Bibliografia

"Rassegna" n. 57, giugno 1980.

"L'Architecture d'aujourd'hui", n. 230, novembre '83; n. 240, settembre '85; n. 269, luglio '90; n. 278, dicembre '91, n. 282, settembre '92.

"Interni", maggio '84; novembre '94.

"Modo" n. 85, dicembre '85.

"Domus" n. 686, settembre '87, n. 713, febbraio '90; n. 719, settembre '90; n. 763, settembre '94.

"Architektur & Wohnen, n.1/88, febbraio–marzo 1988.

"Progressive Architecture" n. 9, settembre 1988.

"Abitare" n. 270, dicembre 1988; settembre '93; aprile '94.

"Interior Design", aprile 1989.

"Architectural Record", aprile 1990.

"Diseno", n. 4, settembre–novembre 1990.

"D'A" n. 4, 1991.

"Diseno Interior" n. 4, maggio 1991; n. 11, 1992.

"Architecture Interieur" n. 263, aprile–maggio 1993.

"Ottagono", settembre–novembre 1994.

Isa Vercelloni, "1970–80 Dal design al post-design", Milano 1980.

G. Bosoni, F. G. Confalonieri, "Il paesaggio del design italiano", Milano 1988.

J. Capella, Q. Larrea, "Architekten, Designer der achtziger Jahre", Stoccarda 1988.

"Antonio Citterio & Terry Dwan, Architecture and Design", catalogo della mostra tenutasi all'"arc en reve" di Bordeaux, marzo–maggio 1995, Artemis, Zurigo 1993.

S. San Pietro, M. Casamonti, "Nuove abitazioni in Italia", Milano 1993.

S. San Pietro, P. Gallo, "Nuove ville in Italia", Milano 1995.

J. Welsh, "Modern House", London 1995.

A. Zabalbeascoa, The House of the Architect, Barcelona 1995.

P. Ciorra, "Antonio Citterio & Terry Dwan, Ten Years of Architecture and Design", Birkhäuser, Basel, Boston, Berlin 1995.

23.   The library with window fitted into the shelving.
La libreria con serramento incorporato nelle mensole.

23

Nicola Di Battista

Towards an architecture for today

On surveying the contemporary Italian architecture scene, you immediately realize there is a widespread conviction that we are going through a very difficult period. It must be stressed, however, arguably precisely because of the difficulties, that this is also a time of great freedom and new horizons. Our age thus needs ideas, drive, enthusiasm, and courage, rather than resignation and apathy. The current crisis brings the hope of a possible revival. We are working in a time when we can propose fresh ways of operating, a new order in things and, therefore, new life for Italian architecture. It is vital that we become the vehicle for new demands capable of introducing new issues and new pathways in the practice of designing. A fresh way of doing things based on new ideas, but at the same time leaving room for the old underlying practice followed until now.

If we wish to avoid the new just being a parody of the old, or even worse a leap in the dark, we must not be afraid to build it resolutely, step by step, without haste or prejudice. Far too often there is a tendency to seek new forms and then only to fill them with old content. We wish to find new content and express it – if we are successful – as new forms. We must agree about content and not form, because it is content which gives form its full significance.

Now the desired, discussed, understood and accepted content – shared by most – becomes the indispensable prerequisite for every new architectural operation.

Our most difficult task is thus to seek and identify the new urgent needs of contemporary people. We can no longer think of building the new on the basis of yesterday's issues or – as some have done – on the issues of tomorrow. We want neither facile nostalgia for unrepeatable pasts nor phantasmagoric visions of far-flung futures. Beginning from the reality of our time, we must simply invent an architectural present so that it is moulded into and inextricably bound to our time.

Understanding the age we live and work in has become indispensable to our profession. Each architect must seek his or her own contemporaneity. This means attempting to define one's role – the role of one's profession in civil society.

We are concerned with our contemporaneity not as the sum of the past but as a place of encounter between various forms of the present, the only forms that enable us to live fully in our time and to acquire a new outlook on a transformed world.

If we were to choose a motto to sum up our expectations and hopes in combating the current stagnation, we might define our age as the age of ideas.

Verso una architettura d'oggi

Se si guarda alla situazione italiana contemporanea, ci si accorge subito della diffusa convinzione di vivere un momento di grande difficoltà. Ma allo stesso tempo, e forse proprio a causa di questo, è importante sottolineare che ci si ritrova in un momento di grandi libertà ed aperture; un momento che ha bisogno perciò di slanci ed idee, di entusiasmo e di coraggio e non di rassegnazione e di abbandono. La crisi attuale ci offre difatti la speranza di una possibile rinascita. Viviamo un momento in cui è di nuovo possibile proporre nuove maniere di fare, nuovi ordini alle cose, in ultima analisi nuova vita all'architettura italiana. Vale a dire un momento in cui è di nuovo importante ed indispensabile farsi portavoce di nuove istanze capaci di aprire nuove problematiche, nuove strade per il fare. Un fare che di conseguenza sarà nuovo, perché nuove saranno le idee che lo sosterranno, ma allo stesso tempo sarà anche vecchio, perché pieno di tutto quello che fino ad oggi lo ha retto. Se vogliamo che questo *nuovo* non sia solo una parodia del vecchio o peggio un salto nel buio, non dobbiamo aver timore di costruirlo passo dopo passo, con fermezza e determinazione, ma senza fretta e senza superstizioni. Troppo spesso oggi si cercano nuove forme solo per rivestire vecchi contenuti. Noi invece vogliamo cercare nuovi contenuti ed esprimerli, se ne saremo capaci, con nuove forme. E' sui contenuti che bisogna mettersi d'accordo e non sulle forme, perché sono i contenuti che rendono piena una forma nuova. Ora sono proprio questi contenuti, cercati, discussi, capiti, accettati, condivisi da molti, che diventano il presupposto necessario e indispensabile di ogni nuovo fare architettonico. Il nostro compito più difficile resta allora quello di cercare e riconoscere di nuovo quelle che sono le *urgenze* dell'uomo del nostro tempo. Non è più possibile pensare di edificare il nuovo ponendo alla sua base questioni di ieri o, come pure qualche volta si è fatto, quelle di domani. Né quindi facili nostalgie di passati irripetibili, quindi, né fantasmagoriche visioni di futuri immaginifici e improbabili, ma semplicemente un presente da inventare a partire dalla realtà del nostro tempo, ad esso conformato e ad esso indissolubilmente legato. Riconoscere il *momento* in cui si vive e si opera diventa, a questo punto, assolutamente indispensabile per il nostro lavoro. Ogni architetto dovrebbe cercare la propria contemporaneità, che poi vuol dire tentare di definire il proprio ruolo, il ruolo del proprio mestiere all'interno della società civile in cui vive e alla quale appartiene. Ci interessa la nostra contemporaneità, non però come totale addizionale del passato, ma come il luogo di incontro di parecchie forme del presente. Siamo principalmente interessati ed intenzionati oggi con il nostro lavoro a svelare queste forme, le uniche che ci permetteranno di vivere pienamente il nostro tempo, e di acquisire un nuovo punto di vista su un mondo trasformato. Se volessimo a questo punto, cercare un motto, capace di contenere le aspettative e le speranze da contrapporre all'attuale situazione di stallo, potremmo definire il nostro come il *momento delle idee*.

1. Model view.
   Veduta del modello.

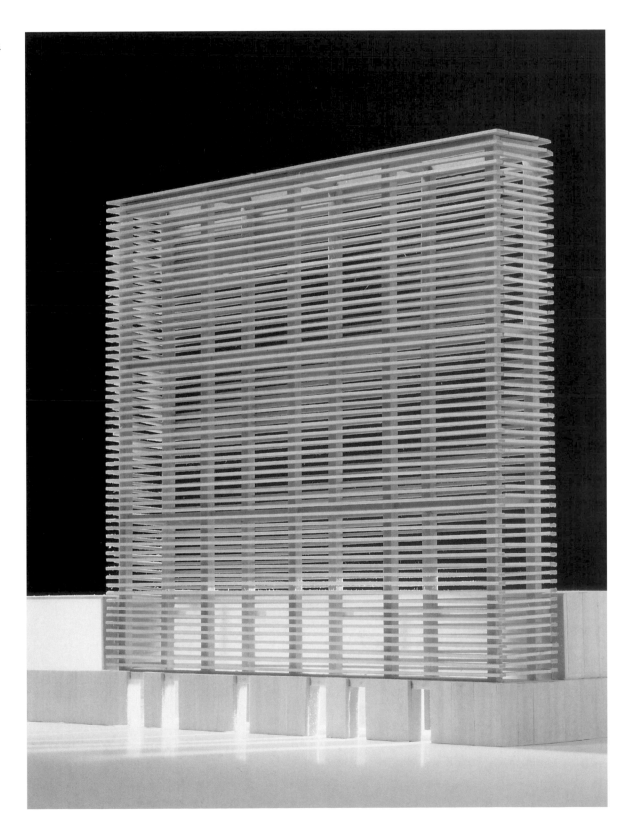

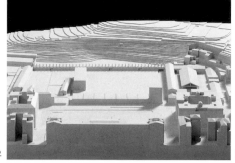

2

3

CCMM 05 Millennium Multimedia Cultural Center, Redevelopment of the Borghetto Flaminio Area, Rome 1995

The competition concerning a redevelopment scheme for the Borghetto Flaminio provided an exceptional opportunity to explore the modern "culture of the city", seen as the civic will to build new public places. The presence of existing buildings for cultural activities in the project area reveals a strong desire to make this part of the city an artistic and cultural center on a metropolitan scale.

The Millennium Multimedia Cultural Center is intended to be a place of information, whose subject is Rome and the cultural and artistic life of that city. At the same time the Center is meant to produce and store information on the city's immense heritage.

A key part of the project is dedicated to preserving the green area. This takes the form of a public park with well-defined "degrees of naturalness", so as to impose an order on the natural phenomena, which are such a feature of the project area.

CCMM 05 – Centro Culturale Multimediale Millennium, Concorso internazionale per la riqualificazione e la sistemazione del Borghetto Flaminio, Roma 1995

Il concorso per la riqualificazione del Borghetto Flaminio è oggi un'occasione eccezionale su cui misurare la cultura della città moderna come volontà civile di costruire nuovi luoghi pubblici. Gli edifici a carattere culturale, già presenti nell'area di progetto, ribadiscono la forte vocazione di questa parte di città a costituirsi come grande centro di attività artistiche e culturali a scala metropolitana. Il CCMM vuole essere un luogo di informazione che ha come oggetto privilegiato proprio Roma e la sua vita culturale e artistica, ma allo stesso tempo vuole essere un luogo di produzione e immagazzinamento informatico del suo immenso patrimonio. Parte centrale del progetto è inoltre il mantenimento dell'area a verde; un verde opportunamente sistemato a parco pubblico con "gradi di naturalità" diversi e ben distinti, nell'intento di dare un ordine ai fenomeni della natura che così fortemente caratterizzano questo luogo urbano.

2. Overall view of the site.
   Veduta generale del sito.
3. Overall model view.
   Modello generale dell'intervento.
4. View from via Flaminia.
   Veduta da via Flaminia.
5. Cross section of the boxes.
   Sezione trasversale sui box.
6. Model.
   Plastico.
7. Ground floor plan, the hall section, back elevation, side elevation.
   Pianta del piano terra, sezione sulla hall, prospetto posteriore, prospetto laterale.

4

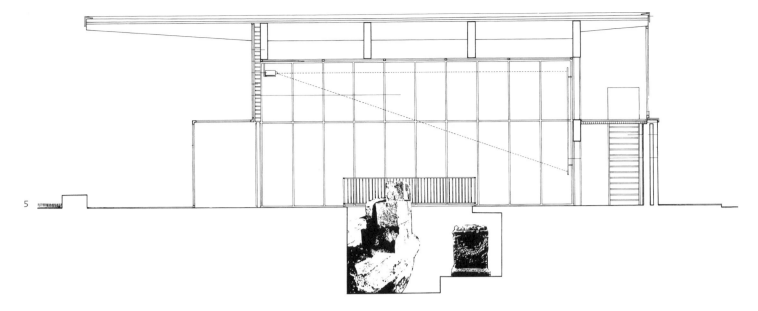

5

6

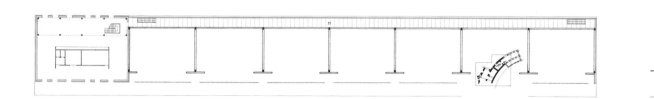

7

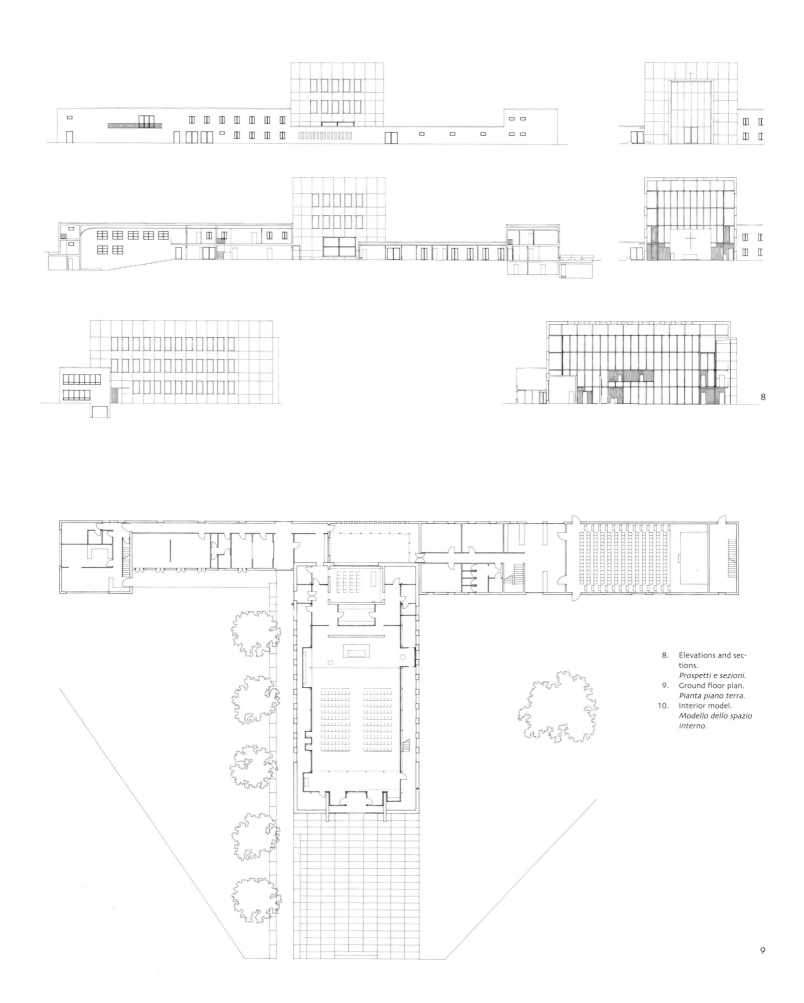

8. Elevations and sections.
   Prospetti e sezioni.
9. Ground floor plan.
   Pianta piano terra.
10. Interior model.
    *Modello dello spazio
    interno.*

8

9

Parish Center at Tor Tre Teste
"Fifty Churches for Rome"
International Competition
1994

The site for the church is in the new quarter of Tor Tre Teste in the eastern periphery of Rome. In the past, new churches were slotted into a finite well-defined urban landscape in close relation with the architecture and life in the city. Today most new religious buildings must be set in brutal, incomplete contexts. This means that the new architecture must have enough power and quality to redeem the negative features of the site and at the same time clearly to convey its own sacred nature. The overall structure consists of a large rectangular nave bounded by a very thick perimeter (2.5 meters) obtained by building a double wall: an external wall and a large internal glass one. In designing religious buildings, a convincing response must be found to the problem of decoration. A plausible approach may lie in making a fresh interpretation of the didactic role played by frescoes in the past. Sacred images and scriptures could be silk-screened onto some of the internal glass walls as a way of highlighting their irrecoverable absence.

Progetto per un centro parrocchiale
a Tor Tre Teste
Concorso internazionale
"50 chiese per Roma"
1994

L'area destinata al progetto si trova nel nuovo quartiere Tor Tre Teste, nella periferia est della città. La chiesa è sempre stata, nella maggior parte dei casi, inserita nel paesaggio urbano, in stretto rapporto con la città che ha costituito in passato il suo paesaggio naturale. Oggi, il più delle volte, i nuovi edifici religiosi vengono collocati in contesti brutali e incompiuti e ciò richiede un intervento di grande forza in grado di riscattare l'edificio di culto e di esprimere, in modo chiaro, la sacralità del luogo. L'impianto generale del nostro progetto comprende una grande navata di forma rettangolare definita da un perimetro di spessore notevole (2,5 metri), ottenuto con la realizzazione di una doppia parete: una esterna in muratura e una interna vetrata. Nella progettazione di un edificio di culto è necessario anche dare una risposta convincente al problema della decorazione. Oggi, una risposta plausibile a questo delicato problema è forse quella di reinterpretare il ruolo pedagogico che avevano in passato gli affreschi. Su alcune parti delle vetrate interne, a evocare la loro irrimediabile assenza, potranno essere serigrafate immagini e scritture sacre capaci di raccontare di nuovo una storia.

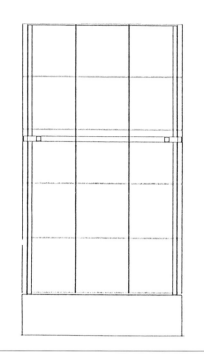

11

12

Bus Stop Canopy, Rome
1996

The fact that traditional static billboard advertisements are now often replaced with moving electronic messages based on information technology radically changes the functional and expressive potential of the bus stop. The "Infobustop" project is thus organized to meet two main requirements: to provide shelter and to inform. To provide shelter, an archetypal form has been chosen: the minimal inhabitable structure composed of a plane supported by two upright elements. This is a simple primary form as familiar as the table played under by children. The information function relies on state-of-the-art video and information technology. Nothing can be more vulgar and cruder in the contemporary city than a jungle of advertising signs and boards. To combat this phenomenon advertising was considered an integral part of the project logic from the outset.

Progetto di una pensilina
di fermata per autobus, Roma
1996

La possibilità di sostituire i tradizionali messaggi pubblicitari statici, di tipo cartaceo, con messaggi di tipo dinamico, usando i nuovi supporti informatici ad alta tecnologia, cambia radicalmente le potenzialità espressive e funzionali del tema in oggetto. Il progetto "Infobustop" si definisce quindi intorno a due esigenze principali: riparare ed informare. Per riparare si è scelta la forma archetipa della struttura minima abitabile composta da un piano sorretto da elementi verticali. Una forma familiare, semplice e primaria, come quella di un tavolo sotto il quale si può anche "abitare", come spesso fanno i bambini che nei loro giochi lo usano come il tetto di una ipotetica casa dove nascondersi, rifugiarsi, ripararsi. Per informare si è scelto di utilizzare tutto ciò che le nuove tecnologie video e informatiche sono oggi in grado di offrire. Nella città contemporanea niente riesce ad essere più grossolano e volgare della gran massa di insegne e di pannelli pubblicitari. Perciò la pubblicità è stata considerata fin dall'inizio come una parte integrante della logica del progetto.

13

14

15

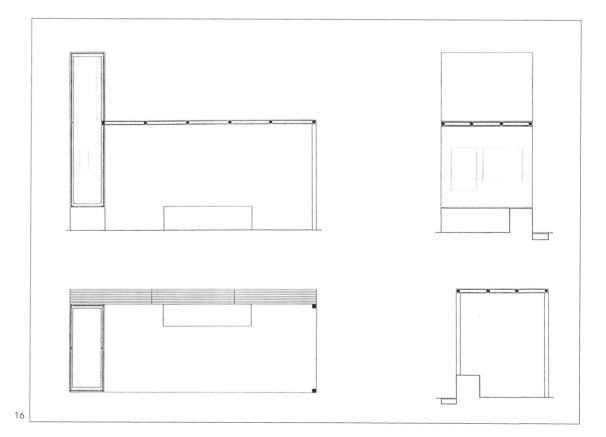

11. Section.
    Sezione.
12,15. Elevation with the
    display switched on.
    *Prospetto con il
    display in funzione.*
13,14. 1:1 scale model.
    Modello in scala 1:1.
16. Plans and sections.
    Piante e sezioni.

16

17. Interior view of the gallery.
    Veduta interna del ballatoio.
18. Drawings of the windows.
    Disegni delle vetrate.
19. Night view of the gallery: detail.
    Veduta notturna del ballatoio: particolare.

Villa Schiavoni Housing, Teramo 1987–1991

The housing is set in a magnificent landscape in the Abruzzo countryside. The 18-unit building stands on slightly sloping ground. The overall structure consists of two fairly narrow buildings joined by a wide gallery.

The main facade of the building is completely blind, while the rear front has a large metal-framed glass wall in the central section. Exploiting the sloping ground, the car parks, cellars and service premises are underground, while the housing level is above ground. The importance of the gallery as a collective space – an "architectural place" – for the whole housing is highlighted by the special use of materials, by its size and by the exceptional large glass wall. The plan of the dwellings is simple and traditional. The only unusual feature is in the living-room space, enhanced by a full height French window opening onto a loggia, highlighting the view of the landscape stretching down into the valley.

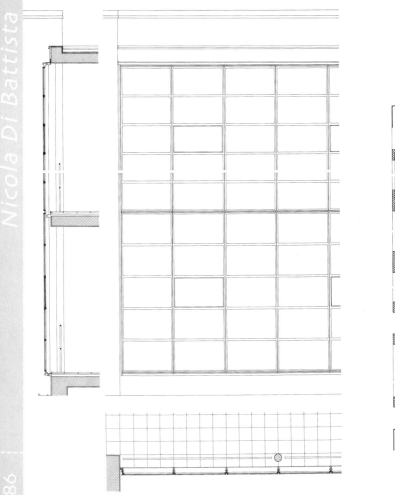

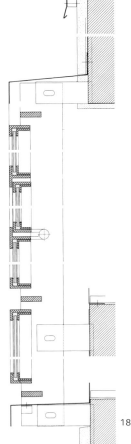

Progetto per un edificio residenziale a Villa Schiavoni, Teramo 1987–1991

Questa casa sorge su un'area di grande valenza paesaggistica nella campagna abruzzese. Si tratta di un edificio composto da 18 alloggi, collocato su un terreno in leggero pendio. L'intervento è composto da due corpi di fabbrica di spessore limitato, uniti da un ampio ballatoio. L'edificio è interamente chiuso nella sua facciata principale; mentre quella posteriore, nella sua parte centrale, è aperta, con una grande vetrata in metallo. Sfruttando la pendenza del terreno, i parcheggi, le cantine e i locali di servizio risultano seminterrati, mentre si innalza la quota delle abitazioni. L'importanza del ballatoio come spazio collettivo, "luogo architettonico" di tutta la casa, viene accentuata dall'uso particolare dei materiali, dalla sua dimensione, e dall'aspetto eccezionale della grande vetrata. La distribuzione interna degli alloggi è consueta; l'unica particolarità si verifica nello spazio di soggiorno, dilatato da una grande porta-finestra a tutta altezza che si apre sulla loggia, privilegiando la veduta sul paesaggio verso la valle.

20. Site plan.
    Planimetria generale.
21. View of the south-
    west front.
    *Veduta del fronte
    sud-ovest.*
22. Ground floor and
    basement plan.
    *Piante del piano terra
    e del seminterrato.*
23. South view.
    Veduta da sud.

20

21

22

Biography

1953   born in Teramo

1973–85   studied architecture in Rome and Milan

1981–85   completed his training in the firm of Giorgio Grassi, Milan

1986   opened a practice in Rome with Patrizia Di Donato and Ermanno De Berardis

1989–94   lectured at the international workshop "Naples, architecture and the city"

1992–96   deputy editor of the Domus magazine

1995–96   lecturer on "the theory of contemporary architectural research" at the Faculty of Architecture, University of Rome

1996–98   lecturer on "the theory of contemporary architectural research" at the Ascoli Piceno Faculty of Architecture, University of Camerino

1997–98   lecturer on design at the ETH, Zurich Federal Polytechnic

Projects and Works

1980   Project for Housing in Via Merulana, Rome

1983   Project to redesign the boundaries of the Domus Aurea Park, Rome

1984   Project for the "Museum of the City and of Roman Architecture" on the Esquiline, Rome

    Project for a Single-family House, Teramo

1985   Chiarini House, Teramo (built in 1993)

1986   Competition for a Home for the Elderly, Giulianova
Winning design, under construction

1987   Villa Schiavoni Housing, Teramo (built in 1991)

1988   Design for a public garden with fountain, Elice, Pescara

1990   International competition for the Regional Government Building, Marseilles

    Invitation Design for the Don Valley, Toronto, Canada

1991   Europan 2 competition to redesign the layout of an urban block on Bornholmer Strasse, Berlin

1992   Design for Scaramella House, Tor de' Cenci, Rome

1993   Hommage a Gropius. Invitation competition for a tea set (prize-winning design)

1994   Project for an Evangelical Church, La Ciotat, France

    "Fifty Churches for Rome" international competition: Parish Center at Tor Tre Teste, Rome (commended design)

1995   International competition for the Redevelopment of the Borghetto Flaminio Area, Rome

1996   Design for the renovation and extension of a primary school at Limbiate, Milan (under construction)

    Design for a Bus Stop Canopy, Rome

    Project for a Multimedia Services Center in the former Stock Exchange, Florence (under construction)

    Project to convert the former Colonia Solare into a university residence, Cassino (under construction)

    Project to renovate an urban block in an archeological area, Teramo

1997   GNAM invitation project: Layout for the National Gallery of Modern and Contemporary Art, Rome

Biografia

1953   Nato a Teramo

1973–85   Studia architettura a Roma e a Milano

1981–85   Compie il suo apprendistato nello studio di Giorgio Grassi a Milano

1986   Fonda uno studio a Roma con Patrizia Di Donato e Ermanno De Berardis

1989–94   Docente al seminario internazionale "Napoli, architettura e città"

1992–96   Vice-direttore della rivista "Domus"

1995–96   Docente di "Teorie della ricerca architettonica contemporanea" alla facoltà di architettura della "Sapienza", Roma

1996–98   Docente di "Teorie della ricerca architettonica contemporanea" alla facoltà di architettura di Ascoli Piceno, Università di Camerino

1997–98   Docente di progettazione all'ETH, Politecnico Federale di Zurigo

Elenco dei progetti

1980   Progetto per un edificio residenziale in via Merulana, Roma

1983   Progetto di sistemazione dei limiti del parco della "Domus Aurea", Roma

1984   Progetto per un "Museo della Città e dell'Architettura Romana" sul Colle Esquilino, Roma

    Progetto per una casa unifamiliare, Teramo

1985   Casa Chiarini, Teramo (realizzata nel 1993)

1986   Concorso per la progettazione di una casa-albergo per anziani a Giulianova (primo premio, in corso di realizzazione)

1987   Edificio residenziale a Villa Schiavoni, Teramo (realizzato nel 1991)

1988   Progetto di un giardino pubblico con fontana, Elice, Pescara

1990   Concorso internazionale per la progettazione del Palazzo della Regione a Marsiglia

    Progetto ad inviti per la Don Valley, Toronto, Canada

1991   Concorso Europan 2 per la ridefinizione di un isolato sulla Bornholmer Strasse, Berlino

1992   Progetto di Casa Scaramella, Tor de' Cenci, Rom

1993   Concorso a inviti "Hommage a Gropius". Progetto di un servizio da thè (progetto premiato)

1994   Progetto di una Chiesa Evangelica, La Ciotat, Francia

    Concorso internazionale per un Centro Parrocchiale a Tor Tre Teste, Roma (progetto menzionato)

1995   Concorso internazionale per la riqualificazione dell'area del Borghetto Flaminio, Roma (selezionato per il 2° grado)

1996   Progetto di ampliamento e ristrutturazione di una scuola elementare a Limbiate, Milano (in corso di realizzazione)

    Progetto di una pensilina di fermata per autobus, Roma

    Progetto di un Centro Servizi Multimediali all'ex Borsa Valori di Firenze (in corso di realizzazione)

    Progetto di trasformazione dell'ex Colonia Solare in residenza universitaria, Cassino (in corso di realizzazione)

    Progetto per il recupero di un isolato in area archeologica, Teramo

1997   Sistemazione della Galleria Nazionale d'Arte Moderna e Contemporanea di Roma. Progetto "a inviti" a cura della GNAM

Partners and Collaborators
Partners e Collaboratori

Patrizia Di Donato
Ermanno De Berardis

Claudio Andreoli
Lloyd Marcus Andresen
Raffaele Di Gialluca
Elenio Di Giuliantonio
Simon Hartmann
Emiliano Manari
Fabrizio Mancinelli
Marisa Perpetua
Anne-Simone Pfister
Adelaide Venturoni

23

Bibliography
Bibliografia

From 1987 to 1996 he published several theoretical writings in *Domus*, including:
Dal 1987 al 1996 pubblica sulla rivista Domus alcuni scritti teorici sulla disciplina. Fra cui:
"Appello agli architetti" n.767, 1995,
"Piccolo manifesto per l'architettura" n 775, 1995.

"Hinterland" n.23, Milano 1982.

Catalogo del II Premio Internazionale di Architettura "Andrea Palladio", Electa, Milano 1991.

"Almanacco dell'Architettura Italiana" n.2, Electa, Milano 1993.

"Casabella" n.607, 1993.

"AMC", n.41, Parigi 1993.

"D'Architettura" n. 12, 1994.

"La nuova chiesa - appunti per un progetto contemporaneo", Electa, Milano 1995.
"SD Space Design" n.2, Tokyo 1996.

Catalogo della mostra "Fuoriuso '96", Ed. Arte Nova, Pescara 1996.

"Casabella" n.639, 1996.

1

Presentation

We should firstly like to mention our lot living in the 'periphery' of Italy. The privileges offered by our condition as inhabitants of the furthest-flung provinces have been greatly reduced as the century draws to a close. We still fully enjoy the benefits of anonymity but no longer the equally sacred advantages of misinformation. The TV remote control has made us planetary voyeurs. We can observe a great deal without being observed. If anyone even suggests unveiling us, then we are ashamed and feel naked.

From our positions, silence is a necessity and a vice. Moreover, we are perfectly aware of just what little we have to offer to others. What we do have, however, is peerless inconsistencies. In short, we have not been gifted with that marvelous ability to match saying with doing. Intimidated, we observe this phenomenon in the grand waffles and magnificent theoretical summaries found in the reviews of the architectonic art. We are short of prophetic techniques and confess our total unpredictability.

A design is a risky challenge for us reckless gamblers, who never know in advance what it may bring. Being so imprudent and naive, how could we possibly supply exact accounts to certify our authenticity?

No. Our products are not quality controlled from above. We will, however, go on blithely designing until someone stops us. We still don't know whether this is out of courage or foolhardiness.

Presentazione

Diremo innanzitutto della fatalità del nostro vivere ai margini del Regno. I privilegi offerti dalla condizione di abitatori delle estreme province si sono, in questi ultimi anni del secolo, dimezzati; vi si godono ancora interi i benefici dell'anonimato ma non più quelli, ugualmente solenni, della disinformazione. Il telecomando, buon ultimo, ci ha resi dei voyeurs planetari che molto vedono senza essere visti. Se appena qualcuno fa l'atto di svelarci, allora ci si vergogna e ci si sente nudi. Il silenzio diventa, da queste postazioni, una necessità ed un vizio. D'altro canto, sappiamo di avere poche bellezze in confronto ad altri mentre, in compenso, disponiamo di ineguagliabili incoerenze. Non ci è donata, insomma, la meravigliosa coincidenza tra il dire e il fare che, intimiditi, osserviamo nelle grandiose pastellature e nelle magnifiche sintesi teoretiche delle riviste di arte architettonica. Difettiamo in tecniche oracolari e confessiamo la nostra assoluta imprevidenza. Una rischiosa scommessa è per noi il progetto, incauti giocatori non sappiamo mai in anticipo cosa esso ci riservi. Così imprudenti e ingenui come potremmo, dopo, essere in grado di fornire resoconti esatti ed attestazioni di autenticità? No: i nostri prodotti non hanno denominazione di origine controllata. Allegramente, però progetteremo finchè qualcuno non ci arresti ed ignoriamo tuttora se ciò sia frutto di coraggio o di mera incoscienza.

2

Two projects for a
municipal park at
Montedoro.
*Due progetti per il
parco urbano di
Montedoro.*
1. General plan.
   Planimetria generale.
2,3. Interiors tridimen-
      sional views.
      *Viste tridimensionali
      degli interni.*

3

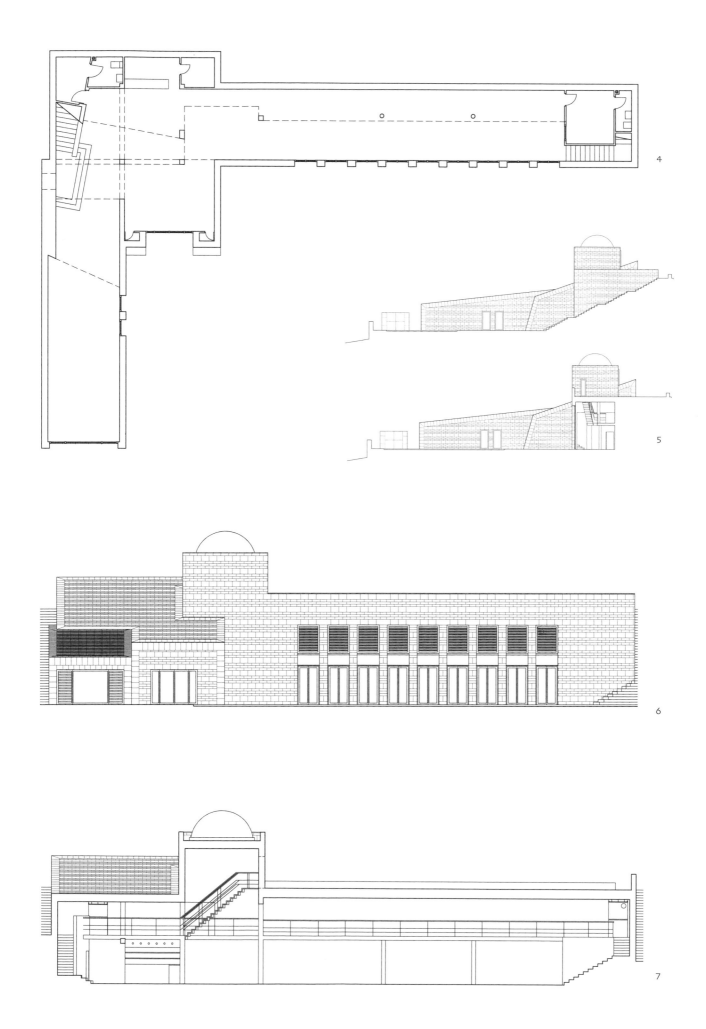

4

5

6

7

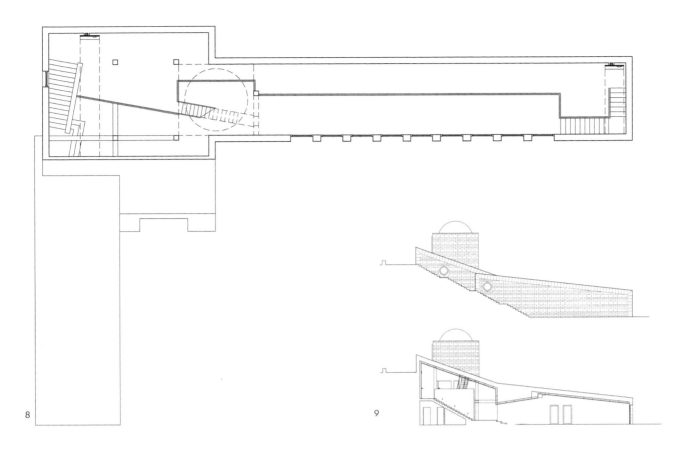

8

9

4-9. Floor plans, sections, and elevations of the museum.
Piante, sezioni e prospetti del museo.

Two projects for a municipal park at Montedoro 1996

The projects presented here are infrastructures in the municipal park of Montedoro. Situated in a fine landscape, the park has considerable natural interest. Dominating the whole surrounding area, on the town side the park is like a great terrace, while on the other side are the hills and towns in this central region of Sicily: Sutera, Mussomeli, Campofranco and Serradifalco.

Two buildings will house a small museum and a panoramic restaurant. In a certain sense they thus reinforce the existing morphological duality in the park area. The museum is situated on an area with a slope towards the town and a sheer drop above the countryside. The restaurant stands in a plateau-like area dominating the rest of the park. The two buildings will be linked by a lane identifiable by a row of stone-pines rising up to the highest slopes.

The Museum

Dug into a slope, the museum building is only just visible from the approach road to the park, but is then fully revealed in the opening where it stands. Three stone-clad volumes – one rectilinear, the other two sloping – are fitted into each other. Inside are the entrance, a small foyer and a two-level exhibition space. The roof terrace of the rectilinear volume can be used in good weather as an extension to the exhibition room.

Due progetti per il parco urbano di Montedoro 1996

I progetti, che qui presentiamo, costituiranno le infrastrutture del parco urbano della città di Montedoro. L'area su cui sorge il parco è di grande interesse paesaggistico, essendo situata in posizione elevata rispetto all'abitato e alle zone circostanti, si affaccia come una grande terrazza da un lato sulla città, dall'altro sui colli, e più lontano, sui paesi che popolano questa parte centrale della Sicilia: Sutera, Mussomeli, Campofranco, Serradifalco.

I due edifici ospiteranno un piccolo museo e un ristorante panoramico e in un certo senso rafforzeranno la dualità morfologica che l'area del parco già possiede: infatti il museo insisterà su un'area che mostra un declivio dal lato verso il paese ed uno strapiombo verso il paesaggio, mentre il ristorante sorgerà su un'area che domina il resto del parco e che è assimilabile ad un altopiano.

Il collegamento tra i due edifici sarà realizzato tramite una stradella che si inerpicherà sulle pendici della zona più alta, e sarà segnata da un filare di pini italici.

Il museo

L'edificio che ospita il museo si inserisce in una zona a pendio per cui risulta appena visibile dalla strada del parco mentre si mostra nella sua interezza nello slargo su cui si affaccia. E' costituito da tre corpi – rettilineo uno, a piano inclinato gli altri due – rivestiti in pietra, che si incastrano l'un l'altro. All'interno l'ingresso, un piccolo foyer, ed una sala espositiva su due livelli. Il tetto del corpo rettilineo, pedonabile, può essere utilizzato, quando il tempo è bello, come prolungamento della sala espositiva.

10

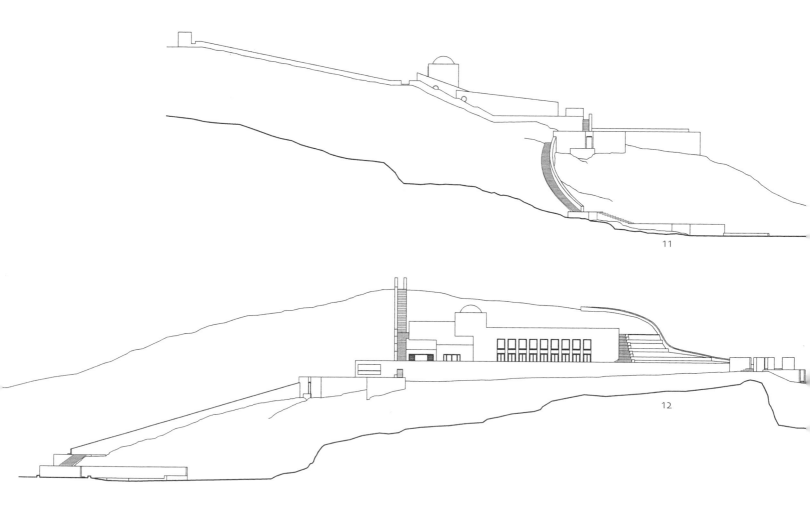

11

12

The Restaurant

Nestling in a dominant position, the restaurant is reached by a lane winding up the sloping ground. A long narrow volume with jutting side structures for the services, the building ends in a small amphitheater. A stairway runs along the whole length of the building, going into one end and coming out of the other, before entering the amphitheater.

Il ristorante

Arroccato in posizione dominante, il ristorante si raggiunge per mezzo di una stradina che si adagia sul terreno. E' costituito da un lungo e stretto edificio che su un fianco presenta le escrescenze dei servizi, e che si conclude con un piccolo anfiteatro. Una scala lo attraversa per tutta la sua lunghezza: vi si immerge da una estremità, emerge dall'altra per poi reimmergersi nell'anfiteatro.

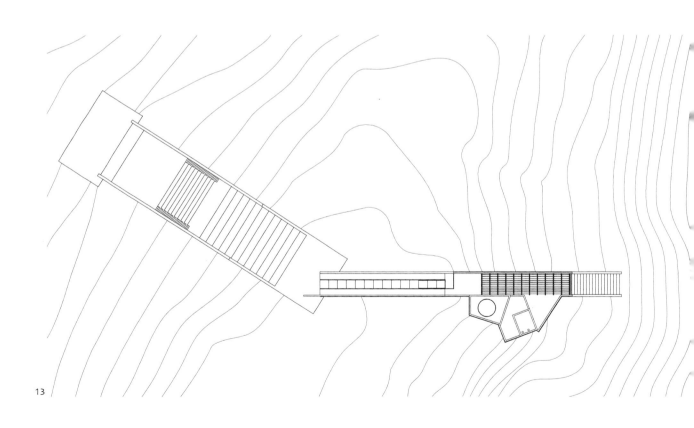

13

14

15

16

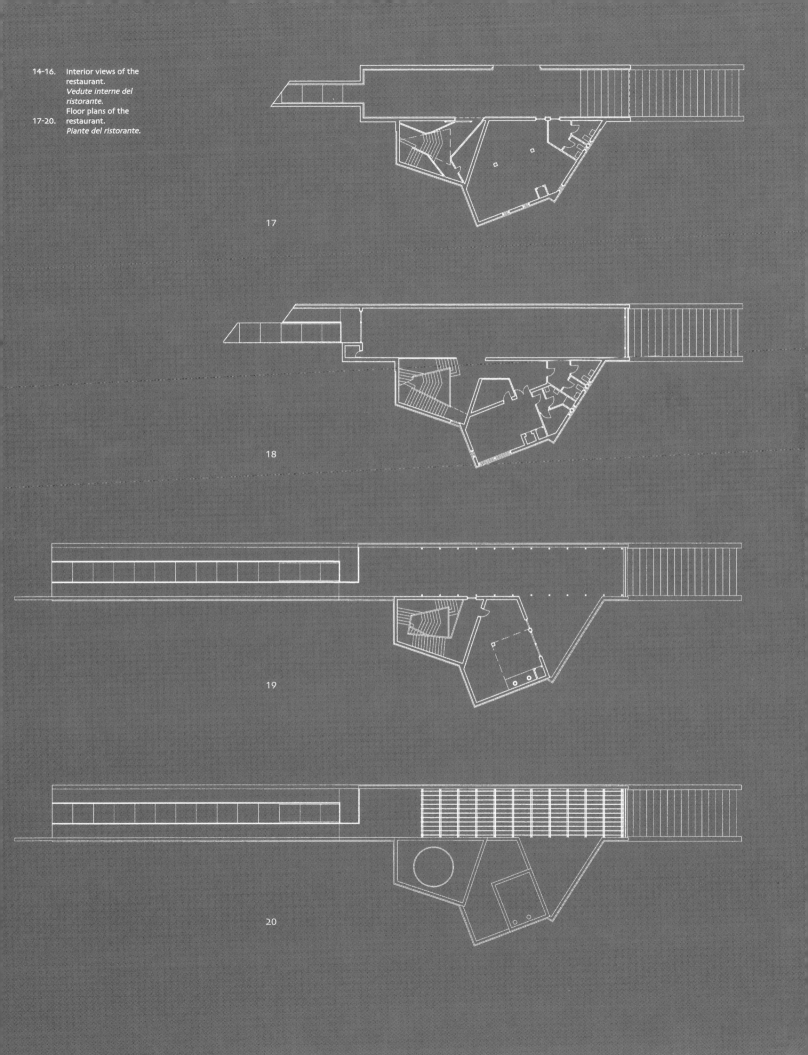

14-16. Interior views of the
        restaurant.
        *Vedute interne del
        ristorante.*
        Floor plans of the
17-20. restaurant.
        Piante del ristorante.

17

18

19

20

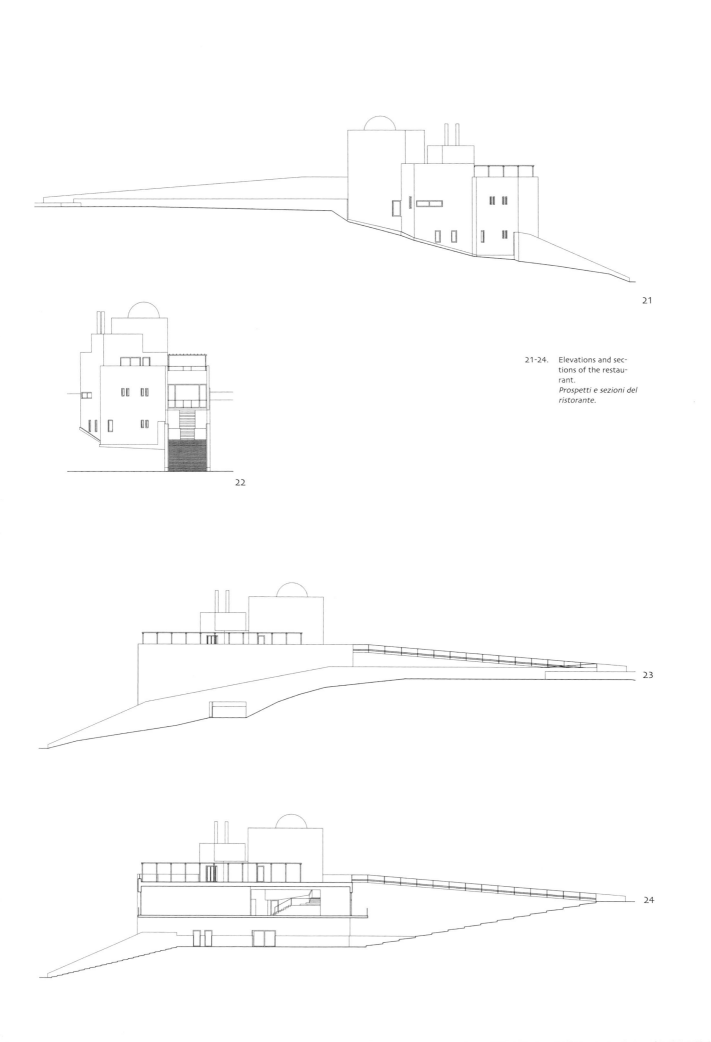

21

22

21-24. Elevations and sections of the restau-
rant.
*Prospetti e sezioni del
ristorante.*

23

24

Biographies

Vincenzo Duminuco

1957	born in Caltanissetta
1984	graduated in architecture from the University of Palermo

Giovanni Gruttadauria

1957	born in Caltanissetta
1984	graduated in architecture from the University of Palermo

Ugo Rosa

1955	born at Santa Caterina Villarmosa
1983	graduated in architecture from the University of Palermo
1992	research doctorate at the University of Naples Federico II

Itaca Architetti Associati

1985	the associate practice Itaca opened in Caltanissetta
1987	took part in the workshop "Avezzano and environs: designs for the city and the Fucino centers"
1989–95	took part in the exhibitions and workshops of the "Young Italian Architecture"
1991	5th Venice Architecture Biennale

Awards

1989	"Italian Architects of the Young Generation"
1993	9th Tercas architecture prize, Teramo (second prize)
1994	Luigi Cosenza Prize

Projects and Works

1983	Competition for bathroom design
1985	Social Center, Montedoro, Caltanissetta
	Competition for a Park of the Resistance at Savignano sul Rubicone (with Ezio di Mauro)
	House and craft workshop, Caltanissetta (with Ezio di Mauro)
1986	Competition for Santa Maria della Cava, Marsala (commended)
1987	Housing for the Nadir cooperative, Caltanissetta (with Ezio Di Mauro)
	Project for an auditorium at Santa Caterina Villarmosa, Caltanissetta (with Ezio Di Mauro)
1988	Project for a school in Caltanissetta (with G. Amarù, E.Di Mauro, C. Vaccaro, and E. Grottadauria)
	Project for the Robinson Park at Sommatino, Caltanissetta (with Ezio Di Mauro)
1989	Project for a multipurpose center at Montedoro, Caltanissetta (con E. Di Mauro)
	Project for sheltered housing for the elderly at Montedoro, Caltanissetta
1990	Project for a home for the elderly at Chiaramonte Gulfi, Agrigento (con E. Di Filippo and F. Guccione)
	Competition "Five piazze for Milis" (with M. Duminuco)
1991	Competition for Nara Convention Hall, Nara, Japan
1992	Project for a city of culture at Montedoro, Caltanissetta
1993	Competition for a street and three piazzas at Gela (commended)
	9th Tercas Prize competition, Teramo (secondo prize)
1995	Project for a small exhibition space at Montedoro, Caltanissetta
1996	Project for a restaurant at Montedoro, Caltanissetta (with A. Lo Monaco and G. Di Rocco)

Biografie

Vincenzo Duminuco

1957	Nato a Caltanissetta
1984	Laurea in architettura presso l'università di di Palermo

Giovanni Gruttadauria

1957	Nato a Caltanissetta
1984	Laurea in architettura presso l'università di di Palermo

Ugo Rosa

1955	nato a S. Caterina Villarmosa
1983	Laurea in architettura presso l'università di di Palermo
1992	Dottorato di Ricerca presso l'Università Federico II di Napoli

Itaca Architetti Associati

1985	Fondano lo studio associato Itaca a Caltanissetta
1987	Partecipazione al seminario "Avezzano e dintorni: progetti per le città ed i centri del Fucino"
1989–95	Partecipano a mostre e seminari sul lavoro della "Giovane Architettura Italiana"
1991	Biennale di Venezia: "Quinta Mostra Internazionale di Architettura"

Premi

1989	Premio "Architetti Italiani della giovane generazione"
1993	"Premio Tercas architettura IX edizione", Teramo (secondo classificato)
1994	Premio "Luigi Cosenza"

Elenco dei progetti

1983	Concorso internazionale di design "Progetto bagno"
1985	Centro sociale a Montedoro
	Progetto di concorso per un "Parco della resistenza" a Savignano sul Rubicone (con Ezio di Mauro)
	Casa e bottega per un artigiano a Caltanissetta (con Ezio di Mauro)
1986	Concorso per "Il Santuario di Santa Maria della Cava" a Marsala (segnalato)
1987	Abitazioni per la cooperativa Nadir a Caltanissetta (con E. Di Mauro)
	Progetto di un auditorium a Santa Caterina Villarmosa (CL) (con E. Di Mauro)
1988	Progetto di un edificio scolastico a Caltanissetta (con G.Amarù, E. Di Mauro, C. Vaccaro, E. Grottadauria)
	Progetto per il Parco Robinson a Sommatino (CL) (con E. Di Mauro)
1989	Progetto di un centro polifunzionale a Montedoro (CL) (con E. Di Mauro)
	Progetto di una casa protetta per anziani a Montedoro (CL)
1990	Progetto di una casa di riposo a Chiaramonte Gulfi (AG) (con E. Di Filippo e F. Guccione)
	Concorso "Cinque piazze per Milis" (con M. Duminuco) (rimborso spese)
1991	Concorso internazionale: "Nara convention hall"
1992	Progetto per una città della cultura presso Montedoro
1993	Concorso "Una via, tre piazze" a Gela (segnalato)
	Concorso "Premio Tercas architettura, 1993, IX edizione", Teramo (secondo classificato)
1995	Progetto per una piccola struttura espositiva a Montedoro
1996	Progetto per un ristorante a Montedoro (con A. Lo Monaco e G. Di Rocco)

Partners and Collaborators
Partners e Collaboratori

Ezio di Mauro
G. Amarù
C. Vaccaro
E. Grottadauria
F. Guccione
A. Lo Monaco
G. Di Rocco

Bibliography
Bibliografia

Catalogo della mostra "Giovani architetti in Sicilia", Medina editrice, 1985.

G. Polin, "Giovani architetti Siciliani", in: "Casabella" n. 515, Luglio 1985.

Catalogo della mostra "Architetti in Sicilia", Medina editrice, 1986.

Supplemento a "In Architettura" n.13, pag.4, Medina editrice, aprile 1987.

"Avezzano e dintorni, progetti per la città e i centri del Fucino", Medina editrice, 1987.

Catalogo della mostra "Architettura Italiana della giovane generazione", Ed. Progetto Nuovo, 1989.

"D'Architettura" n. 2, Settembre 1990.

"Almanacco Electa 1991 dell'Architettura Italiana", Electa, Milano 1991.

Catalogo della quinta mostra internazionale di Architettura della Biennale di Venezia, Electa, Milano 1991.

"D'Architettura" n. 5, ottobre 1991.

Catalogo del concorso "La casa più bella del mondo", Edilstampa, 1992.

Catalogo della mostra "Progetti Italiani per la Nara Convention hall", Cangemi Editore, 1992.

"Almanacco Electa 1993 dell'Architettura Italiana", Electa, Milano 1993.

"Abitare" n. 320, "Sicilia Nuovissima" numero monografico dedicato alla Sicilia, Giugno 1993.

"In Architettura" n. 17/18, Giugno 1993.

Catalogo della mostra "Architettura italiana: un confronto tra generazioni", Ed'A 1993.

Catalogo della mostra "premio tercas architettura", Fondazione Tetraktis, Teramo 1994.

"Costruire" n. 130: supplemento allegato "Speciale Sicilia: l'architettura, le città, il territorio", Marzo 1994.

"Annuario Italiano dell'edilizia 1994", Editore Giuffrè, 1994.

C. Conforti e A. Belluzzi, "Architettura Italiana 1944–1994", Laterza, Roma-Bari 1994.

Catalogo della mostra "Architettura Italiana Contemporanea" Editrice Abitare, Segesta 1994

"L'informazione" 10/1/1995: "Il duemila nell'isola antica".

Catalogo della mostra "Fuori Uso Architettura 95" Umberto Sala Editore 1995.

Catalogo della mostra "Architetti in Sicilia '97" Medina Editrice 1997.

1

Mosè Ricci & Filippo Spaini

Presentation

In its first four years of professional activity, the Roman-based studio of Ricci & Spaini has concentrated on buildable projects and various national and international ideas competitions, winning several prizes and acknowledgments.

Ricci & Spaini pursue research into the quality of design within the working conditions of the building market through projects intended to interpret the nature and meaning of urban transformations. Their work is characterized by a number of recurrent themes.

The first theme is that of the project as fragment. Since various possible approaches may be made to the contemporary city, the project must identify them as fragments in different systems of relations organizing the apparent chaos of recent urbanization. A second theme concerns the configuration of public space as a fundamental value. Without it, there is no urban quality and no city. The third theme is that of the project as a multiple-scale intervention. In the contemporary city, shaped by large-scale strategies only clearly visible from close quarters, like complex systems of minimal transformations expressed only in terms of landscape, the project must go beyond the limits imposed by scale and establish multiple-scale relations to express the significance of the planned changes as well as discover new meanings. Lastly, there is the theme of the expression of differences: the search for identity based on a specific local condition and the need to communicate with others through shared images of change lead to an understanding of the complex meanings involved in transforming a given place. These meanings are made explicit – at various levels of interpretation – through the form of physical space and its potential figures.

Presentazione

Nei primi dodici anni di attività professionale lo studio Ricci & Spaini, con sede a Roma, ha concentrato la sua attività su occasioni concrete di intervento e sulla partecipazione a concorsi di idee nazionali ed internazionali con diversi premi e riconoscimenti.

Ricci & Spaini sviluppano una ricerca sulla qualità del progetto all'interno delle condizioni di operatività del mercato edilizio con interventi tesi a interpretare la natura e il senso delle trasformazioni urbane. Il loro lavoro è caratterizzato da alcuni temi ricorrenti.

Il primo è quello del progetto come frammento: se è possibile tracciare diversi percorsi interpretativi nella città contemporanea ai progetti spetta il compito di identificarli come frammenti dei differenti sistemi di relazione che organizzano l'apparente caoticità dell'urbanizzato recente. Un secondo tema riguarda la configurazione dello spazio pubblico, come valore fondamentale senza il quale non c'è qualità urbana, non esiste città. Il terzo tema è quello del progetto come intervento di scala multipla. Nella condizione contemporanea del territorio determinata da strategie di grande scala che si evidenziano solo allo sguardo ravvicinato, come di sistemi complessi di interventi minimali intercettabili solo alla dimensione del paesaggio, il progetto deve superare i recinti imposti dalla scala di intervento ed assumere rapporti di scala multipla per esprimere il senso delle modificazioni previste e trovare altri significati. L'ultimo tema è quello della espressione delle differenze. La rivendicazione dell'identità che deriva dalla specifica condizione locale e la necessità di comunicare con gli altri attraverso immagini condivise del cambiamento portano a comprendere nel programma progettuale la complessità dei significati che presiedono alla trasformazione di un determinato luogo; e a renderli espliciti – a diversi livelli di lettura – attraverso la forma dello spazio fisico e la sua figurabilità.

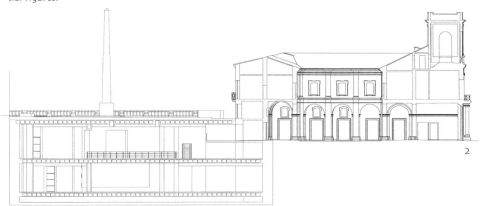

2

1,2. Sections.
   Sezioni.
3. New elevation facing the sea.
   Il nuovo prospetto verso il mare.

4

5

6

4,5.   Interior views of the
       new wing.
       Vedute dello spazio
       interno della nuova
       ala del museo.
6.   Terrace to the sea.
       La terrazza verso il
       mare.
7.   Main front of the old
       building.
       Il fronte del vecchio
       edificio.
8.   First floor.
       Piano primo.
9.   First basement floor.
       Piano primo
       seminterrato.
10.   Second basement
       floor.
       Piano secondo
       seminterrato.

MUMI Michetti Museum at Francavilla
1993–1997

The project is for the restoration and extension of the Dominican monastery at Francavilla to house a Museum of Contemporary Art.
The new building is constructed in the underground space of an embankment behind the old town walls and under Piazza Renaissance – the main square in the historic urban layout destroyed during the Second World War. The extension site plan includes the memory of the place by proposing two different positions for the architectural elements in the project. The first governs the dimensions and structural procedures and corresponds to the former orientation of the piazza main street. The second is oriented according to the axis of the monastery and is the position for the functional elements. The building axes are staggered in order to create a complex dynamic internal space for the exhibition itinerary round the double-height central room and to ensure the subsequent transformation into the new irreducible architectural elements in a unitary design.
The museum space opens outwards by projecting its white stone walls beyond the building to the paving of the piazza and the town walls.

MUMI Museo Michetti a Francavilla
1993–1997

Il progetto riguarda il restauro e l'ampliameto del Convento dei Padri Domenicani a Francavilla (Ch) per la realizzazione di un museo di arte contemporanea.
Il nuovo fabbricato è realizzato nello spazio ipogeo del terrapieno dietro le antiche mura urbane e sotto la piazza della Rinascita, cardine dell'impianto urbano storico distrutto nella seconda guerra mondiale. Il disegno planimetrico del fabbricato di ampliamento assume la memoria del luogo proponendo due diverse giaciture per gli elementi architettonici di progetto. La prima regola le dimensioni e i passi strutturali e corrisponde all'antico orientamento della piazza-corso urbano. L'altra è orientata secondo l'asse del convento e corrisponde alla giacitura degli elementi funzionali. Lo sfasamento degli assi della costruzione punta a ottenere uno spazio interno dinamico e complesso che descrive il percorso espositivo intorno alla sala centrale a doppia altezza e restituisce le successive trasformazioni del luogo nell'irriducibilità degli elementi di progetto a un disegno unitario.
Lo spazio del museo si dilata all'esterno proiettando le sue pareti di pietra bianca oltre i limiti del fabbricato, attraverso la pavimentazione della piazza e le mura della città.

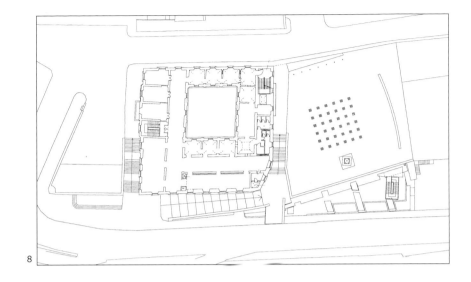

8

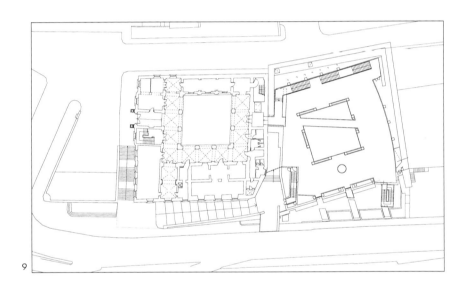

9

7

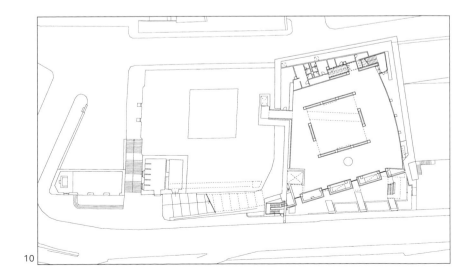

10

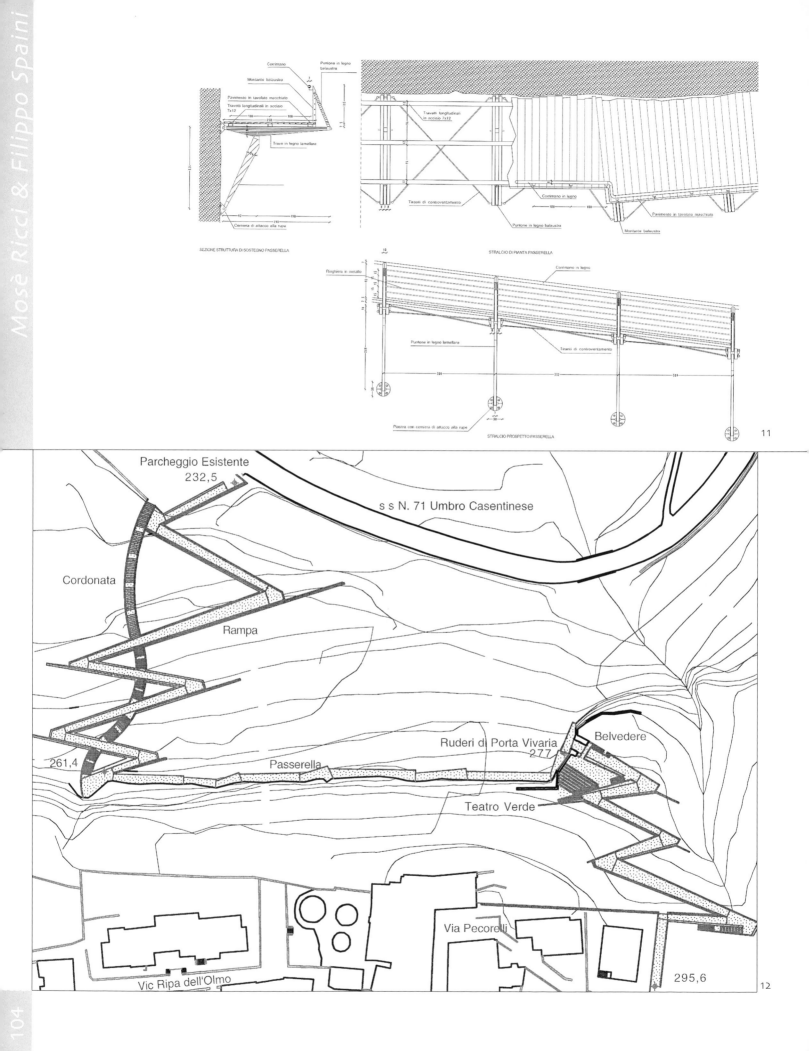

SEZIONE STRUTTURA DI SOSTEGNO PASSERELLA

STRALCIO DI PIANTA PASSERELLA

STRALCIO PROSPETTO PASSERELLA

11

Parcheggio Esistente
232,5

s s N. 71 Umbro Casentinese

Cordonata

Rampa

Ruderi di Porta Vivaria
277

Belvedere

261,4

Passerella

Teatro Verde

Via Pecorelli

Vic Ripa dell'Olmo

295,6

12

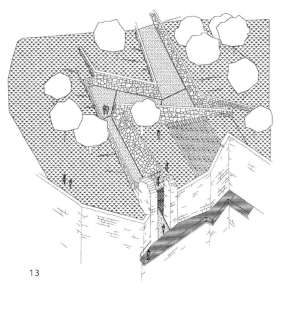

13

Approaches up the Orvieto Rock, Orvieto
1997

The project redesigns the old route up the north side of the rock from the Etruscan necropolis in the valley to the historic town on the hill. The crag is highlighted by creating an exploratory itinerary making use of the perforations in the support structures for tufa rock walls as reference points for the route up to the town. The project consists of three integrated interventions:

1) Porta Viaria Garden

The garden becomes the entrance to Orvieto through the excavations of the gate and the new road.

2) Hanging Ramp

The hanging ramp brings the visitor into direct contact with nature. The itinerary along the crag is a suspended laminated wood structure supported by the rock. The ramp follows the up and down course of the natural profile of the rock. On reaching the gate, the walkway joins up with a wooden terrace projecting out from the town walls.

3) Itinerary from the base of the rock to the Etruscan necropolis

Two access routes to the base of the rock are planned. The first is a road with hairpin bends gently winding up the slope and creating a series of terracings in the wood. The second itinerary is a more direct graded ramp cutting vertically up through the steepest section.

Percorso di risalita della rupe di Orvieto
1997

Il progetto ridisegna l'antico percorso sul lato nord della Rupe tra il centro antico sulla collina e la necropoli etrusca nella vallata.

Si intende valorizzare l'immagine della Rupe descrivendo un itinerario conoscitivo che usa le perforazioni di consolidamento della parete tufacea come appigli per la risalita verso la città. Il progetto comprende tre interventi integrati:

1) Giardino di Porta Vivaria

Questo luogo rappresenta l'ingresso ad Orvieto attraverso lo scavo della traccia della Porta e della nuova strada.

2) Rampa sospesa

E' un'esperienza di contatto diretto con la natura. Il percorso lungo la rupe è realizzato con una rampa in legno lamellare adagiata alla Rupe. La struttura segue, con i suoi disassamenti, il profilo naturale della roccia. Nel punto di arrivo alla Porta la passerella si innesta su una terrazza in legno che aggetta dalla cinta muraria.

3) Percorso tra la base della rupe e la necropoli etrusca

Sono previste due vie di accesso alla base della Rupe. La prima è realizzata con una strada a tornanti adagiata sul terreno che risale dolcemente il pendio disegnando una serie di terrazzamenti nella boscaglia. La seconda, più diretta, è una cordonata che taglia i tornanti lungo la linea di massima pendenza.

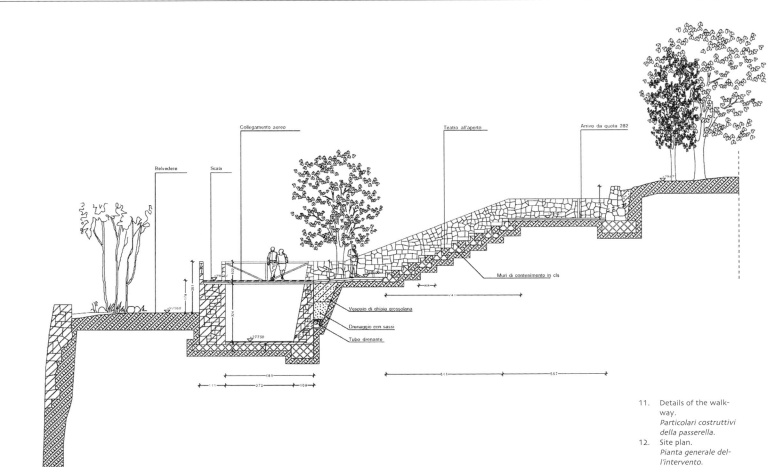

14

11. Details of the walkway.
    Particolari costruttivi della passerella.
12. Site plan.
    Pianta generale dell'intervento.
13. Axonometric.
    Veduta assonometrica.
14. Section through the stairway.
    Sezioni sulla scalinata.

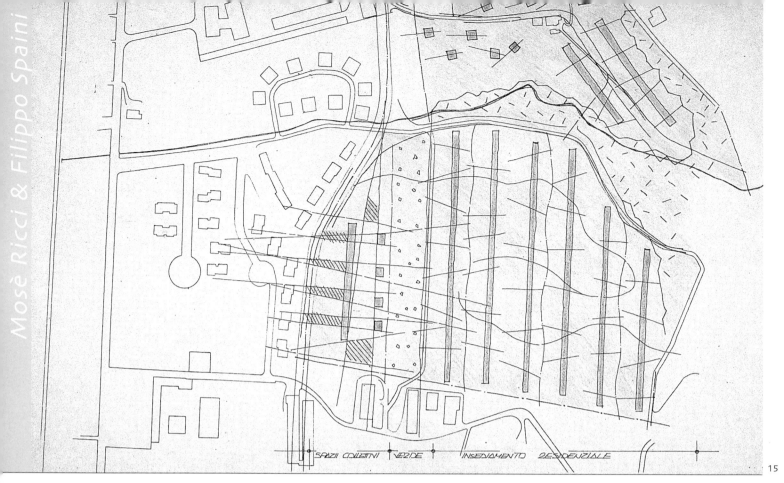

SPAZII COLLETTIVI VERDE INSEDIAMENTO RESIDENZIALE

15

16

Urban upgrading program for Francavilla 1997

With Alberto Raimondi and Antonella Morille

The objective of the project is to upgrade the urban quality of the existing public housing district in the settlement area that has been consolidated along the road coasting the Adriatic between Pescara and Francavilla. The range of types of dwellings will be enriched, new facilities and services will be added, and the residential tissue densified.

The ditch of the Acquatorbida, the greatest environmental emergency, crosses the area characterized by a slight and constant slope from east to west and an olive grove with a regular plan.

The project respects the identity of the location, and comprises a public park along the course of the river. The new dwellings from the plain towards the hills: small condominiums, semi-detached and detached houses, are arranged according to the altitude of the terrain, so as to always leave open the view towards the sea. The territory occupied by the new constructions and the streets is concentrated in order to leave as much space as possible to green areas. The pattern of the olive grove remains almost unvaried, and governs the design of the park. The fragmented arrangement of the buildings reflects the style of contemporary residential architecture in this part of the Adriatic coastland.

Programma di recupero urbano a Francavilla 1997

Con Alberto Raimondi e Antonella Morille

L'obiettivo del programma consiste nella valorizzazione del ruolo urbano del quartiere di edilizia pubblica esistente all'interno del sistema insediativo lineare consolidato lungo l'Adriatica tra Pescara e Francavilla. Si prevede una diversificazione dell'offerta abitativa con l'inserimento di nuove funzioni, di attrezzature di servizio e la densificazione del tessuto residenziale.

Tutta l'area è attraversata dal fosso dell'Acquatorbida che rappresenta la maggiore emergenza ambientale ed è caratterizzata da una leggera e costante pendenza in direzione est-ovest e dalla presenza di un oliveto a impianto regolare.

Il progetto tiene conto delle caratteristiche di identità del luogo con la previsione di un parco pubblico lungo il corso del torrente. Le nuove abitazioni dal piano verso la collina: palazzine, case a schiera e ville, sono disposte secondo un criterio insediativo che corrisponde all'andamento altimetrico e lascia sempre libera la prospettiva verso il mare. L'area occupata dalle nuove costruzioni e dalle linee delle strade è concentrata in modo da lasciare la maggior superficie possibile a verde. La trama dell'oliveto rimane quasi inalterata e regola il disegno dei giardini. La frammentazione dei corpi di fabbrica riflette lo stile dell'abitare contemporaneo in questa parte del territorio adriatico.

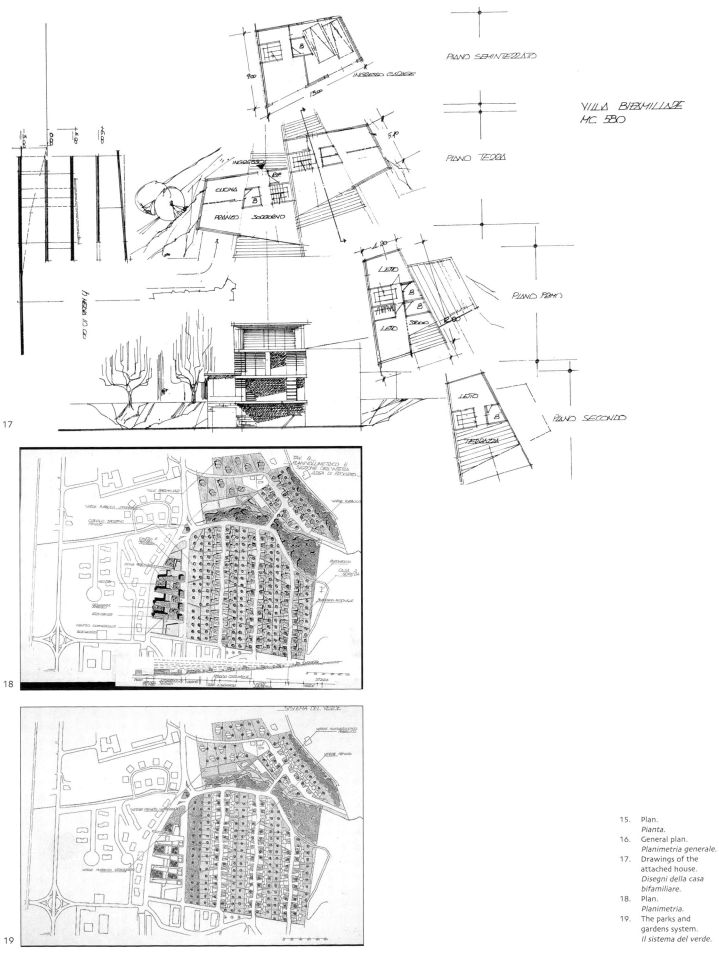

PIANO SEMINTERRATO

INGRESSO GARAGE

VILLA BIESMILIADE
MC 580

PIANO TERRA

INGRESSO
CUCINA   RIP
PRANZO   SOGGIORNO

PIANO PRIMO

LETTO
LETTO   STUDIO

PIANO SECONDO

LETTO
TERRAZZA

17

18

19

15. Plan.
    Pianta.
16. General plan.
    Planimetria generale.
17. Drawings of the
    attached house.
    *Disegni della casa
    bifamiliare.*
18. Plan.
    Planimetria.
19. The parks and
    gardens system.
    Il sistema del verde.

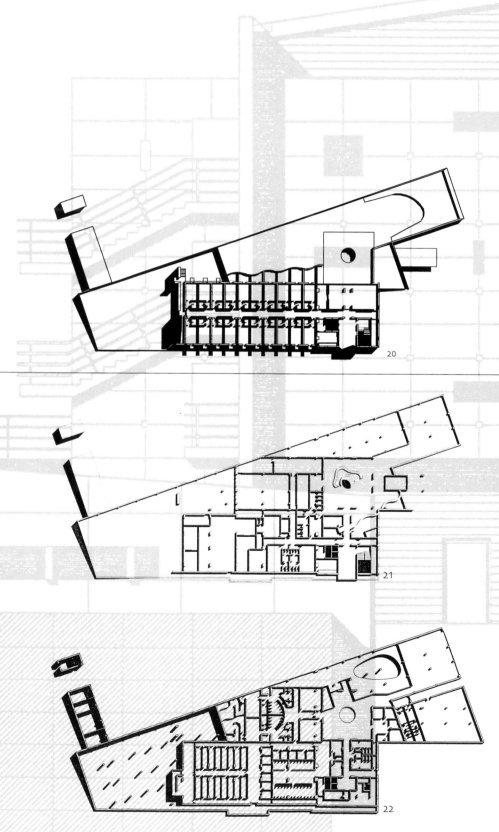

Spa Hotel at Caramanico, Pescara
1990–1995
With Mario Masci

The building is set in the project area along the east-west axis. Two staggered main volumes are adapted to the contours of the site and the position of the site in relation to Orfento valley. The first partially underground volume has two levels: the lower floor with spa facilities (inhalation room, aerosol, mud room, swimming pool, gym, Turkish baths, services and plant rooms) and the hotel entrance level (lobby, reception, bar, restaurant, offices, kitchens, stores, etc.). The building has a pearl-gray stone slab finish in an aluminum grid and a flat roof providing an artificial terrace on the mountain side, thus attenuating the overall volumetric impact. The second four-story building is above ground and contains the hotel functions and vertical circulation system. The cladding is Santa Fiora stone in an opus incertum pattern within aluminum frames; the lateral fronts are in clapboard. The plastered stair and lift volume with an aluminum grid looks uphill by means of a large window; the sloping roofs are made of copper.

Seen from the north, the opus incertum stone facade has colors ranging from gray, green to pinkish-brown, thus echoing the wooded Apennine landscapes. The whitish-gray cladding on the southern front stands out brightly from the similar colored rock walls of the Orfento canyon.

20

Albergo termale a Caramanico
1990–1995
Con Mario Masci

L'edificio si inserisce nell'area di progetto con direzione principale lungo l'asse est-ovest. E' articolato in due corpi principali disassati tra loro che si adattano alle caratteristiche altimetriche del terreno e sono riferiti alla posizione del lotto sulla valle dell'Orfento. Il primo corpo di fabbrica – a due livelli e parzialmente interrato – contiene il piano termale (inalatorio, nebulizzazione, fanghi, piscina, palestra saune e bagni turchi, impianti e centrali tecniche) e il piano hall dell'albergo (ingresso, reception, bar, ristorante, uffici, cucine, magazzini, etc.). E' rivestito in lastre di pietra Grigio Perla con ricorsi in alluminio ed ha una copertura piana praticabile che crea un terrazzamento artificiale sul fianco della montagna spezzando l'impatto volumetrico complessivo. Il secondo corpo di fabbrica contiene le funzioni alberghiere vere e proprie con i collegamenti verticali dei quattro piani fuori-terra. E' rivestito in pietra Santa Fiora ad opus incertum dentro una griglia di specchiature con ricorsi in alluminio; i fronti laterali sono in legno a doghe; il corpo scale è in intonaco con specchiature e ricorsi in alluminio e si apre a monte con una grande vetrata; le coperture inclinate sono in rame. Guardando il fabbricato da nord, la facciata in pietra ad opus incertum propone colori tra il grigio, il verde e il bruno-rosato, come quelli del paesaggio boschivo appenninico di monte; il fronte sud, costruito con rivestimento grigio-biancastro, si staglia sulle pareti isocrome del canyon dell'Orfento.

21

22

20. Typical floor plan.
    Piano tipo.
21. Hall plan.
    Piano Hall.
22. Spa plan.
    Piano Termale.
23. View of the hotel
    from Caramanico.
    *Veduta dell'albergo
    da Caramanico.*
24. West elevation.
    Prospetto ovest.
25. Overall view of the
    complex.
    *Veduta del complesso
    dalla terrazza.*

23

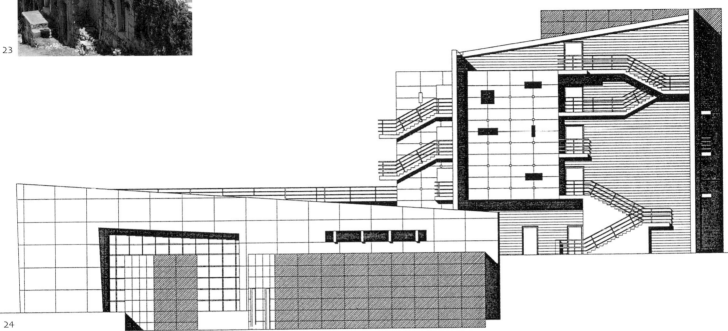

24

25

26. The floor halls looking to the bow-window.
Le hall di piano verso il bow-window.
27,29. Facade details.
Particolari delle facciate.
28. Site plan showing volumes.
Planivolumetria.

26

27

28

29

Biography

Mosè Ricci

1956	born in Florence
1980	graduated from Rome University
1983	researcher in the Pescara Faculty of Architecture, University "G. D'Annunzio", Chieti
1995/97	visiting professor at the School of Environmental Design, University of Waterloo, Toronto
1997	Fulbright visiting scholar at Harvard University, Cambridge (Mass.)

Filippo Spaini

1955	born in Rome
1982	graduated from Rome University
1984	Master of Architecture from Rice University, Houston
1984–97	guest critic and visiting lecturer: at Syracuse University, Florence; the Georgia Tech in Atlanta, Georgia, and in Paris; Ohio State University in Rome; and the Texas A&M in Figline Valdarno

Ricci & Spaini

1986	the associate practice SdA was founded with offices in Rome and Pescara
1996	took part in the Italian Pavilion in the 6th Venice Architecture Biennale

Projects and Works

1984	Competition for the layout of green areas in Pescara (joint first prize)
1986	Preliminary and construction design for an above-ground metropolitan from Chieti to Pescara
	Competition for 48 green areas in Rome (joint first prize)
	Competition for the seafront promenade at San Benedetto del Tronto (second prize)
1987	Spa Park at Caramanico, Pescara
	Competition for the urban layout of Valle Pietrosa (with Aldo Rossi) (Third prize)
1988	Public Park at Vasto (under construction)
1989	Competition for Piazza Duca d'Aosta, Milan
1990	Buildings and public spaces for the trade fair area at Lanciano (with Aldo Rossi)
	Val Padana public gardens, Rome
	Competition for Piazza Missori, Milan (commended)
	Competition "Piazza '90", Bari (second prize)
1991	Housing at Porta Montaniera, Casoli
	Piramide metropolitan station, Rome
1992	Spa Hotel at Caramanico, Pescara
	Study for the preservation of historic centers in the province of Rome
1993	Feasibility study for the urban renewal of Butte, Montana
	Restoration of the old building and construction of the new La Sirena auditorium, Francavilla (with Amelia Moccia and Raffaele Conti)
1994	Ophthalmic surgery center in Cairo (with Skidmore Owings & Merrill)
	Design for a tourist resort on the Red Sea (with Skidmore, Owings & Merrill)
	Preliminary design for the Park of the Rocca di Orvieto
	"Fifty Churches for Rome" International Competition: Parish Center at Acilia, Rome
	Competition for the Cardiff Bay Opera House
1995	Bastioni di Porta Montaniera mixed-use building at Casoli
	Spa structures at Popoli
1996	Venice Architecture Biennale: installation in the Italian Pavilion
	Hotel La Reserve at Caramanico, Pescara
	Restoration and completion of the Michetti monastery, Francavilla
1997	F. P. Michetti Museum of Contemporary Art at Francavilla
	Single-family house at Casoli

Biografie

Mosè Ricci

1956	nato a Firenze
1980	laurea a Roma
1983	Ricercatore presso la facoltà di architettura di Pescara, università "G. D'annunzio", Chieti
1995/97	visiting professor presso la School of Environmental Design della University of Waterloo, Canada
1997	visiting scholar, con borsa Fulbright, presso la Harvard University, USA

Filippo Spaini

1955	Nato a Roma
1982	Laurea a Roma
1984	'Master of Architecture', presso la RICE University di Houston, Texas
1984/97	visiting critic e visiting lecturer presso Syracuse University a Firenze; la Georgia Tech ad Atlanta, Ge, USA e a Parigi; la Ohio State University a Roma; la Texas A&M a Figline Valdarno

Ricci & Spaini

1986	fondano lo studio associato SdA con sedi a Roma e a Pescara
1996	Partecipazione alla VI Mostra Internazionale di Architettura della Biennale di Venezia, Padiglione Italia

Elenco dei progetti

1984	Concorso per la sistemazione delle aree verdi a Pescara (primo premio ex-aequo)
1986	Progetto preliminare ed esecutivo per la realizzazione di una metropolitana di superfice tra Chieti e Pescara
	Concorso per la sistemazione di 48 aree verdi a Roma (primo premio ex-aequo)
	Concorso per la sistemazione del lungomare a S. Benedetto del Tronto (secondo premio)
1987	Parco Termale a Caramanico
	Concorso per la sistemazione urbana della "Valle Pietrosa" (con Aldo Rossi) (Terzo premio)
1988	"Giardini di Diomede e Poseidone": parco pubblico a Vasto – in costruzione
1989	Concorso per la sistemazione di piazza Duca d'Aosta a Milano
1990	Edifici e spazi pubblici per l'area della fiera a Lanciano (con Aldo Rossi)
	Giardino pubblico "Val Padana" a Roma
	Concorso per la sistemazione di piazza Missori a Milano (menzionato)
	Concorso "Piazza '90", Bari (secondo premio)
1991	Edifici residenziali a Porta Montaniera, Casoli
	Stazione della Metropolitana "Piramide" a Roma
1992	Restauro e completamento di un complesso termale a Caramanico
	Studio per la conservazione dei centri storici per la provincia di Roma
1993	Studio di fattibilità per il rinnovo urbano di Butte, Montana
	Restauro del vecchio edificio e realizzazione del nuovo auditorium "la Sirena" a Francavilla (con Amelia Moccia e Raffaele Conti)
1994	Centro di chirurgia oftalmica al Cairo (con Skidmore Owings & Merrill) – in costruzione
	Progetto per un insediamento turistico sul Mar Rosso (con Skidmore, Owings & Merrill)
	Progetto di massima per il parco della Rocca di Orvieto
	Concorso "50 chiese per Roma": progetto per un centro parrocchiale ad Acilia
	Concorso internazionale "Cardiff Bay Opera House"
1995	"Bastioni di Porta Montaniera" edificio per residenze e spazi commerciali a Casoli
	Strutture termali a Popoli – in costruzione
1996	Installazione temporanea alla VI Biennale di architettura, Padiglione Italia
	Hotel La Reserve a Caramanico
	Restauro e completamento del convento Michetti a Francavilla
1997	Museo di Arte Contemporanea "F.P. Michetti" a Francavilla al Mare
	Casa unifamiliare a Casoli

Partners and Collaborators
Partners e collaboratori

Peter Chevalier
Carla Ghezzi
Mario Masci
Antonella Morille
Luigi Novelli
Elisabetta Piccione
Alberto Raimondi

Bibliography
Bibliografia

Concorso per la realizzazione di "48 aree di verde di vicinato nel Comune di Roma", in "L'industria delle costruzioni" n. 227, settembre 1990.

Concorso Nazionale Piazza '90, per la ristrutturazione di piazza Mercantile a Bari, in "AU" n. 37, marzo - aprile 1990 e in "Continuità" n. 4, 1990.

Piano di ristrutturazione delle strutture termali di Caramanico Terme (Pe), in "L'industria delle costruzioni" n. 199, maggio 1988; nell'"Almanacco dell'architettura italiana 1990–91", a cura di P. Ciorra, C. Conforti, A. Ferlenga, F. Irace, Electa, Milano, 1990.

Case di Porta Montaniera a Casoli (Ch): in "Almanacco dell'architettura italiana 1992–93", a cura di P. Ciorra, C. Conforti, A. Ferlenga, F. Irace, Electa, Milano, 1993; in: "L'industria delle Costruzioni", n. 266 dicembre, 1993, in "Architettura italiana contemporanea", a cura di Giampiero Bosoni, Milano, 1994.

Concorso di idee per nuovi centri parrocchiali a Roma, in "d'A" n° 12/94.

Restauro e ampliamento del Palazzo Sirena a Francavilla al Mare, in: "Architettura italiana: un confronto tra generazioni", a cura di Pino Scaglione, L'Aquila 1989.

Stabilimento termale a Popoli, in "Architettura italiana contemporanea", a cura di Giampiero Bosoni, Milano, 1994.

Albergo termale a Caramanico, nel catalogo della mostra "Biennale dell'Architettura 1996", Electa, Milano, 1996.

Museo Michetti a Francavilla, nel catalogo della mostra "Biennale dell'Architettura 1996", Electa, Milano, 1996.

Renato Rizzi

Presentation

The projects presented here have been chosen to illustrate a different outlook on the city and the European landscape, starting from a radical critique of modernism and its interpretations:
– the mirage of the new, covering a dissolved and lacerated face with its hollow mask;
– formalisms refusing the meaning of the object in favor of ambiguous games;
– the ideology of language transforming the concrete nature of reality into insubstantial words;
– technique, when it replaces thought, forcing inspiration and invention into the cage of the infinite;
– conceptualism imposing its abstract sophistication to produce bewilderment and confusion instead of understanding effective reality.
Architecture is thus once more brought into the domain of the inexhaustible fundamental categories of knowledge – logic, aesthetics and ethics – so as to forge a relation between thought-image-object.

Logic as the meaning of the true
Re-thinking the essence of meaning implies refusing the domination of the "nihilist" paradigm sustained by the technical-scientific positivism dominating Western culture and returning to the Classical paradigm sustained by humanist knowledge, whose center of gravity is ontological philosophy. The negative destiny of "beings" – nothingness – is opposed by the positive destiny of Being set to the background of the re-emergence of Europe, the great geographical metaphor which has generated an unending dialectic of conflict: the Baltic and the Mediterranean, myth and science, once more engage in their struggle to undo the hybrid entanglement which had canceled out their respective identities.

Esthetics as the form or image of the beautiful
In the language of nihilism, the emphasis is on the informal, the event, the fluid becoming of objects in the chance and oblivion of time, whereas reflecting on form means focusing on the Being of objects in the plasticity of space through the contemplative idea which is only ever realized in that instant – at the right time. The multiple physical thus dialogues with the metaphysical one. The epic-tragic epic stimmung of Classicism and the ironic-playful stimmung of modern positivism reveal the persistence of original archetypes beyond contemporary movementism and creativism.

Ethics as the Work making the good true
This means putting architecture back into touch with "reality". But here reality is not reduced to the secular mortal part of "beings", but also reflects the transcendental eternal dimension of Being. The reality of architecture, therefore, is not the isolated building per se, but the city and landscape in its unitary complexity. The great loser of our century is the city. It now demands an explicit close comparison between humanism and nihilism, between the unquenchable pathos of history and nature, on the

Presentazione

I progetti qui presentati intendono riflettere – e dunque sostenere – un diverso orizzonte di pensiero per la città e il paesaggio d'Europa, muovendo una critica radicale alla modernità e alle sue interpretazioni:
– al miraggio del nuovo, che copre con la sua maschera cava un volto dissolto e lacerato;
– al formalismo, che rifiuta il significato della cosa per favorire l'ambiguità del gioco;
– all'ideologia del linguaggio, che trasforma la concretezza della realtà nell'inconsistenza delle parole;
– alla tecnica, che sostituendo il pensiero costringe l'ispirazione e l'invenzione a rinchiudersi nella gabbia dell'infinito
– al concettualismo, che si impone per la sua astratta sofisticazione producendo disorientamento e confusione rispetto alla comprensione della realtà effettuale
L'architettura viene allora posta di nuovo a confronto con le inesauribili categorie fondamentali del sapere – la logica, l'estetica, l'etica – per mettere contemporaneamente in relazione pensiero – immagine – cosa.

La logica come significato del vero
Ripensare l'essenza del significato vuol dire rifiutare il predominio del paradigma "nichilista" sostenuto dal positivismo tecnico-scientifico che domina la cultura occidentale, per apriore invece al paradigma "classico" sostenuto dal sapere umanistico avendo per baricentro la filosofia ontologica. Al destino negativo degli "enti" – il nulla –, si contrappone il positivo destino "dell'essere", disposto sullo sfondo del riaffacciarsi di Europa, la grande metafora geografica che ha generato l'inesauribile conflitto dialettico: il Baltico e il Mediterraneo, il mito e la scienza, riaccendono così la loro "lotta" per sciogliere l'ibrido intreccio che ne ha cancellato le rispettive identità.

L'estetica come forma o immagine del bello
Mentre il linguaggio nichilista privilegia l'informe, dunque l'evento, il fluido divenire delle cose nella casualità e nell'oblio del tempo, riflettere sulla forma significa privilegiare l'essere delle cose nella plasticità dello spazio, attraverso l'idea contemplativa che si attua solo ed esclusivamente in quell'unico istante: il tempo opportuno. Il molteplice fisico colloquia quindi con l'uno metafisico. La stimmung epico-tragica del classico e quella ludico-ironica del positivismo moderno mostreranno la persistenza degli archetipi originali al di là del movimentismo e del creativismo contemporaneo.

L'etica come opera che invera il buono
Significa riportare l'architettura a un confronto con la "realtà". Ma la realtà, in questo caso, non si riduce alla sola parte secolarizzata e mortale degli enti, ma ne riflette anche la dimensione trascendente ed eterna dell'essere. La realtà dell'architettura allora non è l'isolato edificio in sé, ma la città e il paesaggio nella sua unitaria complessità. La città, la grande sconfitta del nostro secolo, esige dunque un confronto esplicito e serrato tra "umanesimo" e "nichi-

one hand, and the impetuous vitality of narrative and technique, on the other. The project is thus not only discipline and method, but a profound and wide-ranging questioning, which re-awakens authenticity, the place of conscience, the dwelling of values, and the origin of meaning.

The "vision" of projects is set within this theoretical construction. Although aware that the city is based on and fueled by ethical-logical-esthetic contradictions, the task of anyone doing research is to propose a philosophy of form – of urban form. This philosophy must be able to dialogue with the contradictions rather than cancel them out. They are raised to expressive maturity, to their own representative dignity within the dialectics of differences as a moment synthesizing practice-reality-theory. What is asked of the physical dimension of the city is that it open up to the dimension of meaning in its esthetic manifestation, recognizing in this the primary and ultimate value of necessity.

lismo", tra il pathos inestinguibile della storia e della natura da un lato e l'irruente vitalità della cronaca e della tecnica dall'altro. Il progetto allora non è solo disciplina e metodo, ma è anche l'interrogazione profonda e ampia che risveglia l'autenticità, luogo della coscienza, dimora dei valori e dell'origine del senso.

Dentro questa costruzione teorica si colloca la "visione" dei progetti: Ma pur sapendo che la città si fonda e si alimenta proprio sulle contraddizioni etico-logico-estetiche, compito di chi ricerca è quello di proporre un pensiero della forma – quella forma urbana – in grado di confrontarsi con esse, non per annullarle, ma piuttosto per tentare di elevarle a maturità espressiva, alla loro dignità rappresentativa, all'interno della dialettica delle differenze come momento di sintesi tra prassi – realtà – theoria. Alla dimensione fisica della città si chiede di aprirsi anche alla dimensione del significato nel suo manifestarsi estetico, riconoscendo a questo il valore primario e finale della necessità.

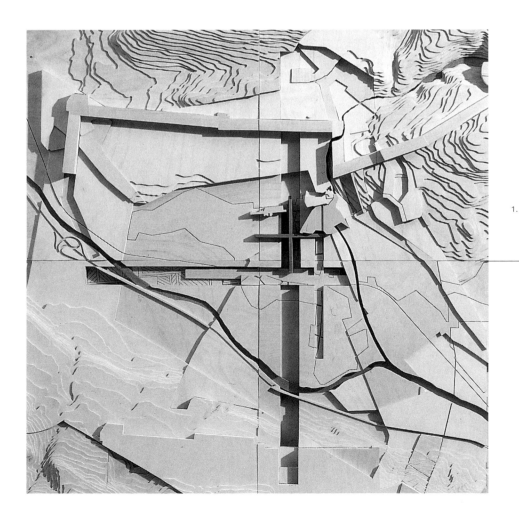

1. Detail of the model no.1.
   Particolare del plastico numero 1.

Project "A"
Theoretical Study
on the Urban Form of Rovereto
1985–88
With Peter Eisenman

An "esthetic" program is suggested as a necessary adjustment to the regulatory program. This is done by introducing a figurative interpretation to explore not only the whole city, the physical nature of its territory, the topography of its landscape but also the languages of memory – previously repressed by the domineering functionalist logic – belonging to and constituting the collective patrimony. The project is thus based on the interpretation of the historical legacy. Three languages were considered: the iconographic maps as documents of urban evolution; the experience of Futurism through the art of Depero; and the Great War which blew the urban constellation into a host of underground signs and traces. Each language expresses its own "figure": "discontinuity", "mixture" and "grounding" all re-emerge in the representation of the models. This, then, is a piece of research work, an exercise on form and on the figure, simultaneously involving the various scales and the various temporal dimensions making up urban time.

Progetto "A"
Studio teorico
sulla forma urbana di Rovereto
1985–88
Con Peter Eisenman

Introdurre una lettura figurativa per indagare non solo l'intera città, la fisicità del suo territorio, la topografia del paesaggio, ma anche i linguaggi della memoria che appartengono e costituiscono il patrimonio collettivo e che sono stati repressi dal predominio della logica funzionalistica. Per questa ragione il progetto suggerisce un programma "estetico" come necessario aggiustamento di quello normativo, fondandosi sulla interpretazione della eredità storica. I tre linguaggi presi in esame riguardano: le mappe iconografiche, in quanto documenti dell'evoluzione urbana; l'esperienza artistica del Futurismo, attraverso l'opera di Depero; la grande guerra, che ha fatto esplodere la costellazione urbana in una miriade di segni e tracce sotterranee. Ciascun linguaggio ha espresso la propria "figura": quella della "discontinuità", della "mescolanza", del "radicamento", riemerse alla visibilità nella rappresentazione dei modelli. Un lavoro di ricerca, un esercizio sulla forma e sulla figura coinvolgendo contemporaneamente le diverse scale e i diversi tempi che costituiscono il tempo urbano.

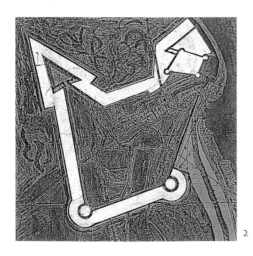

2

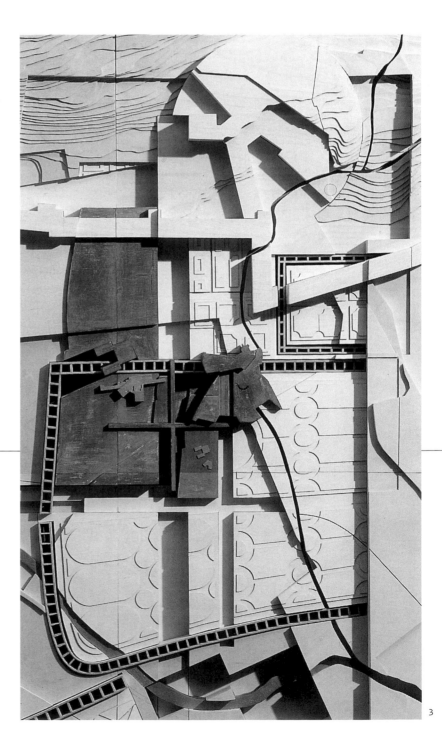

3

4

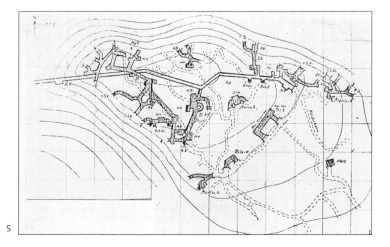

5

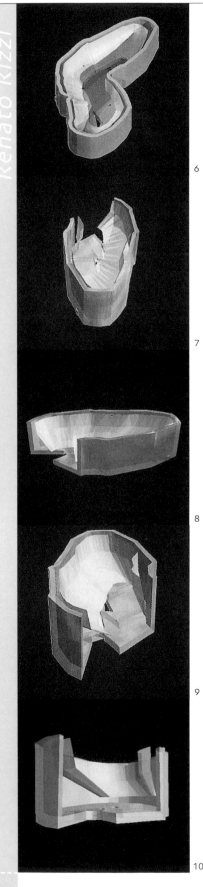

Project "B": "Hole in the Water"
Competition for the New Zealand National Museum of History, Culture and Traditions, Wellington, New Zealand
1990

– Between land and water. Water is the generating point in the project, the origin of the founding myth for Maori culture and the morphology of the island.
– Between above and below. The water's surface determines the reflecting plane for the continuous landscape. Just as the mountains emerge like knife blades, so their images are reflected in the "liquid" cavity. The collapsed landscape sinks down to form the edge between void and water, and bring back to the surface the form of submerged lands.
– Between solid and void. The volume of the building contains its own void, floating completely immersed in the ocean. An image between presence and absence.
– Between center and edge. A very thick wall defines the external perimeter round the museum functions. In the center, the void forms the cavity of the figure giving continuity to the edges of the floating building, with the large exhibition spaces in the lower section. Not visible on the horizon, this hole evokes a large footprint from a prehistoric landscape ready to be rehabilitated by memory, or to regenerate the ancient marae symbols.

Progetto "B": "Hole in the Water"
Concorso per il museo nazionale della storia, della cultura e delle tradizioni della Nuova Zelanda, Wellington
1990

– Tra terra e acqua. L'acqua è il punto generatore del progetto, origine del mito di fondazione per la cultura Maori e della morfologia dell'isola.
– Tra sopra e sotto. La superficie dell'acqua determina il piano di riflessione per la continuità del paesaggio. Come le montagne emergono simili a lame di coltello, così la loro immagine sarà specchiata nella cavità "liquida". Il paesaggio sprofondato s'inabissa creando il bordo tra il vuoto e l'acqua, e riportando in superficie la forma delle terre sommerse.
– Tra solido e vuoto. La massa dell'edificio contiene il proprio vuoto, galleggiando completamente immersa nell'oceano. Un'immagine tra presenza e assenza.
– Tra centro e bordo. Un muro molto spesso definisce il perimetro esterno, contenendo al suo interno le funzioni museali. Il vuoto, nel centro, forma la cavità della figura dando continuità ai bordi dell'edificio galleggiante, disponendo nella parte più bassa i grandi spazi espositivi. Invisibile all'orizzonte, questo buco ricorda una grande impronta di un paesaggio preistorico: pronto per essere riabilitato dalla memoria, pronto per rigenerare i simboli dell'antica "Marae".

6. Axonometric.
   Veduta assonometrica.
7-10. Perspective sections.
   Sezioni prospettiche.
11,12. Views from the sea.
   Vedute dal mare.
13. New Zealand.
   Nuova Zelanda.
14. Aerial view of Wellington.
   Veduta zenitale di Wellington.
15. Partial view of plaster model.
   Vista parziale del modello in gesso.

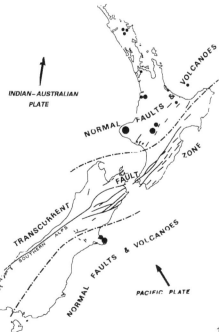

14

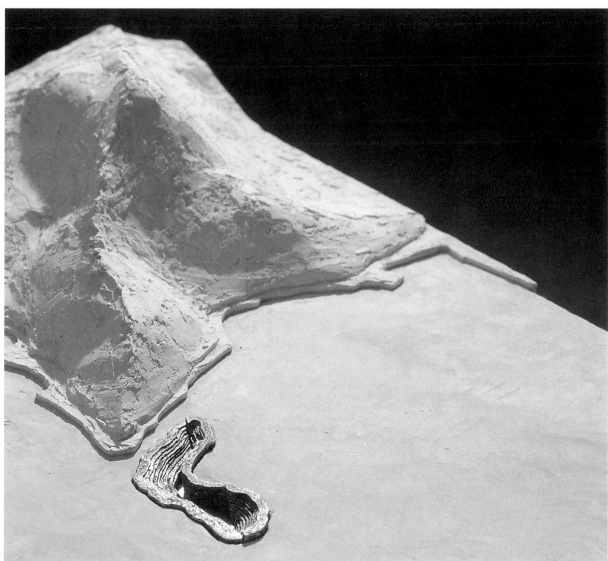

15

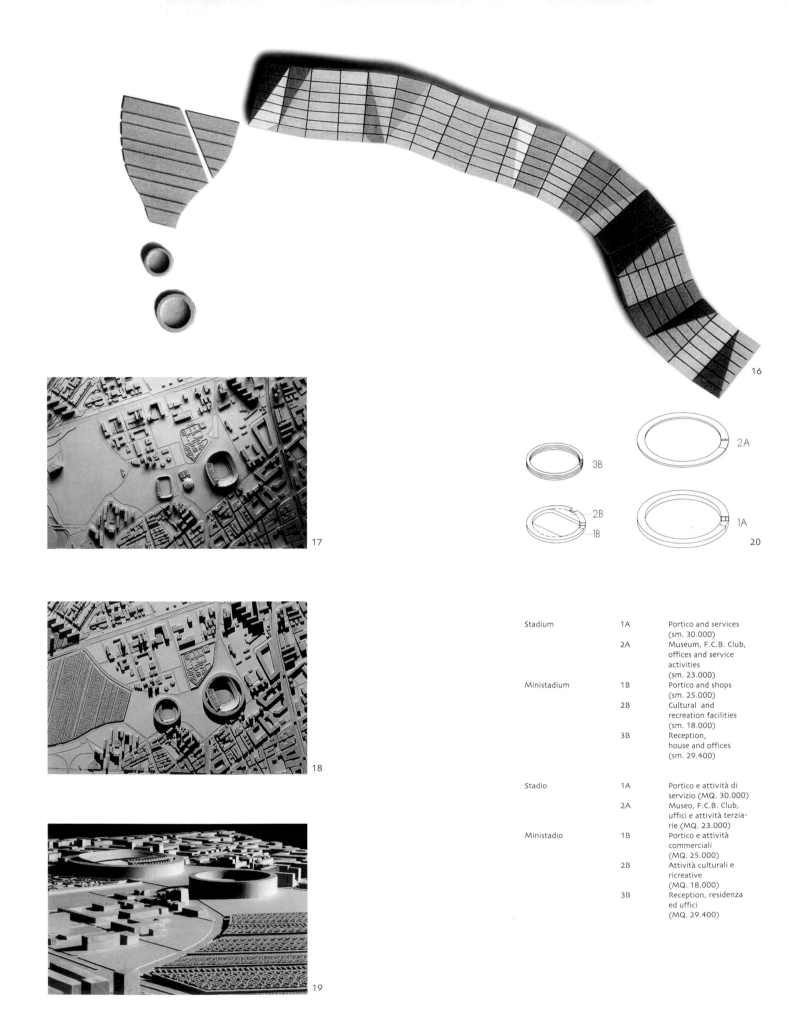

16

17

18

19

3B

2A

2B
1B

1A

20

Stadium	1A	Portico and services (sm. 30.000)
	2A	Museum, F.C.B. Club, offices and service activities (sm. 23.000)
Ministadium	1B	Portico and shops (sm. 25.000)
	2B	Cultural and recreation facilities (sm. 18.000)
	3B	Reception, house and offices (sm. 29.400)

Stadio	1A	Portico e attività di servizio (MQ. 30.000)
	2A	Museo, F.C.B. Club, uffici e attività terziarie (MQ. 23.000)
Ministadio	1B	Portico e attività commerciali (MQ. 25.000)
	2B	Attività culturali e ricreative (MQ. 18.000)
	3B	Reception, residenza ed uffici (MQ. 29.400)

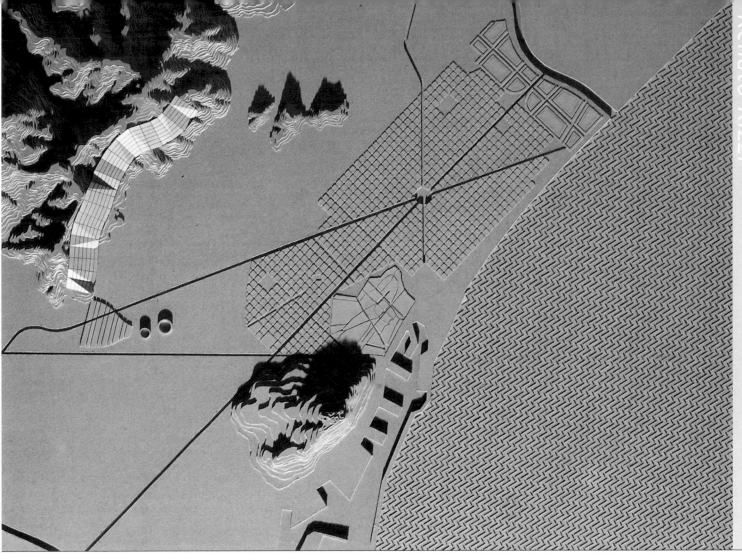

21

Competition for the Urban Redevelopment of the FCB areas, Barcelona, Spain 1993

The aim of the project is to focus closely on at least three different aspects of reality: the effective aspect, the worldly aspect and the metaphysical aspect. Effective or concrete reality is explored in the articulation of its components: landscape, periphery and constituent figures. Worldly reality is understood as play, celebration and ritual. Metaphysical reality is seen as the necessary questioning of the meaning of the previous categories in relation to chance, destiny and rules. But the design thought process intersects with other levels of thought: Nordic rationalism with its dominating scientific-technical objective; thought derived from the refined Islamic heritage, the root of a rich and delicate interior sensibility; thought characterized by Mediterranean solarity, with its overall calm and bountiful vision.

The design program thus elaborates three figurative models:
– the "park" on the Tibidabo hill like a petrified wave to protect the hill from being canceled by the oncoming rush of the urban swell; the park explores the theme of nature as myth.
– the "Islamic garden", characterized by its amphora profile and parallel bands, effects the transition from the sloping landscape of the hill to the plane of the city; the garden is an exploration in the history of the hill's psychological interiority.
– the "crowns" wrapping the stadium like elements giving the architecture vertical emphasis; they explore the archetype of circularity, the very symbol of physis, but also of play.

Concorso per la ristrutturazione urbana delle aree del FCB – Barcellona "Duende" – forma – gioco 1993

Obiettivo del progetto è ricercare un confronto serrato con almeno tre diversi aspetti della realtà: quello effettuale, quello mondano, quello metafisico. La realtà effettuale, o concreta, è vista nell'articolazione delle sue componenti: il paesaggio, la periferia e le figure costitutive. La realtà mondana è intesa come: il gioco, la festa, il rito. La realtà metafisica è invece vista come necessaria interrogazione sul significato delle categorie precedenti rispetto a: il caso, il destino, la regola. Ma la riflessione progettuale è intersecata anche da altri piani del pensiero: quello inerente la razionalità nordica, con il suo dominante sapere oggettivo tecnico-scientifico, quello derivante dalla raffinata eredità islamica, radice della ricca e delicata sensibilità interiore; quello caratterizzato dalla solarità mediterranea, con la sua visione generale calma e generosa.

Il programma progettuale sviluppa quindi tre modelli figurativi:
– Il "parco" sulla collina del Tibidabo, come un'onda pietrificata, per proteggerla dal pericolo della sua cancellazione sotto la spinta incalzante della marea urbana; esso indaga il tema della natura come mito.
– Il "giardino islamico", caratterizzato da un profilo ad anfora e da fasce parallele, media il passaggio dal piano inclinato della collina a quello della città; esso indaga la storia nella sua interiorità psicologica.
– Le "corone" avvolgono gli stadi come elementi verticalizzanti l'architettura; esse indagano l'archetipo della circolarità, simbolo stesso della physis, ma anche del gioco.

16. The design figures.
    Le figure del progetto.
17. Pre-existing situation.
    Stato di fatto.
18. Model site plan.
    Planimetria generale del modello.
19. View from the west.
    Veduta da ovest.
20. Functional diagrams of the stadium and the mini-stadium.
    Schema funzionale stadio e ministadio.
21. Vertical view of location model.
    Veduta zenitale del modello a scala territoriale.

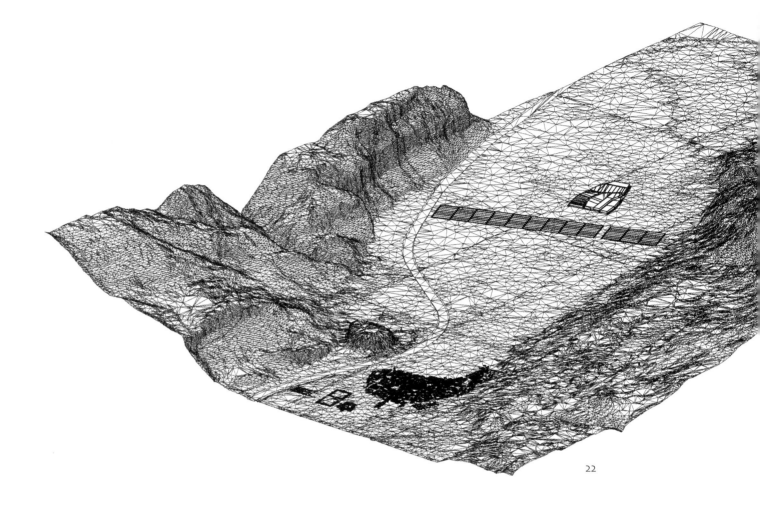

22

Competition for a housing scheme for 2,000 inhabitants at Canova, Trento
1996

The aim of the project is to redefine the area, by giving it back its own distinctive shape through a figure, or figures, capable of dialoguing with the surrounding countryside, the history of the city and modern growth.

The design program elaborates two figurative systems in relation to three settlement principles.

The first figurative system consists of deriving the form of the new housing from the physical-geographical signs and traces in the site and through a comparison with the historic center. The second figure recovers its own scale and definition by interpreting the original urban settlement model and the valley landscape.

The new form of the built area is based on a psychological language. Rejecting the repetitive use of geometrical patterns, it opts for the compositional principle of the density and plurality of the typologies and public spaces within a continuous urban theatricality. The second figure – the park – is based on the language of technique and rationality – the foundation for any reclamation work.

Concorso per un nuovo insediamento di 2000 abitanti a Trento, località Canova
1996

Obiettivo del progetto è la ridefinizione di quest'area restituendole una propria configurazione, ricercando la/le figure che possano dialogare con il paesaggio circostante, con la storia della città e con la modernità dello sviluppo.

Il programma progettuale elabora due sistemi figurativi che sono messi in relazione con tre principi insediativi.

Il primo sistema figurativo riguarda l'individuazione della forma per la nuova edificazione ricavandola da segni e tracce orografiche presenti nel sito e da un confronto con il nuocleo storico della città. La seconda figura recupera la propria misura e definizione interpretando l'originario modello insediativo urbano con il paesaggio di fondovalle.

La nuova forma del costruito sceglie un linguaggio psicologico: rifiuta l'uso ripetitivo delle geometrie scegliendo il principio compositivo della densità e della pluralità delle tipologie e degli spazi pubblici all'interno di una continua teatralità urbana. La seconda figura – il parco – sceglie invece il linguaggio della tecnica e della razionalità, fondamento di qualsiasi opera di bonifica.

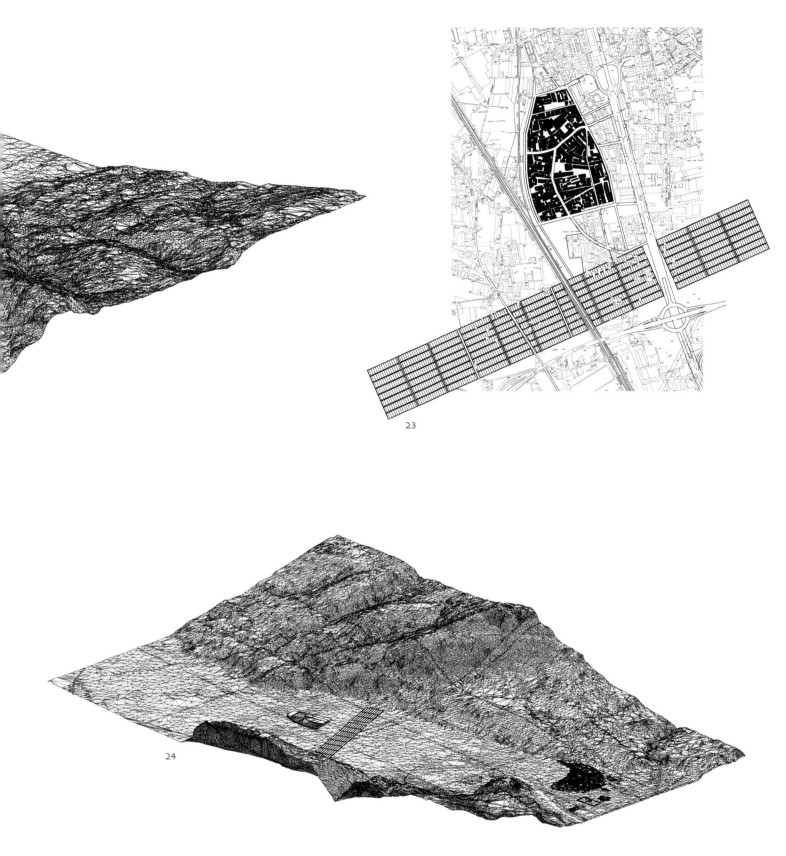

23

24

22. Axonometric view
from southeast.
*Veduta assonometri-
ca da sud-est.*
23. Site plan.
Planimetria generale.
24. Axonometric view
from southwest.
*Veduta assonometri-
ca da sud-ovest.*

25

26

27

28

Biography

1951	born in Rovereto
1977	graduated in architecture from the Venice University Institute of Architecture
1984–90	worked in New York with Peter Eisenman
1986	founded the Trento section of In/Arch
1991–96	visiting professor at the Venice University Institute of Architecture
1991	opened an independent practice in Trento
1995	took part in the Milan Triennial
1996	took part in the Venice Biennale
1997	scientific consultant for the Trento and Rovereto urban workshop

Awards

1984	Competition for a sports center at Trento (first prize – under construction)
1992	In/Arch Prize

Projects and Works

1970–85	Gottardi House at Levico, Trento
1980–83	Project for a wholesale center at Rovereto (with V. Pastor)
1983	Project for the Paterlini Condominium, Rovereto
1984	Renovation of Vettorello House, Bolzano
	Additional storey for Bortolotti House, Rovereto
1984–97	Competition for a sports center at Trento (first prize)
1985	Venice Architecture Biennale: "The piazzas for Este" competition
1985–88	Technical figurative study of the urban form of Rovereto (with P. Eisenman)
1986	Renovation of the town hall, Mori, Trento
	Project for the church and urban park of San Giuseppe, Rovereto
	Project for the archives of the Trento and Rovereto Museum of Modern and Contemporary Art
	Exhibit design for "Depero: the dream of a city", Rovereto
1986–93	Project for a scientific park at the University of Trento
1987	Competition for a bus station, Rovereto
	Competition for the Parc de la Villette, Paris (with P. Eisenman)
1988	Renovation of a building on the periphery of the historic center of Levico, Trento
	Invitation competition for a new Monte dei Paschi bank, Siena (with P. Eisenman)
1988–90	Detailed plan for the central areas of Rovereto
1990	Competition for the National Museum of New Zealand (highly commended)
1990–94	Refurbishment of the head office of Cassa di Risparmio di Rovereto
1991	Exhibit design for "Trento collections of contemporary art", Civic Gallery of Contemporary Art, Trento
	Competition for a church in Trento (highly commended)
1992	Exhibit design for "J. Hejduk: Soundings, return to Venice", Masieri Foundation, Venice
	Competition for the historic center of Warsaw (commended)
	Competition for Spreebogen, Berlin
1992–94	Renovation of the Depero Museum, Rovereto
1992–95	Renovation of Peroni House
1994	Competition for a school in Trento
1996	Competition for the central areas of Laives, Bolzano (commended)
1997	Competition for a housing scheme for 2,000 people at Canova, Trento
	Sports facilities in Trento: sports center; ice rink; infrastructures and services

Biografia

1951	nato a Rovereto
1977	laurea in Architettira presso lo IUAV di Venezia
1984–90	lavora a New York con Peter Eisenman
1986	fondatore della sezione di Trento dell'In/Arch
1991–96	professore a contratto presso lo IUAV
1991	studio professionale indipendente a Trento
1995	partecipa alla Triennale di Milano
1996	partecipa alla Biennale di Venezia
1997	Consulente scientifico del Laboratorio urbano di Trento e Rovereto

Premi

1984	Concorso per una cittadella dello sport a Trento (in costruzione), I' premio
1992	Premio In/Arch

Elenco dei Progetti

1970–85	Casa Gottardi a Levico (Trento)
1980–83	Progetto per un centro commerciale all'ingrosso a Rovereto (con V. Pastor)
1983	Progetto per il condominio Paterlini a Rovereto
1984	Ristrutturazione casa Vettorello a Bolzano
	Sopraelevazione casa Bortolotti a Rovereto
1984–97	Concorso per la progettazione di un'area sportiva a Trento (primo premio)
1985	Concorso internazionale "Le piazze di Este". Biennale di Venezia 1985
1985–88	Studio teorico-figurativo sulla forma urbana di Rovereto, (con P. Eisenman)
1986	Ristrutturazione della sala consiliare del comune di Mori (Trento)
	Progetto per la chiesa e il parco urbano di San Giuseppe a Rovereto
	Progetto di sistemazione degli archivi del Museo d'Arte Moderna e Contemporanea di Trento e Rovereto
	Allestimento della mostra "Depero: Il sogno della città", Rovereto
1986–93	Progetto per un polo scientifico all'università di Trento
1987	Concorso nazionale per una stazione di autocorriere a Rovereto
	Progetto per il Parco della Villette a Parigi (con P. Eisenman)
1988	Ristrutturazione di un edificio ai margini del centro storico a Levico (Trento)
	Concorso internazionale a inviti per la nuova sede del Monte dei Paschi a Siena (con P. Eisenman)
1988–90	Piano Particolareggiato per le aree centrali di Rovereto
1990	Concorso internazionale per il museo nazionale della Nuova Zelanda (menzione speciale)
1990–94	Ristrutturazione della sede centrale della Cassa di Risparmio di Rovereto
1991	Allestimento della mostra "Collezioni trentine d'arte contemporanea", Galleria Civica d'Arte Contemporanea, Trento
	Concorso per una chiesa a Trento (menzione speciale)
1992	Allestimento della mostra "J. Hejduk: Soundings, ritorno a Venezia", Fondazione Masieri, Venezia
	Concorso internazionale per il centro storico di Varsavia (menzione)
	Concorso internazionale per lo Spreebogen a Berlino

1992–94	Ristrutturazione del Museo Depero a Rovereto
1992–95	Ristrutturazione casa Peroni
1994	Concorso per un centro scolastico a Trento
1996	Concorso nazionale per le aree centrali di Laives, Bolzano (menzione speciale)
	Concorso a inviti per un'area residenziale per 2000 abitanti a Canova, Trento
1997	Area sportiva a Trento: palazzo dello sport; palazzo del ghiaccio; infrastrutture e servizi (in corso di realizzazione – completamento previsto per il 2001)

Partners and Collaborators
Partners e Collaboratori

Barbara Borgini
Peter Eisenman
Thomas Leser

Franco Allocca
Fabio Campolongo
Ildebrando Clemente
Matteo de Cadenas
Kuno Mayr
Andrea Oradini
Nigel Ryan

Bibliography
Bibliografia

"Casabella" n. 552, n. 558.

"Lotus" n. 81.

"Interstices" n. 1, New Zealand.

"Arquitectura" n. 270, Madrid.

"Ottagono" n. 82, n. 91.

"Phalaris" n. 20.

"Terza Mostra internazionale di architettura". Biennale di Venezia. Catalogo Electa, Milano 1985.

AA.VV. "La città e le forme", Mazzotta, 1987.

"Gran Bazaar" n. 8/9, 1985; n. 2/3, 1987; n. 63, 1988; n. 69, 1989.

"Domus", n. 68.

AA.VV. "Confini", Fabbri editori, 1990.

AA.VV. "Choral Works", Monacelli Press, New York, 1997.

29

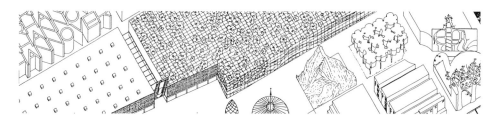

Mirko Zardini & Lukas Meyer

Provisional statements

To reacquire effective power, today architecture must use as materials the *leftovers* of the contemporary city and the spaces left open by other disciplines. It must invent new *strategies*, increasingly less closely linked to the production of objects and with a greater emphasis on producing *architectural effects*.

The tools at its disposal are remains, fragments and the intellectual output of modern architecture, but also the concepts and strategies elaborated in other disciplines. This means an architecture of processing.

The architectures and architectural effects produced are thus *approximate*. They have none of the precision of the new, but the imprecision that comes from recycling, assembling ideas, types, images and fragments of existing reality which we are no longer able to comprehend. The effects are also approximate because they don't attempt to completely define reality or realities, but only introduce elements of transformation or trigger off processes. They are banal projects making ordinariness one of their qualities. They tend to mask or conceal themselves in a survival strategy. At the same time this strategy ensures that *viruses* are introduced to contaminate *reality*.

These efforts are aimed at getting us nearer to an elusive reality, to once more finding some points of *friction* with reality.

That's why the field of action for these strategies is the *contemporary city*.

Affermazioni provvisorie

Per ritrovare una sua capacità effettuale l'architettura deve oggi utilizzare come materiali gli scarti della città contemporanea e gli spazi lasciati aperti dalle altre discipline.

Essa deve inventare nuove strategie di intervento, sempre meno legate alla produzione di oggetti, e sempre più alla produzione di effetti architettonici. Gli strumenti con cui operare sono i resti, i frammenti, le rovine della produzione intellettuale dell'architettura moderna, ma anche concetti e strategie elaborati in altre discipline. Si tratta di una architettura di spoglio.

Le architetture o gli effetti architettonici prodotti sono quindi approssimativi. Essi non hanno la precisione del nuovo, ma l'imprecisione che viene dal riuso, dal montaggio di idee, tipi, immagini, frammenti di realtà già esistenti, ma di cui si è persa ogni capacità di comprensione. Sono inoltre approssimativi perché non intendono ridefinire completamente la realtà, le realtà, ma solo introdurre degli elementi di trasformazione, avviare dei processi.

Sono interventi banali, che fanno dell'ordinario una loro qualità. Essi tendono a mascherarsi, a celarsi: una strategia di sopravvivenza. Questa strategia garantisce nello stesso tempo la possibilità di inserire dei virus, di contaminare la realtà.

Questi sforzi sono infatti guidati dall'intenzione di avvicinarci ad una realtà che ancora ci sfugge, di ritrovare un attrito con questa realtà.

Per questo motivo il campo di azione di queste strategie è la città contemporanea.

Invitation
Competition for the
Expo 2000, Hanover.
*Concorso ad inviti per
la sede dell'Expo
2000 ad Hannover.*
1. Ecology: the city-
    park, axonometric.
    *Ecologia: il parco-
    città, assonometria.*
2. Ecology: the city-
    park, model.
    *Ecologia: il parco-
    città, modello.*

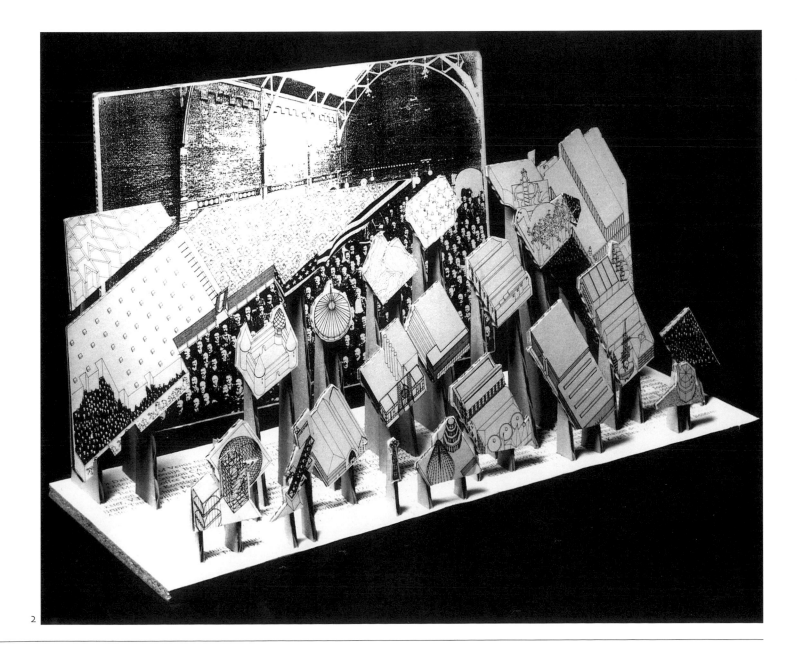

2

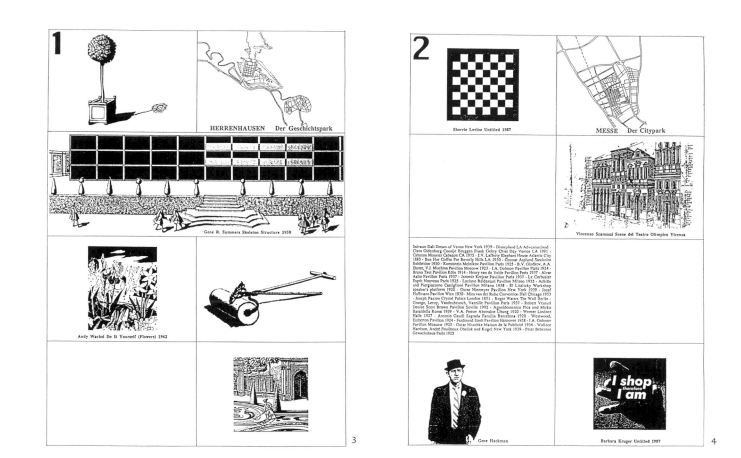

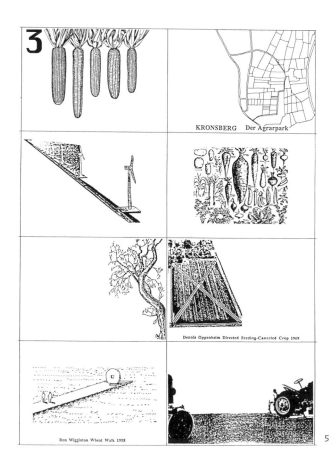

Invitation Competition for Expo 2000, Hanover 1991

The new elements (housing, green areas, World Trade Center, exhibition quarter) are set within an existing urbanized area. In this way, the surrounding farm and natural rural areas are preserved, while a redevelopment process is begun in the southern periphery as a coherent response to the Expo theme of "man–technology–nature".

The Expo spreads over four different areas with different ecological systems: the garden-park (recovered historical gardens are integrated with the new museums); the farm-park (a farm redesigned with different crops and partially restored to its original woodland condition); the art-park (old quarries and industrial estates reclaimed as part of a park to be used for contemporary art installations); and the city-park (the existing trade fair quarter is to be transformed during the Expo into a micro-city for entertainment, shopping and cultural events).

Concorso ad inviti per la nuova sede dell'Expo 2000, Hannover 1991

I nuovi interventi (quartieri residenziali, aree verdi, World Trade Center, quartiere espositivo) vengono collocati all'interno del territorio già urbanizzato. In tal modo vengono salvaguardate le aree agricole e naturali esistenti e, nello stesso tempo, si avvia un processo di riqualificazione delle aree periferiche a sud di Hannover, rispondendo concretamente al tema dell'Expo "Uomo-tecnica-natura".

L'Expo si sviluppa in quattro aree diverse, con la creazione di quattro ecologie: il parco-giardino (il recupero di alcuni giardini storici integrati con i nuovi musei richiesti); il parco-agricolo (il territorio agricolo riprogettato con altre colture e in parte ricondotto alla condizione originaria di bosco); il parco-arte (le vecchie cave e aree industriali da bonificare utilizzate come un parco destinato a installazioni di arte contemporanea); il parco-città (il quartiere fieristico esistente trasformato durante l'Expo in una micro-città destinata al divertimento, al consumo, alle manifestazioni culturali).

3. Ecology: the garden-park.
   Ecologia: il parco-giardino.
4. Ecology: the city-park.
   Ecologia: il parco-città.
5. Ecology: the farm-park.
   Ecologia: il parco agricolo.
6. Ecology: the art-park.
   Ecologia: il parco-arte.
7. Site plan.
   Planimetria.

New Urban Landscapes: Europan Competition "A house in the city" for the Fiumicello area, Brescia 1993

Improving housing standards and making a general system of public spaces is not the only way of redeveloping peripheries. The site area includes some low-cost housing and disused spaces alongside a 1960s housing scheme. New activities and functions are to be introduced into the area: offices, small businesses, workshops, a shopping mall, new houses, a cinema, sports facilities, vegetable plots, and gardens. The new buildings and open spaces are a re-interpretation, transforming and recombining the typological and formal elements of the contemporary periphery. The new buildings are concentrated along the two roads delimiting the area and redefining the western approach routes to the city.

Nuovi paesaggi urbani Concorso Europan "A casa in città" per l'area di Brescia-Fiumicello 1993

La riqualificazione delle periferie non è possibile solo attraverso il miglioramento degli standard abitativi e un generico sistema di spazi pubblici. Nell'area, accanto a vecchie case popolari e spazi abbandonati, sorge un quartiere residenziale degli anni sessanta. In esso vengono introdotte funzioni e attività miste: uffici, piccole industrie, laboratori, un centro commerciale, nuove abitazioni, cinema, attrezzature sportive, orti e giardini. I nuovi edifici e spazi aperti sono una reinterpretazione, una trasformazione o una ricombinazione degli elementi tipologici e formali della periferia contemporanea.
I nuovi interventi si concentrano lungo le due strade che delimitano l'area, e ridefiniscono i due assi di ingresso in città da ovest.

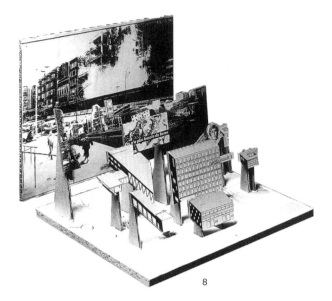

8

8,9. Models.
 Modelli.
10. New urban landscapes.
 Nuovi paesaggi urbani.
11. Approximate architectures.
 Architetture approssimative.
12. Directions.
 Istruzioni per l'uso.

AZ 600 ESSO SELFSERVICE TAMOIL UNLEADED

1

PRIMO PAESAGGIO
Nuovi tracciati stradali e nuovi percorsi pedonali collegano l'area con il tessuto circostante. Nuove funzioni e nuovi usi penetrano negli spazi e negli edifici ...

IVECO

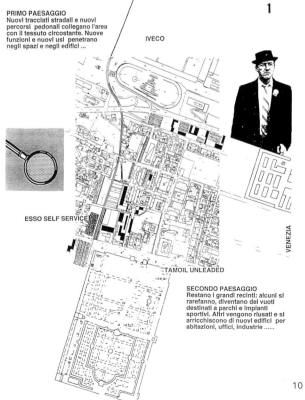

ESSO SELF SERVICE

VENEZIA

TAMOIL UNLEADED

SECONDO PAESAGGIO
Restano i grandi recinti: alcuni si rarefanno, diventano dei vuoti destinati a parchi e impianti sportivi. Altri vengono riusati e si arricchiscono di nuovi edifici per abitazioni, uffici, industrie ......

10

AZ 600 ESSO SELFSERVICE TAMOIL UNLEADED

2

ARCHITETTURE APPROSSIMATIVE

Le architetture che vengono proposte sono approssimative.
Sono un tentativo di avvicinarci ad una realtà che ancora, in parte, ci sfugge...
... non hanno la precisione del nuovo, ma piuttosto l' imprecisione che viene dal montaggio di idee, di tipi, di immagini, di frammenti di una realtà già esistente.
Sono cose a noi familiari, collocate e usate in maniera diversa, nel tentativo di rendere evidente un paesaggio che già esiste.

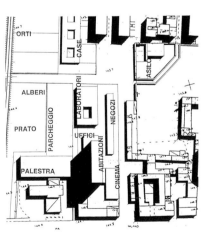

ORTI CASE THT
ALBERI LABORATORI ASILO
NEGOZI
PARCHEGGIO UFFICI
PRATO ABITAZIONI
PALESTRA CINEMA

11

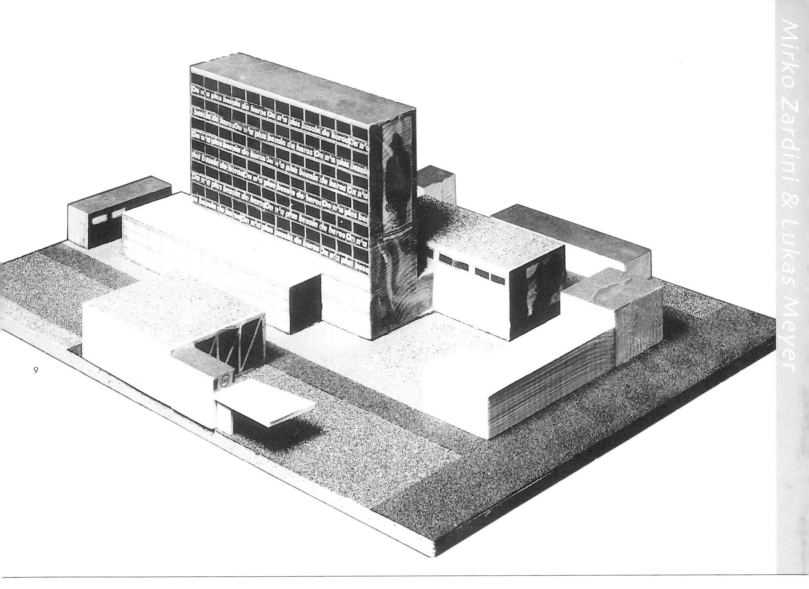

9

AZ 600   ESSO SELFSERVICE TAMOIL UNLEADED

3

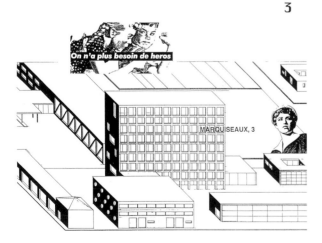

ISTRUZIONI PER L'USO

Riunendo l'ex camera da letto dei vecchi Echard con la piccola sala da pranzo e aggiungendovi il corrispondente pezzo di vestibolo, ormai inutile, oltre a uno sgabuzzino per le scope, Philippe e Caroline Marquiseaux hanno ottenuto un locale abbastanza ampio facendone la sala riunioni della loro agenzia ....

12

New urban landscape.

First landscape
New road layouts and pedestrian ways link the area with the surrounding fabric. New functions and new uses penetrate the spaces and buildings...

Second landscape
The main enclosures are left in place. Some are rarefied. They become empty areas for use as parks and sports facilities. Others are redeveloped, enhanced with new building for housing, offices, manufacturing facilities...

Approximate architectures.

The proposed architectures are approximate. They are an attempt to get closer to a still partly elusive reality...
... they have none of the precision of the new, but the imprecision that comes from recycling, assembling ideas, types, images and fragments of existing reality. Familiar things are located or used in a different way in an attempt to highlight the pre-existing landscape.

Directions.

By joining the former bedroom of the old Echard house with a small diningroom, and adding a now obsolete small vestibule and brush closet, Philippe and Caroline Marquiseaux have made a fairly spacious room to be used for company meetings...

Milan Triennial: Bus City
Redevelopment of a quarry and a house in the eastern periphery of Milan
1995

Every site, even the so-called periphery, has its own history and specific features. The project aims to redevelop abandoned areas, such as the quarries, and transform and recombine various landscapes (the rural and the industrial) and introduce new activities and new inhabitants. This should lead to a new mix of lifestyles.

Derived from the prototypes of Modern architecture, the buildings forming the contemporary city – terraced housing, nine-story buildings, office blocks, single-family homes, and supermarkets – are revisited and manipulated in various ways. Arranged in a different way in the area, they are broken down into pieces, juxtaposed or recombined amongst themselves or with other existing buildings (for example, with the farmsteads). Some also undergo a change of use.

These constructions are built in a landscape made up of new kinds of open spaces, a new relationship with the natural elements, and a new relationship between infrastructures and farming activities.

Il Bus Città
Il recupero di una cava e di una casa nella periferia est di Milano
"Il centro altrove", Triennale di Milano
1995

Ogni luogo, anche la cosidetta periferia, ha una sua storia e delle specifiche qualità. Il progetto propone il recupero di aree abbandonate come le cave, la trasformazione e ricombinazione dei diversi paesaggi (quello agricolo e quello industriale) e l'introduzione di nuove attività e abitanti, che portino alla compresenza di stili di vita diversi.

Gli edifici che costituiscono la città contemporanea, case a schiera e fabbriche, 9 piani in linea, palazzi per uffici, abitazioni unifamiliari e supermercati, tutti derivati dai prototipi dell'architettura moderna, vengono ripresi e manipolati. Essi sono collocati in maniera diversa sul terreno, fatti a pezzi, accostati o ricombinati tra loro o con altri edifici preesistenti (ad esempio le cascine). Altre volte viene mutata la destinazione d'uso.

Queste costruzioni sorgono in un paesaggio costituito da nuovi tipi di spazi aperti, da un nuovo rapporto con gli elementi naturali, da una nuova relazione con le infrastrutture e con l'agricoltura.

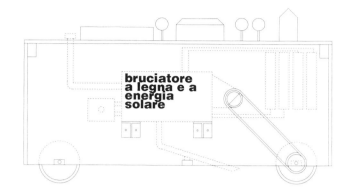

bruciatore a legna e a energia solare

fase uno : studio di un motore sperimentale per il bus città

13

14

15

16

17

18

13. Bus-City: section.
    Il bus-città: sezione.
14,15. Bus-City: redevelop-
    ment of a quarry,
    model views.
    *Il bus-città: riuso di
    una cava, vedute del
    modello.*
16. Bus-City: re-use of a
    house 1955-1995.
    *Il bus-città: riuso di
    una casa 1955-1995.*
17. Bus-City: re-use of a
    house 1995.
    *Il bus-città: riuso di
    una casa 1995.*
18. Bus-City: re-use of a
    house 1955.
    *Il bus-città: riuso di
    una casa 1955.*

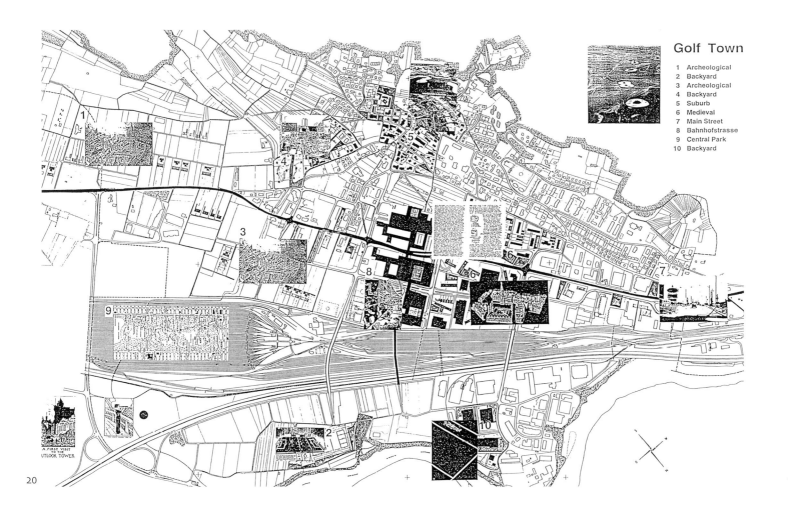

20

Golf Town

1 Archeological
2 Backyard
3 Archeological
4 Backyard
5 Suburb
6 Medieval
7 Main Street
8 Bahnhofstrasse
9 Central Park
10 Backyard

19. Table-City: detail.
    Il tavolo-città: particolare.
20. Table-City at Spreitenbach, Zurich.
    Il tavolo-città a Zurigo-Spreitenbach.
21. Table-City: axonometric.
    Il tavolo-città: assonometria.

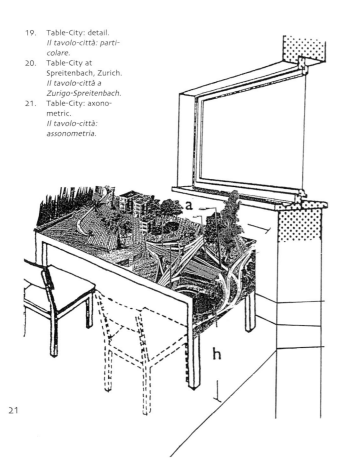

21

Table City: projects for Milan and Zurich
1994–97

Here there is no opposition between periphery and historic center. The city has become a continuously fast-evolving Metropolitan area. Our city is called Golf Town. It is made up of distinct parts, rather like the holes – from tee to green – on a golf course, each with its own internal logic. A number of working methods describing possible strategies are proposed for this urbanized area. The aim is to produce – through the inoculation of a "virus" – superimposed uses and a mix of buildings and spaces for each "hole", which preserves its own denomination corresponding to the specific strategy proposed.

Il Tavolo Città
Progetti per Milano e Zurigo
1994-97

Non vi è più contrapposizione tra periferia e centro storico: la città è diventata un' area metropolitana in continua, rapida evoluzione. Questa città si chiama Golf Town: essa è infatti costituita da parti distinte, simili alle buche del campo da golf, ognuna con una sua logica interna. Per questo territorio urbanizzato vengono proposti alcuni modi di intervento descritti attraverso alcune possibili strategie. L'obiettivo è di produrre, grazie alla inoculazione di "virus", fenomeni di sovrapposizione di usi e di mescolanza di edifici e di spazi in ciascuna di queste "buche". Ogni buca mantiene una sua denominazione, che corrisponde alla specifica strategia suggerita.

22

22,23. Table-City: details.
Il tavolo-città: parti-
colari.

23

Biographies

Mirko Zardini

1955	born in Verona
1980	graduated in architecture from the Venice University Institute of Architecture
1979–81	researcher at the International Laboratory of Architecture and Urban Design (ILAUD) in Urbino and Milan
1979–81	collaborated with Giancarlo De Carlo
1983–85	collaborated with Gregotti Associati
1983–88	member of the "Casabella" editorial staff
1985–88	assistant of Professor Mario Campi at the Zurich Federal Polytechnic (ETH)
1988–93	chief assistant lecturer at the Zurich Federal Polytechnic (ETH)
1988–97	member of the "Lotus International" editorial staff
1990	opened an associate practice with Lukas Meyer based in Milan and Lugano
1993–94	visiting professor at the University of Genoa
1987–97	visiting professor at Syracuse University, Southern California Institute of Architecture, University of Miami (1990), the Zurich Federal Polytechnic (ETH), and Harvard Graduate School of Design
1997–98	visiting professor at the Lausanne Federal Polytechnic

Lukas Meyer

1958	born in Florence
1985	graduated in architecture from the Zurich Federal Polytechnic (ETH)
1985–88	collaborated with Giorgio Grassi in Milan
1988–93	assistant of Professor Mario Campi at the Zurich Federal Polytechnic (ETH)
1993–95	chief assistant lecturer at the Zurich Federal Polytechnic (ETH)
1990	opened an associate practice with Mirko Zardini based in Milan and Lugano
1985–97	a member of the Società dei Pittori, Scultori e Architetti, he held various one-man shows of his paintings

Selected Projects and Works

1991	Competition for the Warsaw City Core (with Paolo Fusi)
	Invitation Competition for the Hanover Expo 2000 (with Paolo Fusi and Paolo Burghi)
1992	Proposal for the urban layout of Winterthur (with Mario Campi, Beat Rothen, and Kurt Hoppe)
	Competition for the Karlsruhe-Südost-Gottesaue Bundesgartenschau 2001 (with Paolo Fusi)
	Competition for a new campus at the University of Cyprus
1993	Ideas competition for a tower building in Zurich
	Europan competition: "A house in town " for the Fiumicello area, Brescia
1994	Interior, Bellinzona
	Interior, Milan
	Study for a series of strategic projects in the Spreitenbach area, Zurich
1995	Milan Triennial: Bus City – redevelopment of a quarry and a house in the eastern periphery of Milan
	Project for a piazza public facilities at Montagnola, Chieti (with Ira Piattini)
	Competition for Piazza Brocchi and a public building complex
	Project for "Macro-lot O" and a new commercial street, Prato
	Design workshop for the redevelopment of the Via Filzi area, Prato
	House-City: installation at the Geneva Book Fair
	Interior, Lugano
1996	Housing at Giubiasco, Chieti (with Ira Piattini)
	Ideas competition for the urban plan of the Seghezzone area and the design of a housing complex
	Competition for new public facilities at San Bernardino, Chieti (with Leonardo Cavalli)
	Prato-City: installation, San Casciano in Val di Pesa, Florence
	Renovation of an office building, Bellinzona
1997	Invitation competition for the renovation of the Kursaal Theater, Lugano (with Ira Piattini)
	Facilities and car park, Lugano
	Table-City: projects for Milan and Zurich

Biografie

Mirko Zardini

1955	nato a Verona
1980	laurea in architettura presso l'Istituto Universitario di Architettura di Venezia
1979–81	ricercatore presso l'International Laboratory of Architecture and Urban Design (ILAUD) a Urbino e Milano
1979–81	collabora con Giancarlo De Carlo
1983–85	collabora con la Gregotti Associati
1983–88	redattore di Casabella
1985–88	assistente del Professor Mario Campi presso il Politecnico Federale di Zurigo (ETH)
1988–93	capo assistente presso il Politecnico Federale di Zurigo (ETH)
1988–97	redattore di Lotus international
1990	fonda lo studio professionale associato con Lukas Meyer, con sede a Milano e Lugano
1993–94	professore a contratto presso l'Università di Genova
1987–97	Visiting Professor presso Syracuse University, Southern California Institute of Architecture, University of Miami (1990), al Politecnico Federale di Zurigo, alla Graduate School of Design della Harvard University
1997–98	professore invitato presso il Politecnico Federale di Losanna

Lukas Meyer

1958	nato a Firenze
1985	laurea in architettura presso il Politecnico Federale di Zurigo
1985–88	collabora con Giorgio Grassi a Milano
1988–93	assistente del Professor Mario Campi presso il Politecnico Federale di Zurigo
1993–95	capo assistente presso il Politecnico Federale di Zurigo
1990	studio professionale associato con Mirko Zardini, con sede a Milano e Lugano
1985–97	membro della Società dei Pittori, Scultori e Architetti, ha tenuto diverse mostre personali di pittura

Elenco dei progetti

1991	Warsaw City Core con Paolo Fusi Concorso internazionale per il nuovo centro di Varsavia
	Weltaustellung Expo 2000 Hannover con Paolo Fusi, Paolo Burghi (paesaggista) Concorso ad inviti per la nuova sede dell'Expo 2000
1992	Testplanung Stadtmitte Winterthur con Mario Campi, Beat Rothen, Kurt Hoppe (traffico) Proposta di riorganizzazione urbana per la città di Winterthur
	Karlsruhe-Südost-Gottesaue Bundesgartenschau 2001 con Paolo Fusi Concorso internazionale per l'esposizione del 2001 e la riorganizzazione di un'area urbana
	University of Cyprus Concorso internazionale per il nuovo campus dell'Università di Cipro
1993	Townscraper/Feindbild Hochhaus, Zurigo Concorso di idee per un edificio a torre
	Nuovi paesaggi urbani Concorso Europan "A casa in città" per l'area di Brescia- Fiumicello
1994	Interno, Bellinzona
	Interno, Milano
	Progetto Spreitenbach Studio per una serie di interventi strategici nel l'area di Spreitenbach, Zurigo
1995	Il Bus Città: progetti di recupero di una cava e di una casa Progetti elaborati per la mostra "Il centro altrove" per la Triennale di Milano
	Progetto di una piazza e di attrezzature pubbliche a Montagnola (CH) con Ira Piattini Concorso per la pianificazione di piazza Brocchi e per un complesso di edifici pubblici
	Progetto per il "macrolotto 0" e per un nuovo asse commerciale a Prato Seminario di progettazione per il recupero dell'area di via Filzi. Laboratorio PRG Prato
	La Casa Città Installazione, Fiera internazionale del Libro, Ginevra
	Interno, Lugano
1996	Complesso residenziale a Giubiasco (CH) con Ira Piattini Concorso di idee per la pianificazione urbanistica della zona Seghezzone e per la progettazione di un complesso residenziale
	Nuove attrezzature pubbliche a San Bernardino (CH) con Leonardo Cavalli (traffico) Concorso per la sistemazione urbanistica e per la progettazione di un complesso di edifici pubblici
	Il Prato Città Installazione, San Casciano in Val di Pesa, Firenze
	Ristrutturazione di un edificio per uffici a Bellinzona
1997	Ristrutturazione del Teatro Kursaal a Lugano con Ira Piattini Concorso a inviti
	Area attrezzata e parcheggio a Lugano
	Il Tavolo Città Progetti per Milano e Zurigo

Partners and Collaborators
Partners e Collaboratori

Cliza Cattaneo
Johnny Conte
Denise Ha
Robert Huber
Andreas Hürsch
Angela Leonhardt
Domenico Lungo
Giancarlo Marzullo
Ludovica Molo
Isa Schirrmeister

Bibliography
Bibliografia

AA.VV., "Expo Hannnover", Hannover 1992.

AA.VV., Winterthur, "Der Öffentliche Raum", ETH Zurich 1992.

R. Huber, L. Schwartz, "Feindbild Hochhaus", Zurich 1994.

AA.VV., "Collettiva architetti", Locarno 1994.

M. Zardini, L. Meyer, "Approximative Projects", ETH Zurich 1994.

R. Neri (a cura di), "Il centro altrove", Electa, Milano 1995.

P. Viganò (a cura di), "Laboratorio Prato PRG", Alinea, Firenze 1996.

M. Zardini, L. Meyer, "K&K, Progetti 90–97", Salvioni, Bellinzona 1997.

Cino Zucchi

Tectonics and texture

"Physical forms may only be characterized insofar as we ourselves possess a body. If we were purely optical entities, we could not make esthetic judgments about the physical world... We have carried weight and therefore we know what a weight is, and what a counterweight is. We have fallen to the ground... and we are thus able to assess the proud destiny of the column and understand the impulse of all material to arrange itself without form on the earth's surface."
Heinrich Wölfflin, Prolegomena zu einer Psychologie der Architektur, 1886

"Tectonics is an art establishing its own model in nature, not in the concrete manifestations of nature but in conformity with its laws... The setting in which this art is expressed is the phenomenal world. Its works exist in space and appear before our eyes as bodies, through form and color. Tectonics is therefore a truly cosmic art. The Greek word cosmos – which has no equivalent in any of the living languages – means both universal order and ornament. There is a harmony between artistic tectonic creation and the universal laws of nature, and that harmony is also ornament."
Gottfried Semper, Theorie des Formell-Schönen, 1855

"Sometimes I think that by its nature ornament is the reaction of our senses to a bare space, in which an attempt is made to place something that would best satisfy their receptive function."
Paul Valéry, Autour de Corot, 1932

Tectonics
In architecture the concrete concept of weight and resistance precedes the very notion of technique. The physical nature of matter didn't enter architectural thinking as a phenomenon subject to observation, but as a deep structure of thought itself. The tectonics of a building may be understood through a bodily analogy. The common condition of bodily existence is the basis of all the human potential for translating matter into architecture. But since this physical nature is already intrinsic to architectural thinking – its axiom – the moment of conception of an architectural work cannot be distinguished from its being built, since the latter is already contained in the initial logical process. Tectonics thus establishes architectural thinking able to cancel out both the Classical esthetics of mimesis and the idealist theory of expression. Gravity is what makes architecture a unitary phenomenon – in open contrast with the historicist idea of composition.
Space weighs.

Tettonica e texture

"Le forme fisiche possono risultare caratteristiche solo nella misura in cui noi stessi possediamo un corpo. Se noi fossimo delle entità puramente ottiche, il giudizio estetico del mondo fisico ci sarebbe precluso. (...) Abbiamo portato dei pesi e quindi sperimentato cosa sia un peso e cosa sia un contrappeso, siamo caduti per terra (...) per questo motivo sappiamo valutare l'orgoglioso destino della colonna e comprendiamo l'impulso di tutta la materia a disporsi, senza forma, sulla superficie della terra."
Heinrich Wölfflin, Prolegomena zu einer Psychologie der Architektur, 1886

"La tettonica è un'arte che trova il proprio modello in natura, non nelle sue manifestazioni concrete, ma in conformità alle sue leggi. (...) L'ambito in cui si esplica quest'arte è il mondo fenomenico, le sue opere esistono nello spazio e si manifestano ai nostri occhi come corpi, attraverso la forma e il colore.
La tettonica è dunque la vera arte cosmica; la parola greca cosmos, che non trova corrispettivi in nessuna delle lingue vive, designa contemporaneamente l'ordine universale e l'ornamento. Tra creazione artistica tettonica e leggi universali della natura esiste un'armonia che ne rappresenta anche l'ornamento."
Gottfried Semper, Theorie des Formell-Schönen, 1855

"Arrivo a pensare che l'ornamento, per sua natura, sia una reazione naturale dei nostri sensi in presenza di uno spazio nudo, in cui cercano di collocare quanto soddisferebbe meglio la loro funzione ricettiva."
Paul Valéry, Autour de Corot, 1932

Tettonica
Il concetto concreto di peso e di resistenza precede nell'architettura la stessa nozione di tecnica. La fisicità della materia entra nel pensiero architettonico non come un fenomeno sottoposto all'osservazione, ma come una struttura profonda del pensiero stesso. La tettonica di un edificio è compresa attraverso un'analogia corporea. La condizione comune di esistenza corporea è la base della possibilità da parte dell'uomo di tradurre la materia in architettura. Tuttavia, poiché questa fisicità risiede già all'interno del pensiero architettonico, e anzi ne costituisce l'assioma, il momento della concezione di un opera di architettura appare indistinguibile da quello della sua messa in opera, in quanto quest'ultima è già contenuta nel processo logico iniziale. La tettonica fonda quindi un pensiero architettonico in grado di azzerare sia la teoria estetica classica della mimesi che quella idealista dell'espressione. La gravità è ciò che permette l'architettura come fatto unitario, in aperto contrasto all'idea storicista di composizione.
Lo spazio pesa.

1. Office building in Casorezzo. The new building from the court.
Edificio per uffici a Casorezzo. Veduta del nuovo edificio dalla corte.

Texture

In the Modern there is no possible ornament other than texture. This word contains both the accidentals which chance has worked on natural materials – the volute stone fossils or the mathematical and abstract operations of uniting and joining. The union of the constituent parts of a building takes place through a material concatenation, a gathering of material that reveals the physical impossibility of its infinite extension. Like a sung note which cannot be held indefinitely and requires an interruption or change, in buildings joints are simple intervals, pauses, revealing the reciprocal positioning of the building parts and the varied nature of the constituent materials. In contrast with the high-tech poetics of the joint, decoration may only occur as an interruption or as the incomplete.

Just as the symmetry of the kaleidoscope and the inkblots of the Rorschach test transform the formless into figure, repetition transforms the figure into texture. The figurative ideal of the rug is one of the few decorative paradigms accessible to the Modern. Numbers enable us to get from the figure back to the arabesque.

Texture: a syntax eschewing content.

Texture

Non esiste nel moderno ornamento possibile al di fuori della tessitura. Questa parola contiene al contempo gli accidenti che il caso ha operato sul materiale naturale, le volute fossili della pietra, e l'operazione matematica ed astratta dell'unire e dell'annodare. L'unione tra le parti costitutive dell'edificio avviene attraverso una concatenazione materiale, un'increspatura della materia che rivela l'impossibilità fisica della sua estensione infinita. Come una nota cantata, la cui durata non può essere mantenuta indefinitamente senza interruzione o cambiamento, nella costruzione i giunti sono dei semplici intervalli, delle pause, che rivelano la postura reciproca delle parti del manufatto, la natura diversa dei materiali che lo compongono. Contro la poetica hi-tech del giunto, la decorazione non può che darsi come interruzione, incompletezza.

Se la simmetria del caledoscopio o delle macchie di Rorschach trasforma l'informe in figura, la ripetizione trasforma la figura in tessitura. L'ideale figurativo del tappeto è uno dei pochi paradigmi decorativi accessibili al moderno. Il numero ci consente di risalire dalla figura all'arabesco.

La texture, una sintassi che rifiuta il contenuto.

Offices, Casorezzo, Milan
1990–94
Cino Zucchi, Pietro Nicolini with Chiara Ciccocioppo

The building – two floors above-ground and a basement – has a triple-volume type structure, parallel to the road, providing very flexible internal spaces. On the roadside, a cut through the ground provides light and an aperture for the large basement room housing a private collection of fabric dyeing molds. On the side of the existing building, the concrete-block load-bearing structure is fractured to create a garden courtyard bordered by a large laminated wood and glass beam creating a circulation link between the two buildings.

Edificio per uffici a Casorezzo, Milano
1990–94
Cino Zucchi, Pietro Nicolini con Chiara Ciccocioppo

L'edificio, a due piani fuori terra e un piano interrato, è risolto con una struttura tipologica a corpo triplo, parallela alla strada, che permette una notevole flessibilità degli spazi interni. Verso strada un taglio nel terreno dà luce e via di fuga ad una grande sala collocata nel piano interrato, che ospita una collezione privata di stampi per tessuto. Verso l'edificio esistente la struttura portante in blocchi di cemento si "rompe" a costituire una corte-giardino bordata da una grande trave in legno lamellare e vetro che collega funzionalmente i due edifici.

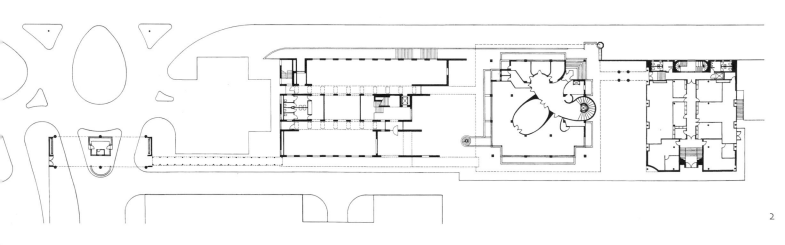

2

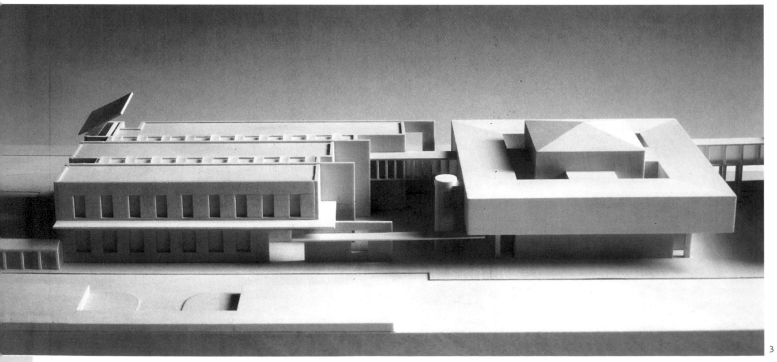

3

4

5

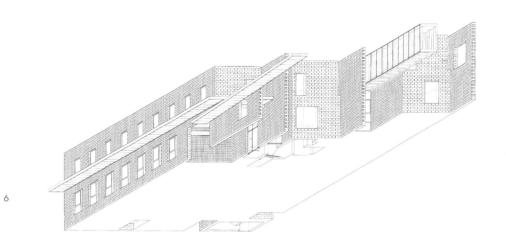

6

7

2. Ground floor plan of the office complex.
   Planimetria generale dei piani terra.
3. Model view with, right, the pre-existing building.
   Veduta del modello, a destra l'edificio preesistente.
4. The green courtyard.
   La corte verde fra gli edifici.
5. View of the atrium.
   Veduta dell'atrio.
6. Axonometric from below.
   Assonometria dal basso.
7. View of the new building from the parking.
   Veduta del nuovo edificio dal parcheggio.

Single-family house at Abbiategrasso, Milan 1994–96

Cino Zucchi, Andrea Viganò, Anna Morandi

The design attempts a new approach to the private open spaces typical of estates with single-family houses. The elongated form of the volume and its off-center position on the lot create a single open space providing an unimpeded view of the garden. To the west, a large canopy is set behind the house without touching it. Its slender columns support an inclined roof with the extrados clad in copper and the intrados in larch. The volume of the house is handled like a simple parallelepiped inflected and hollowed out for lighting purposes and for the outlook of the various rooms. Low brick walls define an external space without completely enclosing it, making a kind of interrupted patio. Neither a courtyard-house, nor a detached pavilion, and neither in context nor estranged, this building attempts to generate unusual resonances between the familiar and the unexpected in a search for new qualities in the relational spaces between house and green area, house and city, and green area and city.

Casa unifamiliare ad Abbiategrasso, Milano 1994–96

Cino Zucchi, Andrea Viganò, Anna Morandi

Il progetto costituisce un tentativo di riforma dello spazio aperto privato che caratterizza i quartieri di case unifamiliari. La conformazione allungata del volume edilizio e la sua collocazione eccentrica rispetto al lotto creano uno spazio aperto unitario, che permette una vista ininterrotta del giardino dalla casa. Verso ovest, una grande tettoia si addossa alla casa senza toccarla. Le sue esili colonne sostengono una lama inclinata, dall'estradosso rivestito in rame e l'intradosso in tavole di larice. Il corpo della casa è trattato come un parallelepipedo semplice, inflesso e scavato in relazione alle necessità di luce e di affaccio dei vari ambienti della casa. Bassi muri in mattoni definiscono uno spazio esterno senza recingerlo interamente, una sorta di "patio" interrotto. Né casa a corte né padiglione isolato, né contestuale né straniato, questo edificio tenta di generare anomale risonanze tra il conosciuto e l'inatteso, nella ricerca di nuove qualità degli spazi di relazione tra casa e verde, tra casa e città, tra verde e città.

8

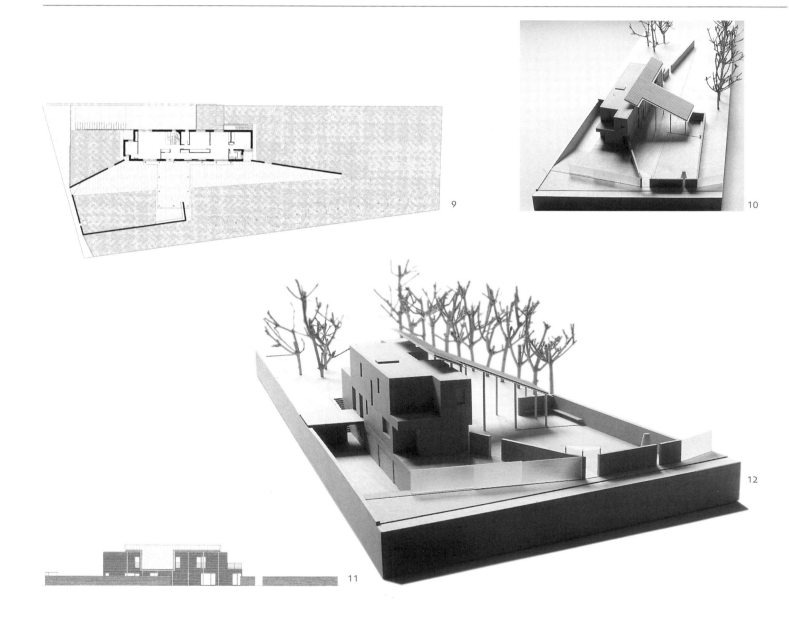

9

10

11

12

8,14. Views of the house.
       Vedute dell'edificio.
9. Ground floor plan.
   *Pianta del piano
   terra.*
10,12. Model views.
        Viste del modello.
11. West elevation.
    Prospetto ovest.
13. Cross section.
    Sezione trasversale.

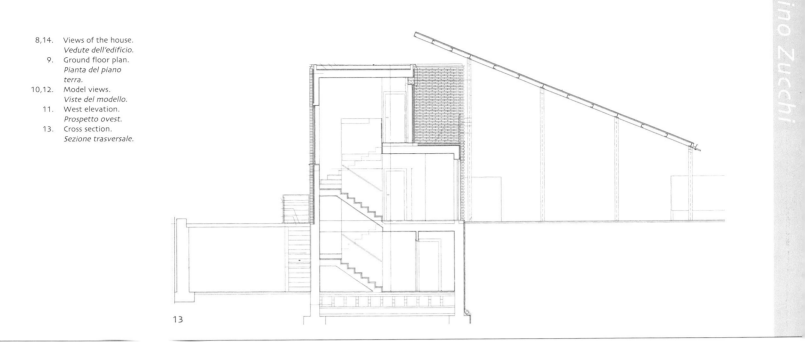

13

14

15. Site plan.
    Planimetria.
16. Location site plan.
    *Pianta generale del-
    l'intervento.*
17. Present state of the
    area.
    *Stato attuale del-
    l'area.*
18. Model view.
    Veduta del modello.
19. Perspective view.
    Veduta prospettica.
20. Model view.
    Veduta del modello.

15

16

ex Junghans

1

Paolo Citterio
Alessandro Trebbi
Stefano Guidarini
Manuel D'Angelo
Federico Tranfa
Cino Zucchi

Studio Scotton
Paola Sdtienne
Anna Soluzza
Laura Ferrara
Pierluigi Piazza
Stefano Vaghi

Zucchi architetti

Closed competition for ideas on redeveloping the former Junghans factory on the Giudecca and new housing, Venice (first prize)
1995

Cino Zucchi, Paolo Citterio, Alessandra Dalloli, Stefano Guidarini, Pietro Nicolini, Marco di Nunzio, Federico Tranfa, with Marco Beretta, Sarah Bolzoni, Andrea Marlia, Anna Morandi, Delphine Plojoux, Stefano Vaghi

In this project to redevelop the industrial enclosure of the former Junghans factory on the Giudecca, an attempt has been made to establish the kind of reciprocity, or oscillation, typical of the relations between buildings and landscape in Venice. A low brick wall and a narrow building define the edges of a new piazza looking towards the lagoon. The new residential fabric behind follows the north-south orientation of the buildings on the Giudecca, creating a series of allies running towards the sea. A small harbor is designed as a deep cut inwards, providing access for boats into the heart of the area. The "intensity" of the design varies according to the local situations: ranging from deep transformations to subtle modifications in the existing buildings and open spaces. The Junghans enclosure is thus opened up and re-shaped in keeping with the north-south continuous urban form of the Giudecca. A new relationship is established with the lagoon through the elimination of the morphological anomaly and "impenetrability" that the industrial use had imposed on the area.

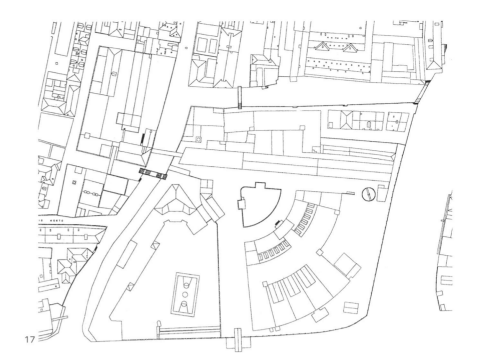

17

Consultazione a inviti per la ristrutturazione degli ex stabilimenti Junghans alla Giudecca e la realizzazione di nuove unità residenziali, Venezia (primo premio)
1995

Cino Zucchi, Paolo Citterio, Alessandra Dalloli, Stefano Guidarini, Pietro Nicolini, Marco di Nunzio, Federico Tranfa, con Marco Beretta, Sarah Bolzoni, Andrea Marlia, Anna Morandi, Delphine Plojoux, Stefano Vaghi

Nel progetto per la riforma del recinto industriale della ex-Junghans si è cercato di cogliere quella sorta di reciprocità, od oscillazione, che a Venezia sembra costantemente avvenire tra edilizia e paesaggio. Un basso muro di mattoni e un sottile corpo edilizio ridefiniscono i margini di una nuova piazza di progetto che si proietta verso la Laguna. Il nuovo tessuto residenziale retrostante riprende l'andamento Nord-Sud dell'edilizia della Giudecca, creando una serie di calli aperte verso il mare. La darsena di progetto inflette come un meandro la linea di costa, portando l'accesso delle barche nel cuore dell'area.
Il progetto agisce con "intensità" variabile a seconda delle situazioni locali, alternando interventi di profonda trasformazione ad altri di sottile e misurata modificazione degli edifici e degli spazi aperti esistenti.
Il recinto dell'area ex Junghans viene così aperto e riconfigurato secondo un principio di continuità in senso nord-sud con la forma urbis della Giudecca, definendone un nuovo rapporto con la Laguna ed eliminandone il senso di estraneità morfologica e di "impenetrabilità", che la destinazione industriale le aveva conferito.

18

20

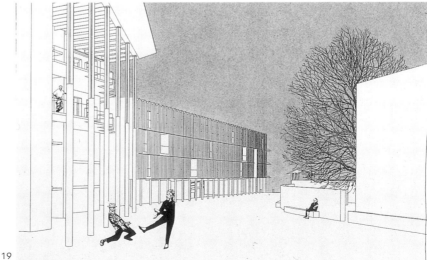

19

National Competition for new typologies of multi-screen cinemas (first prize) 1992

Cino Zucchi, Luciano Giorgi, Marco Mazzucchelli, Xenia Monneret, Sara Pivetta, Stefania Restelli, Andrea Viganò

The design for a new multi-screen cinema provides the opportunity to think in more general terms about the new building types being constructed every day at the gates of the city. A large green terrace protects the cinema from noise and creates a triangular entrance piazza, which is also a film-screening area. A "wall" made of light materials shields the upper terrace with the bar-discotheque and open-air dance floors on the roof of the auditoriums below.

Concorso nazionale Quale sala per il cinema? per nuove tipologie di cinema multisala (primo premio) 1992

Cino Zucchi, Luciano Giorgi, Marco Mazzucchelli, Xenia Monneret, Sara Pivetta, Stefania Restelli, Andrea Viganò

Il progetto di un nuovo cinema multisala diventa l'occasione per un ragionamento più generale sui nuovi tipi edilizi che sorgono ogni giorno alle porte della città. Un grande spalto verde protegge dal rumore il cinema, creando una piazza triangolare di accesso che è anche luogo di proiezioni; un "muro" in materiale leggero scherma la terrazza superiore che ospita un bar-discoteca con le piste da ballo all'aperto sul tetto delle sale sottostanti.

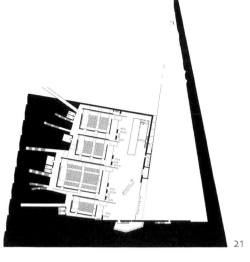

21

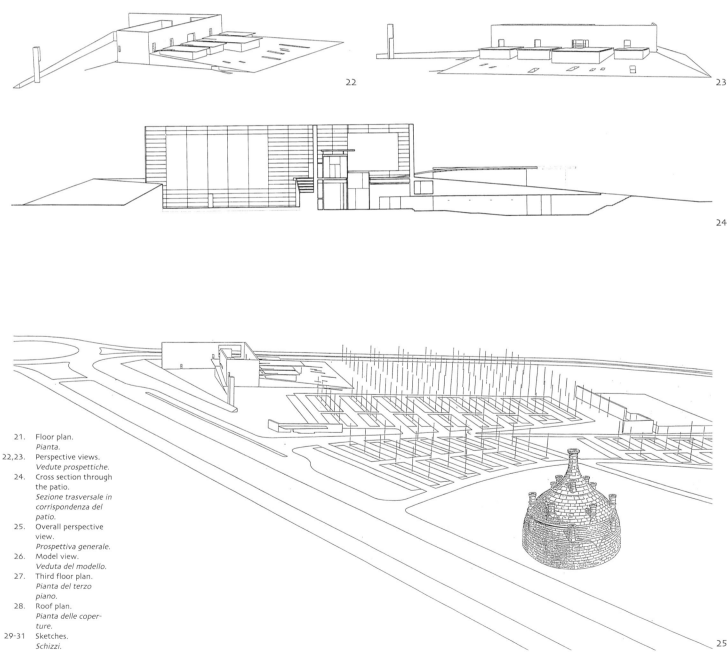

22

23

24

21. Floor plan.
    Pianta.
22,23. Perspective views.
    Vedute prospettiche.
24. Cross section through the patio.
    Sezione trasversale in corrispondenza del patio.
25. Overall perspective view.
    Prospettiva generale.
26. Model view.
    Veduta del modello.
27. Third floor plan.
    Pianta del terzo piano.
28. Roof plan.
    Pianta delle coperture.
29-31 Sketches.
    Schizzi.

25

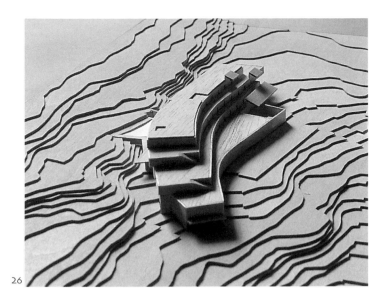

26

Preliminary Design of a Hotel for the Daewoo Corporation at the Jang-Baek Waterfalls, China
1996

Cino Zucchi, Alessandro Acerbi, Anna Morandi, Federico Tranfa

This preliminary design for a small hotel on an exceptional site from the landscape point of view avoids any stylistic resonances with the local architecture, and establishes a direct analogy with the topography of the site by superimposing terraced floors.

Progetto di massima per un albergo presso le cascate di Jang-Baek in Cina per la Daewoo corporation
1996

Cino Zucchi, Alessandro Acerbi, Anna Morandi, Federico Tranfa

La proposta di massima per un un piccolo albergo in un sito eccezionale dal punto di vista paesistico rifugge da ogni assonanza stilistica con l'architettura locale, per porsi in analogia diretta con la topografia del sito attraverso il sovrapporsi di piani terrazzati.

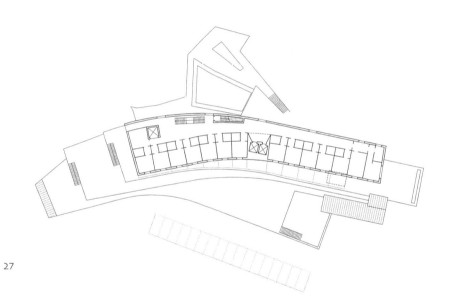

27

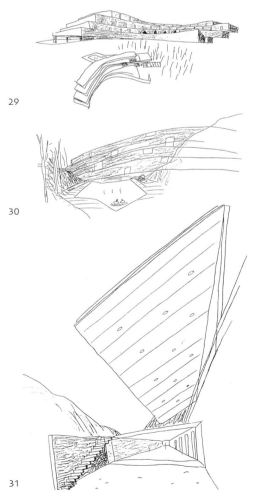

29

30

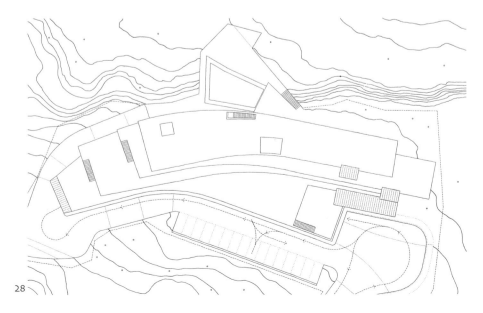

28

31

Project for the urban and architectural redevelopment of the waterfront, Mytilene, Greece 1996–97

Urban scheme: Stefano Boeri, Cino Zucchi
Architectural design: Cino Zucchi, Alessandro Acerbi,
Anna Morandi, Ida Origgi, Franco Tagliabue

The aim of the project is to reconstruct the old port area of Epano Skala through a series of circumscribed interventions reinterpreting the physical geography of the Gulf and the pre-existing archaeological elements of the castle and theater. A museum, a new market and a series of small public spaces connected to the housing establishes new sequences in the historical fabric, revisiting the specific forms of public spaces in Greek and Turkish cities.

32

33

Mytilene (Isola di Lesbos, Grecia), progetto di recupero urbanistico e architettonico del porto antico, Programma Heracles 1996–97

Schema urbano: Stefano Boeri, Cino Zucchi
Progetto architettonico: Cino Zucchi, Alessandro Acerbi, Anna Morandi, Ida Origgi, Franco Tagliabue

L'intervento tenta di ricostruire l'area del porto antico di Epano Skala attraverso una serie di interventi puntuali che rileggono l'orografia del golfo e le preesistenze archeologiche del castello e del teatro. Un museo, un nuovo mercato e una serie di piccoli spazi pubblici abbinati alla residenza stabiliscono nuove sequenze all'interno del tessuto storico, reinterpretando le forme particolari dello spazio pubblico della città greca e turca.

32. Site plan.
    Planimetria generale.
33. Model view.
    Veduta del modello.
34. Perspective view of the urban fabric.
    Veduta prospettica del tessuro urbano.
35. Model view.
    Veduta del modello.
36. View of the new museum.
    Veduta del nuovo museo.
37. Perspective view to the port.
    Veduta prospettica verso il porto.

34

35

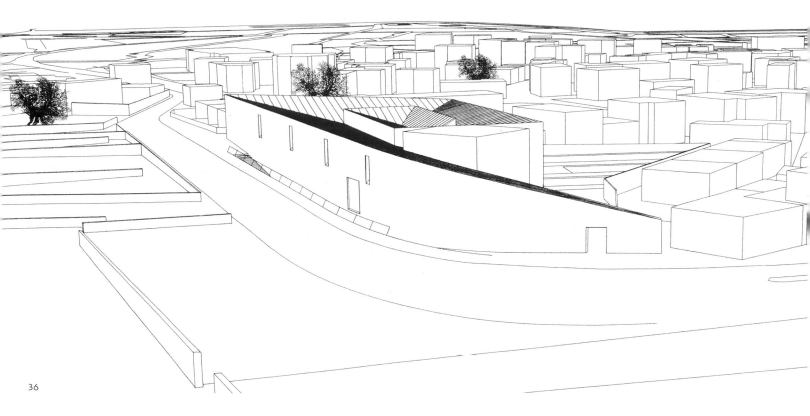

36

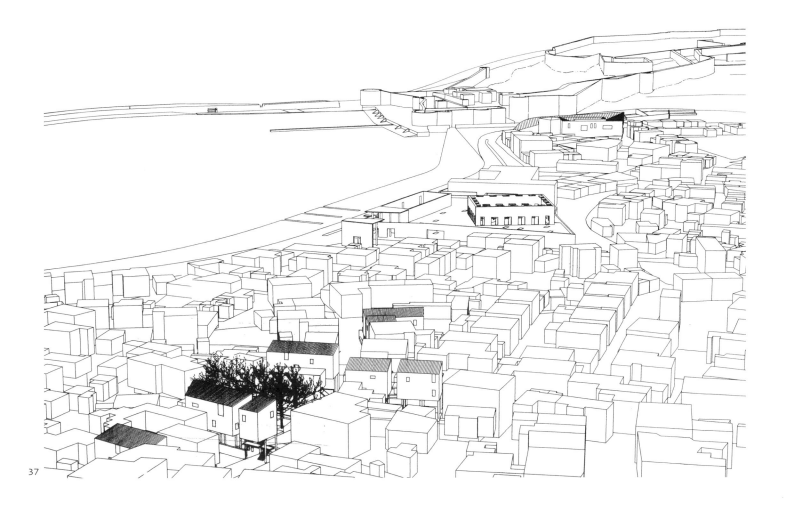

37

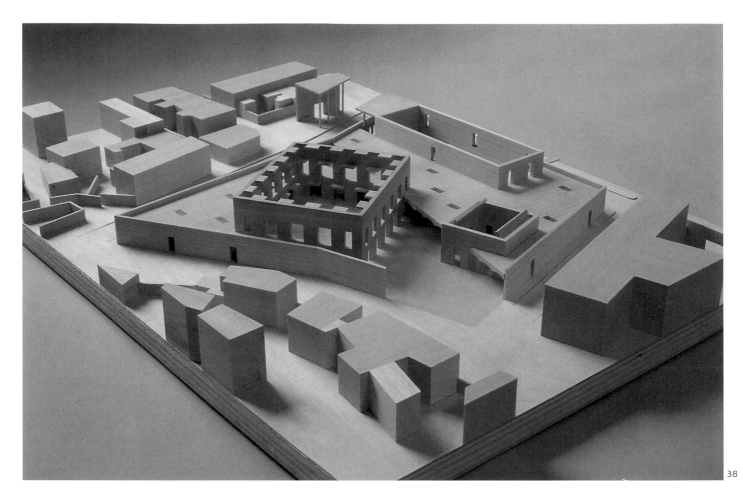

38.

38. View of the model of
    the new market.
    *Veduta del modello
    del nuovo mercato.*
39. Ground floor plan of
    the market.
    *Pianta del mercato
    piano terra.*
40. Plan of the museum,
    ground floor.
    *Pianta del museo,
    piano terra.*

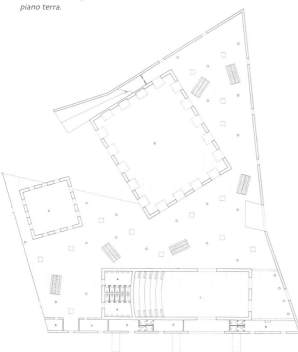

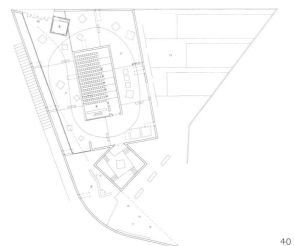

39

40

Biography

1955	born in Milan
1978	graduated from the Massachusetts Institute of Technology, Cambridge, Mass.
1979	graduated from the Milan Polytechnic
1981	opened a practice in Milan
1985	researcher at the Faculty of Architecture, Milan Polytechnic
1991-97	teacher of Architectural Design course in the Milan Polytechnic
1980/97	took part in design workshops in Berlin, Pavia, Mantua, Naples Pisa, Barcelona, Finale Ligure, and Varese
1989/90	visiting professor at Syracuse University, Florence
1981/97	took part in the exhibit design and organization of all editions of the Milan Triennial
1997	took part in the Venice Biennale

Awards

1988	ANDIL "First work"

Projects and Works

1985	Company staff car park and entrance lodge at Casorezzo, Milan
	Office building at Casorezzo, Milan
	Milan Triennial: design of the exhibition "Reconstructing the city – Berlin IBA 1987"
	Garibaldi-Repubblica competition (with A. Aymonino and E. Ranzani)
	Schindler competition in S. Marino (with S. Boeri)
	Milan Triennale, piazza Cadorna (with S. Boeri)
1987	Bassetti shops, Milan
	Sales outlet and storerooms at Casorezzo, Milan (with R. Giussani)
	Milan Triennial: multimedia installation in the "Imagined cities" exhibition
1989	Design of the exhibition on didactic works in the Design Department of Milan Polytechnic
	Competition for the reconstruction of Piazza Fontana, Milan
1990	Staff shop at Urago d'Oglio (with R. Ravegnani)
	Design of the Piero Bottoni exhibition, Milan
	Project for the Arena and Porta Tenaglia area, Milan
1991	Milan Triennial: stand for the City of Milan
1992	Shop in Largo Augusto, Milan
	Invitation Competition for the Garibaldi-Repubblica area, Milan
	Competition for "What kind of cinema theatres?" (first prize)
1993	Detailed plan for the Bovisa-Gasometro area, Milan
	Competition for a new school at Piedicastello, Trento
1994	Gemini offices, Milan
	Office building at Casorezzo (with Pietro Nicolini)
	Milan Triennial: design for the Le Corbusier exhibition in the Philips Pavilion
	Europan 3 Competition: Piazza Sofia, Turin (first prize)
	Project for a new leisure port at Casal Borsetti, Ravenna
	Schindler Competition for access systems to the city of San Marino (highly commended)
1995	Single-family house at Abbiate Grasso
	International competition for the Redevelopment of the Borghetto Flaminio Area, Rome
	Invitation competition for the former Junghans factory on the Giudecca, Venice (first prize)
	Competition for a piazza in Cerea (first prize)
	Milan Triennial: "The center elsewhere": design for a water airport, Milan
1996	Milan Triennial: "Identity and differences": Piazza Cadorna and the itinerary towards Palazzo dell'Arte
	Housing at Montedago, Ancona

Biografia

1955	Nato a Milano
1978	Laurea presso il Massachusetts Institute of Technology (Cambridge, Mass.)
1979	Laurea presso il Politecnico di Milano
1981	Apre uno studio professionale a Milano
1985	Ricercatore presso la Facoltà di Architettura del Politecnico di Milano
1991/97	Professore supplente del Laboratorio di progettazione architettonica
1980/97	Partecipa ai seminari di progettazione di Berlino, Pavia, Mantova, Napoli Pisa, Barcellona, Finale Ligure e Varese
1989/90	"visiting professor" presso la Syracuse University di Firenze
1981/97	Ha partecipato all'allestimento e all'organizzazione della XV, XVI, XVII e XIX Triennale di Milano
1991/97	Ha partecipato alla Biennale di Venezia

Premi

ANDIL "Opera prima" 1988

Elenco dei progetti

1985	Parcheggio dipendenti e guardiola d'ingresso di un'azienda a Casorezzo (Mi)
	Edificio per uffici a Casorezzo (Mi)
	Allestimento della mostra La Ricostruzione della città – Berlino IBA 1987 alla Triennale di Milano
	Concorso Garibaldi-Repubblica (con A. Aymonino e E. Ranzani)
	Concorso Schindler a S. Marino (con S. Boeri)
	Triennale di Milano, piazza cadorna (con S. Boeri)
1987	Negozio Bassetti a Milano
	Spaccio dipendenti e magazzino a Casorezzo (con R. Giussani)
	Istallazione multimediale nella mostra Le città immaginate alla XVII Triennale
1989	Allestimento della mostra dei lavori didattici del dipartimento di progettazione dell'architettura. Politecnico di Milano
	Concorso per la ricostruzione di Piazza Fontana a Milano
1990	Spaccio dipendenti a Urago d'Oglio (con R. Ravegnani)
	Allestimento dell mostra su Piero Bottoni a Milano, Rotonda della Besana
	Progetto per l'area dell'Arena e Porta Tenaglia a Milano
1991	Stand del Comune di Milano alla Triennale
1992	Negozio in largo Augusto a Milano
	Concorso a inviti per l'area Garibaldi-Repubblica a Milano
	Concorso Quale sala per il cinema? (primo premio)
1993	Politecnico di Milano: piano particolareggiato della zona Bovisa-Gasometro
	Concorso per il nuovo centro scolastico di Piedicastello, Trento
1994	Uffici per la società Gemini a Milano Edificio per uffici a Casorezzo (con Pietro Nicolini)
	Allestimento della mostra Le Corbusier: il Padiglione Philips alla Triennale di Milano
	Concorso Europan 3 – Torino Piazza Sofia (primo premio)
	Progetto per il nuovo porto turistico del canale a Casal Borsetti, Ravenna
	Concorso Schindler "Risalire la città: San Marino" (menzione speciale)
1995	Casa unifamiliare ad Abbiate Grasso
	Concorso internazionale per l'area del Borghetto Flaminio a Roma
	Concorso a inviti per l'area degli ex stabilimenti Junghans alla Giudecca (primo premio)
	Concorso "Una piazza per Cerea" (primo premio)
	Progetto per l'area dell'Idroscalo per la mostra Il Centro Altrove alla XIX Triennale di Milano
1996	Interventi in piazza Cadorna e percorso verso il Palazzo dell'Arte per la XIX Triennale di Milano: Identità e Differenza
	Progetto per un edificio residenziale nel quartiere Montedago, Ancona (in costruzione)

Partners and Collaborators
Partners e Collaboratori

Alessandro Acerbi
Laura Bartalozzi
Luca Bellingerl
Maddalena Bellorini
Sofia Bellorini
Nicola Bianchi
Sarah Bolzoni
Elisabetta Borgatti
Donato Buccella
Luca Bucci
Francesca Cadeo
Leonardo Cavalli
Chiara Ciccocioppo
Paolo Citterio
Roberta Contrino
Francesco De Agostini
Marco di Nunzio
Carlotta Eco
Chiara Enrico
Birgit Frank
Lorena Giovannessi
Stefano Guidarini
Roberto Giussani
Chiara Majno
Andea Marlia
Giancarlo Mazzanti
Marco Mazzucchelli
Anna Morandi
Pietro Nicolini
Ida Origgi
John Palmesino
Sara Pivetta
Delphine Pojoux
Carolina Prestini
Roberto Ravegnani
Stefania Restelli
Alberto Schgor
Franco Tagliabue
Federico Tranfa
Andrea Viganò
Carlotta Zambelli

Bibliography
Bibliografia

"Parametro" n. 99.
"Lotus International" n. 33, 53, 54, 62, 71.
"Domus" n. 670, 674, 709, 711, 719, 721, 722, 731.
"Edilizia Popolare" n. 22, 239.
"Casabella" n. 469, 476/77, 512, 545, 549, 588, 590, 596, 618.
"L'Arca" n. 56, 68, 89.
"L'industria delle Costruzioni" n. 223.
"Abitare" n. 297.
"Quaderni del Dipartimento" n. 2.
"Qa" n. 11, 13.
"Modo" n.47.
"DDN – Design, Diffusion, News" n. 13.
"Archithèse" n. 1, '84.
"AU" n. 21, 30/31, 1987.
"Costruire per Abitare" n. 50, 80.
"D'A" n. 14.
"The Ticino Guide", Princeton, New York 1988.
"600 Counterprojets pour Les Halles", ACIH, Parigi 1981.
"Annali dell'architettura italiana contemporanea 1986–87", Roma 1991.
"Almanacco Electa dell'architettura italiana", Milano 1991.
"Stadterneuerung am Fränkelufer", Berlin 1981.
"Architettura italiana della giovane generazione", Tagliacozzo 1989.
"Piazza Fontana, Progetti per la ricostruzione", Milano 1990.
"Architettura Contemporanea. Un confronto tra generazioni", Avezzano 1993.
"Bau-Kunst-Bau", Napoli 1994.
"Napoli, Architettura e città", Rozzano 1990.
"Risalire la città:Città di San Marino", Milano 1994.
"Architettura Italiana Contemporanea", Milano 1994.

All the drawings, images and photographs of the projects and buildings published in this book, have been kindly provided by the architects.
Tutta la documentazione e il materiale fotografico relativi ai progetti pubblicati in questo libro sono stati gentilmente forniti dagli architetti.